公共安全与应急管理：
模型与方法

PUBLIC SAFETY
AND EMERGENCY
MANAGEMENT:
MODELS & METHODS

吕 伟　刘 丹◎著

人民出版社

前　　言

公共安全是国家经济与社会发展改革的重大战略需求,确保公共安全事关人民群众的生命财产安全,事关发展改革稳定的大局。保障国家公共安全,维护社会安全稳定,必须依靠科技的发展和创新来显著增强我国城市的安全韧性。经过国家"十一五"和"十二五"期间公共安全领域的发展建设,我国在公共安全科技体系、应急平台等关键技术、行业科技水平方面都取得了卓有成效的进展,公共安全保障能力得到了大幅提升。然而,由于我国正处于经济与社会全面深化改革的重要时期,影响公共安全的因素错综复杂,在今后一定时期,我国面临各种突发事件的挑战依然严峻,公共安全科技水平仍需不断提升。

当前,我国公共安全科技领域发展正在按照国家《"十三五"公共安全科技创新专项规划》有序推进,国家重点研发计划"公共安全风险防控与应急技术装备"重点专项等一大批项目取得立项并进入研发阶段,主要任务是围绕公共安全关键科技瓶颈问题开展基础研究、技术攻关和应用示范,使我国在重大事故防控、重大基础设施保障、公共安全风险防控与治理、社会安全监测预警与控制等领域的预防准备、监测预警、态势研判、救援处置、综合保障等关键技术水平得到全面提升,为健全我国公共安全体系、全面提升我国公共安全保障能力提供有力的科技支撑。

无庸置疑,科技的发展与创新需要高素质的人才队伍来保障,先进的知识理念与技术方法需要专业化的人才队伍来传承。在公共安全领域,我国仍然面临科研基地和人才队伍相对薄弱的现状,亟需建设一批高水平科研基地和高层次科技人才队伍,为健全我国公共安全科技创新体系、全力提升公共安全保障能力保驾护航。公共安全人才队伍建设,最重要的途径就是以高校、科研院所和大型企业为依托,通过与公共安全相关的学科建设、专业教育和技能实践,培养一批公共安全科技储备力量。《公共安全与应急管理:模型与方法》的编写目的,就是为我国公共安全相关学科的学科建设和专业教育服务,提供一本综合性、专业化的书籍,以期使读者通过学习各类突发事件的模型与方法,了解突发事件的风险机理和规律,掌握突发事件防范与处置的关键要点。

本书的撰写和出版得到了国家重点研发计划项目(2016YFC0802509)、国家自然科学基金(51604204)、国家社会科学基金(16CTQ022)、湖北省自然科学基金(2015CFB593)的资助,在撰写过程中得到了安全预警与应急联动技术湖北省协同创新团队的指导,在此一并表示感谢。限于作者的研究水平,书中难免存在疏漏之处,恳请同仁批评指正。

作　者

2017 年 5 月

目　　录

第一章　绪　　论

1.1　我国公共安全的态势

公共安全是指社会和公民个人从事正常的生产、生活所必需的稳定的外部环境和秩序,一般指不特定多数人的生命、健康和公私财产的安全。公共安全是国家安全的重要组成部分,是国家安全和社会稳定的重要保障。

公共安全涉及的范围十分广泛,既包括传统安全领域,如自然灾害、事故灾难、公共卫生事件和社会安全事件等,也包括非传统安全领域,如网络信息安全、金融安全、生态环境安全、暴力恐怖活动、个人极端案件、战争等;公共安全治理涉及政治、经济、文化等多个领域,既需要政府的主导,也需要社会公众的共同参与,既需要行政手段的干预,也需要法律、经济、道德等多种手段的协调。

当前,我国公共安全态势总体平稳可控,但是由于社会处于快速发展的转型期,影响公共安全的因素错综复杂且相互诱发,使得我国公共安全依然面临严峻的挑战,公共安全态势仍不容乐观。

在传统安全领域,近年来,我国的自然灾害、事故灾难、公共卫生事件和社会安全事件仍然保持高发频发的态势:2010 年,青海玉树 7.1 级地震造成 2698 人遇难;2013 年,四川雅安 7.0 级地震造成 196 人遇难、11470 人受伤,H7N9 禽流感影响我国 12 个省市的 42 个城市并造成 45 人因病死亡,新疆吐鲁番发生暴力恐怖袭击事件造成 24 人遇难、21 人受伤;2014 年,云南鲁甸 6.5 级地震造成 617 人遇难、3143 人受伤;2015 年,上海外滩踩踏事件造成 85 人遇难,"东方之星"客轮在长江中游监利水域翻沉造成 442 人遇难,天津港大爆炸事故造成 165 人遇难、798 人受伤;据我国民政部国家减灾办发布的数据资料统计,2012—2014 年间,我国仅因自然灾害导致的受灾人次就多达 9.2 亿人次,死亡和失踪人数 5532 人,房屋倒塌 223.1 万间,房屋损坏 1552.4 万间,直接经济损失 13367.7 亿元。频发的灾难事件既给人民群众的生命和财产造成了巨大威胁,也对政府的应急管理能力提出了重大考验。

在非传统安全领域,随着我国经济发展进入新常态,区域社会经济发展出现了一些不平衡、不协调的现象,导致影响公共安全的社会不确定因素增多,不断引发一些新问题:企业因经济发展放缓、利润下滑而侵占劳动者权益引发的劳资矛盾和群体性事件;地区因发展经济的建设项目选址影响群众生活环境引发的邻避型群体性事件;银行信贷大规模流入房地产市场导致的房地产库存积压和产业资金链断裂;社会不公平和利益群体间的矛盾升级引发的个人极端案件和群体性事件;城市化进程中因未处理好征地补偿、拆迁置换、旧城改造等问题引发的群体性事件;互联网的广泛应用和不完善的监管致使错误观点、负面舆论、极端思想的快速传播进而引发的社会恐慌;信息安全保障制度规范缺失情况下的电信诈骗、网络诈骗等金融犯罪活动,等等。这些新的问题给我国公共安全带来了新的挑战。

结合我国当前的政治、经济、社会、文化、自然、环境等情况,我国当前的公共安全态势如下:一是我国公共安全面临的问题日益增多且日趋复杂,二是影响公共安全的因素种类有增多趋势,三是社会公共安全问题将长期存在并有增多趋势。也就是说,除了要应对频发的自然灾害和事故灾难,我国公共安全治理工作在今后一定时期内还将面临环境污染、恐怖和极端事件、网络谣言、群体性事件、食品安全、生物入侵等一系列复杂难题。预防和解决这些难题,强化公共安全保障能力建设,是维护社会稳定和国家安全的重要任务。

1.2　我国公共安全科技的发展

1.2.1　我国公共安全科技发展规划与重点方向

保障国家公共安全,维护社会安全和稳定,必须依靠科学技术的发展和创新提升公共安全保障能力。基于我国公共安全面临的严峻挑战及其对科技发展的重大战略需求,国家从"十一五"到"十三五"期间的科技规划均将公共安全作为我国科技工作的重要内容,为国家公共安全科技发展明确了方向。

2006年2月9日,中华人民共和国国务院发布我国《国家中长期科学和技术发展规划纲要(2006—2020)》,在总体目标中提出要显著增强"科技促进经济社会发展和保障国家安全的能力",在重点领域规划和布局中明确将"公共安全"作为我国规划期间的重点领域之一,并提出在该重点领域内优先发展国家公共安全应急信息平台、重大生产事故预警与救援、食品安全与出入境检验检疫、突发公共事件防范与快速处置、生物安全保障和重大自然灾害监测与防御等六大主题,为提升早期发现与防范、快速反应、应急处置、应急救护和装备现代化等方面的公共安全保障能力提供科技支撑。同年10月31日,中华人民共和国科学技术部发布《国家"十一五"科学技术发展规划》,提出"加强多种技术的综合集成,提升人口健康、公共安全和城镇化与城市发展等社会公共领域的科技服务能力","突破重大灾害与事故的防范和应急处理技术"。

2012年3月,中华人民共和国科学技术部制定了《国家公共安全科技发展"十二五"专项规划》,规划提出了我国公共安全科技发展的具体目标,包括:提高公共安全领域的基础研究水平,攻克若干公共安全关键技术,研发公共安全应急装备,提升重大突发事件应急决策的科技支撑能力,推动公共安全技术标准体系建设,建设公共安全科技成果产业化示范基地,新建公共安全领域国家重点实验室、工程技术研究中心和应急装备研发基地,加强公共安全学科建设和人才培养等;在重点方向方面,规划布局了公共安全应急管理支撑技术与决策支持系统研发,公共安全脆弱性分析与保障技术,公共安全突发事件应急处置、救援技术与装备研发，以及公共安全标准体系建设等四大主题方向的 15 个具体方向；在重点任务方面，规划明确了生产安全领域、食品安全领域和社会安全领域三大领域的 19 个具体任务及预期目标；在保障方面，规划提出要通过建立多元投入机制、科技创新机制和科技激励机制等途径，加大公共安全科技投入、整合公共安全科技资源和推进公共安全产业发展。

2017 年 5 月，中华人民共和国科学技术部制定并发布了《"十三五"公共安全科技创新专项规划》，对"十三五"期间公共安全科技领域的发展思路、发展目标、重点任务和政策措施作出了明确规划，该规划重点围绕公共安全关键科技瓶颈问题开展基础研究、技术攻关和应用示范。在基础研究方面，设置了公共安全突发事件动力学演化、承灾载体灾变机理、应急管理理论与管控体制机制等共性基础科学研究任务；在技术攻关方面，设置了国家公共安全综合保障技术、社会安全监测预警与控制技术、生产安全保障与重大事故防控技术、国家重大基础设施安全保障与智慧管理技术、城镇公共安全保障技术、公正司法与司法为民关键技术、安全与应急产业关键技术等七大类关键技术攻关任务；在成果转化方面，设置了公共安全技术成果、安全与应急产业等两大类应用转化任务。为保证这些重点任务的实施，规划还提出了建立协同创新机制、多元投入机制、检测认证制度和加强学科建设等政策措施。

1.2.2　我国公共安全科技发展成果与展望

根据我国"十一五"和"十二五"期间公共安全科技发展规划，围绕相关重点建设方向，我国政府通过加大对公共安全领域科研投入力度，支持公共安全领域的科学研究和技术研发，取得了卓有成效的成果：初步建立了公共安全科技体系，突破了国家公共安全应急平台、重大自然灾害监测与防御、突发事件防范与快速处置、重大生产事故预警与救援等一批关键技术；行业科技水平取得大幅提升，部分行业技术水平达到国际领先；科技成果集成示范和推广应用能力得到加强，为解决社会民生问题提供了有效支撑；公共安全科技人才队伍和科研条件建设成效显著，建立了一批优秀的科研团队、科研基地和实验室，"安全科学与工程"被列入国家一级学科，为公共安全科技持续发展提供了人才保障。

在取得成绩的同时,我国公共安全科技领域的专家学者们并未顿足不前,而是继续思考公共安全领域科技创新中的薄弱环节和深层次问题,继续推进我国公共安全科技体系建设和治理能力现代化建设。2016 年 4 月 18 日,《人民日报》发表了中国工程院范维澄院士的署名文章"健全公共安全体系,构建安全保障型社会",文章指出"健全公共安全体系,全面提升公共安全保障能力,构建安全保障型社会是重大而紧迫的历史使命",对于如何健全公共安全体系,范院士提出四个重要途径:一是依靠创新,构建全方位、立体化公共安全网技术体系,构建标准化的公共安全应急技术装备体系,建设代表国家水平、世界一流的国家实验室;二是重视公共安全网建设,通过科技和管理的有机结合,充分利用各种现代化科技手段,构建公共安全人防、物防和技防网络,解决公共安全领域的突出风险和突发事件防范与处置全过程的重大问题;三是重视增强安全韧性,实施"强韧工程",增强抵御突发事件的能力,实现对突发事件的灵活应对和高效处置,夯实公共安全的社会基础;四是动员全社会参与,完善公共安全学科建设和覆盖专业人才培养与民众科普的教育体系,建设公共安全体验、培训、演练基地,提高民众的安全素质和自救互救能力。

展望"十三五"和今后相当长的一段时期,公共安全科技创新仍将是国家重大战略需求,并且随着公共安全体系的不断完善,公共安全领域的科研实力将进一步增强,预测预警、监测控制、救援决策、安全保障等关键技术水平将进一步提升,应急平台及装备研发成果将更加丰富,实现我国公共安全技术水平从大部分跟跑领先国家向大部分并跑甚至超越领先国家的转变。

1.3 我国应急管理体系的构建

应急管理是指政府及其他公共机构在突发事件的事前预防、事发应对、事中处置和善后恢复过程中,通过建立应对机制、采取必要措施、应用综合方法,保障公众生命、健康、财产安全及社会健康发展的管理活动。我国的应急管理体系建设起步较晚,自 2003 年春我国遭遇"非典"疫情以来,我国应急管理体系建设以"一案三制"为主体内容,先后经历了预案建设、体制建设、机制建设和法制建设四个阶段。

1.3.1 应急预案建设

应急预案是指根据发生和可能发生的突发事件,事先研究制订的应对计划和方案。2003 年,在取得抗击"非典"的胜利后,党和国家及时总结抗击"非典"的经验和教训,认识到我国应急管理体系缺失问题,明确提出加强应急预案建设的重大任务。2004 年,国务院办公厅向各省印发了《省(区、市)人民政府突发公共事件总体应急预案框架指南》,要求各省人民政府编制总体应急预案。2005 年,国务院颁布了《国家突发公共事件总体应急预案》,又相继印发 25 件专项预案和 80 件部门预案,并在国务院办公厅设应急管理办公室,至2005 年底,全国各级政府基本完成应急预案编制工作,我国的应急预案体系框架基本构建完成。2006 年,国家继续推动应急预案体系覆盖到所有层级政府的相关部门和企事业单位。2007 年,国务院组织召开全国基层应急管理工作会,要求街道社区、乡镇等基层组织全部编制应急预案,建立"横向到边、纵向到底"的应急预案体系。2008 年,汶川地震后,国家又针对应急预案中的一些薄弱环节,对应急预案展开了修订。由此可见,我国的应急预案体系建设过程是一个从无到有、从有到全、从全到优的过程,针对新形势下我国应急管理的特点及面临的挑战,我国应急预案体系还将不断丰富和完善。

1.3.2 应急管理体制建设

应急管理体制是指为保障公共安全,有效预防和应对突发事件,避免、减少和减缓突发事件造成的危害,消除其对社会产生的负面影响,而建立起来的以政府为核心,其他社会组织和公众共同参与的有机体系。应急管理体制的确立涉及一个国家或地区的政治、经济、自然、社会等多方面因素,而且随着人类社会进步和应对突发事件能力的提高而不断变化和调整。2006 年,党的十六届六中全会通过的《关于构建社会主义和谐社会若干重大问题的决定》正式提出了我国按照"一案三制"的总体要求建设应急管理体系,建立健全统一领导、综合协调、分类管理、分级负责、条块结合、属地管理为主的应急管理体制。具体地,就是在应对突发事件时,成立应急指挥机构进行统一指挥和领导,参与主体在统一领导下协同配合,针对不同类型的突发事件,可以在统一指挥下由相应部门进行管理,针对不同级别的突发事件,各级政府承担不同的任务和责任,而地方政府则是突发事件预防和先行应对的主体。为实现应急管理体制的有效运行,我国的应急管理体制建设还需要更多地借鉴先进的国际经验,加强和完善多部门协同下的安全预警与应急联动。

1.3.3 应急管理机制建设

应急管理机制是指突发事件全过程中各种制度化、程序化的应急管理方法与措施。从实质内涵来看,应急管理机制是一组以相关法律、法规和部门规章为基础的政府应急管理工作流程;从外在形式来看,应急管理机制体现了政府应急管理的各项具体职能;从工作重点来看,应急管理机制侧重在突发事件的防范、处置和善后的整个过程中,相关部门和人员如何更好地组织和协调各方面的资源,来更好地防范与处置突发事件;从功能目标来看,应急管理机制建设通过在突发事件预防、处置到善后的全过程管理过程中,规范应急管理工作流程,完善相关工作制度,推动应急管理逐步走上规范化、系统化、科学化的轨道。2007年,党的十七大明确提出要"完善突发事件应急管理机制",结合我国的国情和应急管理工作实际,我国的应急管理机制建设内容包括:预防与应急准备机制,通过预案编制管理、宣传教育、培训演练、应急能力脆弱性评估等,做好各种基础性、常态性的管理工作;监测预警机制,通过危险源监控、风险排查和重大隐患治理,尽早发现导致产生突发事件苗头的信息并及时预警;信息传递机制,按照信息先行的要求,建立统一的突发事件信息系统,有效整合现有的应急资源,拓宽信息报送渠道,规范信息传递方式,做好信息备份,实现上下左右互联互通和信息的及时交流;应急决策与处置机制,通过信息搜集、专家咨询来制定与选择方案,实现科学果断、综合协调的应急决策和处置;信息发布与舆论引导机制,在第一时间主动、及时、准确地向公众发布警告以及有关突发事件和应急管理方面的信息,宣传避免、减轻危害的常识,提高主动引导和把握舆论的能力;社会动员机制,在日常和紧急情况下,动员社会力量进行自救、互救或参与政府应急管理行动,在应急处置过程中对民众善意疏导、正确激励、有序组织;善后恢复与重建机制,积极稳妥地开展生产自救,做好善后处置工作,让受灾地区和民众尽快恢复正常的生产、生活和工作秩序,实现常态管理与非常态管理的有机转换;调查评估机制,开展应急管理过程评估、灾后损失和需求评估,查找、发现工作中的问题和薄弱环节,提高防范和改进措施;应急保障机制,建立人、财、物等资源清单,明确资源的征用、调用、发放、跟踪等程序,规范管理应急资源在常态和非常态下的分类与分布、生产和储备、监控与储备预警、运输与配送等,实现对应急资源供给和需求的综合协调与配置。

1.3.4　应急管理法制建设

应急管理法律体系是指调整紧急状态下各种法律关系的法律规范的总和,它规定了社会和国家的紧急状态及其权限。目前,我国已经颁布了一系列与突发事件应急处理有关的法律和法规,各地行政体系又根据这些法律、法规颁布了一系列适用于本行政区域的地方性法规,初步建成了一个从中央到地方的突发事件应急处理法律规范体系,这些法律法规包括一般的紧急情况法律规范、战争状态法律规范、自然灾害类突发事件的法律规范、公共卫生类突发事件的法律规范、社会安全类突发事件的法律规范、事故灾难类突发事件法律规范、公民权利救济法律规范等百余部,特别是2007年颁布的《中华人民共和国突发事件应对法》,统一了分散的应急管理体制和立法,是新中国成立以来第一部为应对各类突发事件而出台的综合性法律。总体上,我国目前已经建成以《宪法》为依据、以《中华人民共和国突发事件应对法》为核心、以相关单项法律法规为配套的应急管理法律体系,这些法律法规在处理突发公共安全事件中发挥了重要作用,但是一些法律法规在内容、可操作性、协调性和实施环境方面还需要进一步健全和完善。

1.4　本书的侧重点与适用范围

风险分析模型与方法属于我国公共安全科技基础研究的重要内容,是揭示灾害规律和事件演化的重要途径,是公共安全关键技术的核心和公共安全应急平台的基础,对突发事件的防范与应对具有重要作用。本书结合国家"十三五"公共安全科技发展对专业人才培养的需求,对国家"十一五""十二五"期间公共安全基础研究领域的方法理论成果进行系统总结,重点介绍与自然灾害、事故灾难、公共卫生事件和社会安全事件四大类突发事件相关的基础性、实用性的模型与方法。

本书主要适用于高等院校公共安全相关学科在读的本科生与研究生,为他们学习掌握突发事件基础知识和动力学演化规律提供较全面的综合性、专业性素材。本书的内容还可用于公共安全领域的工作人员快速分析评估突发事件的风险,以快速做出科学的应对决策和行动处置方案。本书同样适用于物理、化学、计算机、医学、管理等领域的专家学者,使其能够将自身的研究延伸至公共安全领域,进一步丰富公共安全风险防控的理论基础。

1.5 本书的内容与结构

撰写本书的主要目的在于为读者提供一些分析突发事件的方法性工具,帮助读者了解各类突发事件分析过程中所涉及的概念、原理、理论、方法和技术。本书在内容上按照突发事件的分类,从自然灾害、事故灾难、公共卫生事件和社会安全事件四个层面介绍了九类风险分析模型与方法。在自然灾害层面,第二章、第三章分别介绍了自然灾害中较为严重的地震灾害、洪涝灾害等两类灾害的风险分析模型与方法;在事故灾难层面,第四章、第五章、第九章分别介绍了较为典型的火灾、爆炸、泄漏扩散、交通事故等四类事故的风险分析模型与方法;在公共卫生事件层面,第六章介绍了传染病传播分析的基本模型与方法;在社会安全事件层面,第八章介绍了当前国际上较为流行的犯罪热点分析方法;此外,考虑到人员疏散涉及层面较多,将人员疏散风险分析模型与方法单设成章在第七章中予以介绍。本书在结构上,各章内容自成专题、相互独立,所有章节基本都是按照"现象—案例—概念—模型方法—科技—总结"的逻辑进行编排,这样做的目的,是使读者能够根据自己的专业背景与兴趣阅读和学习任一专题,在学习过程中由浅入深、循序渐进,形成对某一类模型方法的基本认识。

第二章 地震灾害风险分析模型与方法

2.1 地震灾害现象及典型案例

地球的不断运动和变化使其内部积累了巨大的能量,在地壳某些脆弱地带,岩层突然破裂或断层发生错动,使地球内部能量快速向外释放,造成地动并产生地震波,这种现象称之为地震。地震对于自然界而言,是一种自然现象,然而对于人类社会而言,地震是一种自然灾害,其突发性强、破坏力大、防御性弱、危害后果严重,一次大地震不仅会在短暂的时间内造成大量的建(构)筑物倒塌、设备和设施损坏、交通中断、通讯中断和严重的人员伤亡,还能持续引起火灾、水灾、海啸、滑坡、泥石流、有毒气体泄漏、细菌及放射性物质扩散等次生灾害,进而造成更惨重的人员伤亡和经济损失。据统计,全球各地每年发生地震的次数多达 500 万次,打开"中国地震台网"网站(http://www.ceic.ac.cn/),可以实时地看到当前 24 小时内发生在我国及周边国家地震的位置分布,统计信息也显示仅仅发生在我国的地震数量每月就达数十次之多,几乎每天都有多次地震发生,但是绝大多数地震震级太小、能量较弱或者发生地点偏远、烈度较小,无法被人们感知,也没有对人类社会造成损害,只有少数发生在人类生产生活区域的大地震,才会给人类社会带来难以磨灭的惨痛记忆。

我国是一个地震多发国家,有记载以来,发生过 8 级以上的地震有西藏当雄南大地震(1411 年,8 级)、陕西华县大地震(1556 年,8 级)、山东郯城大地震(1668年,8.5级)、河北三河平谷大地震(1679年,8级)、宁夏海原大地震(1920年,8.5级)、甘肃古浪大地震(1927年,8级)、西藏察隅大地震(1950年,8.5级)、西藏当雄北大地震(1951年,8级)、青海昆仑山口西大地震(2001年,8.1级)和四川汶川大地震(2008年,8级)。20世纪以来,对我国影响较大、危害后果严重的典型地震案例不胜枚举。

案例1:宁夏海原大地震。1920年12月16日20时5分53秒,中国宁夏海原县(北纬36.7度,东经105.7度)发生震级为8.5级的强烈地震。这次地震,震中烈度12度,震源深度17km,死亡28.8万人,毁城四座,数十座县城遭受破坏。它是中国历史上一次波及范围最广的地震,17省市有感,有感面积达251万km²。海原地震还造成了中国历史上最大的地震滑坡。地震发生时山崩土走,有房屋随山移出二三里。

案例2:甘肃古浪大地震。1927年5月23日6时32分47秒,中国甘肃古浪(北纬37.6度,东经102.6度)发生震级为8级的强烈地震。这次地震,震中烈度11度,震源深度12km,死亡4万余人。地震发生时,土地开裂,冒出发绿的黑水,古浪县城夷为平地。

案例3:甘肃昌马大地震。1932年12月25日10时4分27秒,中国甘肃昌马堡(北纬39.7度,东经97.0度)发生震级为7.6级的大地震。此次地震,震中烈度10度,死亡7万人。余震频频,持续达半年。

案例4:四川叠溪大地震。1933年8月25日15时50分30秒,中国四川茂县叠溪镇(北纬32.0度,东经103.7度)发生震级为7.5级的大地震。此次地震,震中烈度10度,叠溪镇被摧毁。地震发生时,巨大山崩使岷江断流,壅坝成湖。1933年10月9日19时,地震湖崩溃,洪水倾湖溃出,造成下游严重水灾,叠溪地震和地震引发的水灾,共使2万多人死亡。

案例5:河北邢台大地震。1966年3月8日5时29分14秒,河北省邢台专区隆尧县(北纬37.4度,东经114.9度)发生震级为6.8级的大地震,震中烈度9度;1966年3月22日16时19分46秒,河北省邢台专区宁晋县(北纬37.5度,东经115度)发生震级为7.2级的大地震,震中烈度10度。两次地震共死亡8064人,伤残38000人,经济损失10亿元。

案例 6：云南通海大地震。1970 年 1 月 5 日 1 时 0 分 35 秒，中国云南省通海县(北纬 24 度，东经 102.6 度)发生震级为 7.7 级的大地震。此次地震，震中烈度为 10 度强，震源深度为 15km，死亡 15621 人，伤残 32431 人。为中国 1949 年以来继长江大水后第二个死亡万人以上的重灾。地震发生时，极震区内，村寨房屋尽毁，地面或裂或陷。

案例 7：河北唐山大地震。1976 年 7 月 28 日 3 时 42 分 54 秒，中国河北省唐山市(北纬度 39.4 度，东经 118 度)发生震级为 7.8 级的大地震。此次地震，震中烈度 11 度，震源深度 22km，死亡 24.2 万人，重伤 16.4 万人，一座重工业城市毁于一旦，直接经济损失 100 亿元以上，为 20 世纪世界上人员伤亡最大的地震。

案例 8：四川汶川大地震。2008 年 5 月 12 日 14 时 28 分，四川省汶川县(北纬 31.0 度，东经 103.4 度)发生 8.0 级特大地震。此次地震，震中烈度 11 度，震源深度 33km，直接严重受灾地区达 10 万 km^2，造成 6.9 万人遇难，37.4 万人受伤，1.79 万人失踪，是新中国成立以来破坏性最强、波及范围最广、总伤亡人数最多的一次地震，地震直接经济损失达 8452 亿元。

2.2　地震相关基本概念

掌握地震相关基本概念的涵义是理解和运用地震相关模型的基础，描述和表征地震特点的主要概念可结合地震构造示意图(图 2.1)解释如下：

(1)震源

震源是地球内部岩层破裂引起震动的地方，是能量积聚和释放的起点，表示地震发生的起始位置。震源不是一个单点源，通常是具有一定区域大小的震源体。震源可因天然地质运动形成，也可由人为因素引发，如地下核爆炸实验等。

(2)震中

震中是指震源在地面的垂直投影位置，是地震最先波及的位置，用经、纬

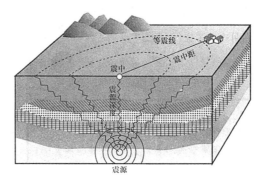

图 2.1　地震构造示意图

(图片来源:360 百科 http://baike.so.com/doc/6588195-6801969.html)

度表示,震中通常也覆盖一定区域,称震中区,表示地震破坏最强的地区,如 2008 年 5 月 12 日发生在我国四川省的大地震,震中位于北纬 31.0 度,东经 103.4 度,震中区位于四川省汶川县映秀镇。

(3)震源深度

震源深度指震源中心到地面的垂直距离,是影响地震灾害大小的原因因素之一。如 2008 年 5 月 12 日我国汶川地震的震源深度为 33km。

(4)震中距

震中距指地面上任何一点到震中的直线距离,决定了该点受地震影响的强弱。地面上某点受地震的影响强度与其震中距呈反比。结合震源深度和震中距,可将地震作以下分类,如表 2.1 所示。

表 2.1　根据震源深度和震中距的范围划分地震种类

地震分类		震源深度(km)		
		<60	60—300	>300
震中距(km)	<100	浅源、地方震	中源、地方震	深源、地方震
	100—1000	浅源、近震	中源、近震	深源、近震
	>1000	浅源、远震	中源、远震	深源、远震

（5）震级

地震震级是表征地震大小的无量纲量,用字母 M 表示,震级越大,表示地震释放的能量越多。我国法定向社会公布的震级是国际通用的里氏震级,该震级概念是在 1935 年由美国加州理工学院(CIT)的地震学家里克特(Charles Francis Richter)和古登堡(Beno Gutenberg)共同制定的一种震级标度。该震级的测算方法为,采用伍德—安德森扭力式地震仪监测地震波的最大振幅,最大振幅为 $1\mu m$ 时,地震为 0 级,最大振幅为 $10^M\mu m$ 时,地震里氏震级为 M 级,即地震仪监测到的地震波振幅每增大 10 倍,里氏震级增加 1 级。里氏震级取 1—10 级之间,根据震级的大小可以将地震分为弱震($M<3$)、有感地震($3\leqslant M<4.5$)、中强震($4.5\leqslant M<6$)、强震($6\leqslant M<8$)、巨震($M\geqslant 8$),目前已知的国际上最大的里氏震级出现在1960 年的智力瓦尔迪维亚地震,为 9.5 级。

（6）烈度

地震烈度是指某一地区地面和各类建筑物遭受一次地震影响的平均严重程度,用字母 I 表示,受地震震级、震源深度、震中距、地表性质等多种因素影响。通常地震烈度可依据宏观的地震影响和破坏现象(没有仪器记录),从人的感觉、物体的反应、房屋的损坏和地表改变等方面来判断,地震的震级是唯一的,但烈度往往因地而异,例如不同的震中距对应的位置烈度不同,甚至相同的震中距对应不同位置烈度也会有所不同。我国将地震烈度分成 1—12 个等级,用罗马数字表示,如表 2.2 所示。

表 2.2　中国国家地震烈度表

烈度	人的感觉	房屋震害		其他震害现象
		类型	震害程度	
I	无感	—	—	—
II	室内个别静止中的人有感觉	—	—	—
III	室内少数静止中的人有感觉	—	门、窗轻微作响	悬挂物微动

续表

烈度	人的感觉	房屋震害		其他震害现象
		类型	震害程度	
IV	室内多数人、室外少数人有感觉，少数人梦中惊醒	—	门、窗作响	悬挂物明显摆动，器皿作响
V	室内绝大多数人、室外多数人有感觉，多数人梦中惊醒	—	门窗、屋顶、屋架颤动作响，灰土掉落，个别房屋墙体抹灰出现细微裂缝，个别屋顶烟囱掉砖	悬挂物特大幅度晃动，不稳定器物摇动或翻倒
VI	多数人站立不稳，少数人惊逃户外	A	少数中等破坏，多数轻微破坏和/或基本完好	家具和物品移动；河岸和松软土出现裂缝，饱和砂层出现喷砂冒水；个别独立砖烟囱轻度裂缝
		B	个别中等破坏，少数轻微破坏，多数基本完好	
		C	个别轻微破坏，大多数基本完好	
VII	大多数人惊逃户外，骑自行车的人有感觉，行驶的汽车驾乘人员有感觉	A	少数毁坏和/或严重破坏，多数中等和/或轻微破坏	物体从架子上掉落；河岸出现塌方，饱和砂层常见喷水冒砂，松软土地上地裂缝较多；大多数独立砖烟囱中等破坏
		B	少数中等破坏，多数轻微破坏和/或基本完好	
		C	少数中等和/或轻微破坏，多数基本完好	
VIII	多数人摇晃颠簸，行走困难	A	少数毁坏，多数严重和/或中等破坏	干硬土上出现裂缝，饱和砂层绝大多数喷砂冒水；大多数独立砖烟囱严重破坏
		B	个别毁坏，少数严重破坏和/或轻微破坏	
		C	少数严重和/或中等破坏，多数轻微破坏	
IX	行动中的人摔倒	A	多数严重破坏和/或毁坏	干硬土上多处出现裂缝，可见基岩裂缝、错动，滑坡、塌方常见；独立砖烟囱多数倒塌
		B	少数毁坏，多数严重和/或中等破坏	
		C	少数毁坏和/或严重破坏，多数中等和/或轻微破坏	

续表

烈度	人的感觉	房屋震害		其他震害现象
		类型	震害程度	
X	骑自行车的人会摔倒,处不稳状态的人摔离原地,有抛起感	A	绝大多数毁坏	山崩和地震断裂出现,基岩上拱桥破坏;大多数独立砖烟囱从根部破坏或倒毁
		B	大多数毁坏	
		C	多数毁坏和/或严重破坏	
XI	—	—	绝大多数毁坏	地震断裂延续很大,大量山崩滑坡
XII	—	—	几乎全部毁坏	地面剧烈变化,山河改观

注:(1)表来源于中国国家标准《中国地震烈度表》(GB/T 17742-2008);(2)表中数量词:"个别"为10%以下,"少数"为10%—45%,"多数"为40%—70%,"大多数"为70%—90%,"绝大多数"为80%以上;(3)评定烈度的房屋类型:A类为木构架和土石、砖墙建造的旧式房屋;B类为未经抗震设防的单层或多层砖体房屋;C类为按照Ⅶ度抗震设防的单层或多层砖砌体房屋。

（7）地震烈度区划

地震烈度区划是预测某地区在未来一定时期内,在一般场地条件下,可能遭遇的最大地震烈度,是国家经济建设规划和工程设计抗震设防的重要参考依据。中国从20世纪30年代开始作地震区划工作,根据国家抗震设防需要和科学技术水平,按照长时期内各地可能遭受的地震危险程度对国土进行划分,曾先后三次(1956年、1977年、1990年)编制全国性的地震烈度区划图,图2.2所示为现行的《中国地震烈度区划图》,1990年颁布,比例为1∶4000000,基于并改进国际上通用的地震危险性分析的综合概率法绘制而成。

（8）地震动参数区划

地震动参数是表征地震引起的地面运动的物理参数,包括峰值、反应谱和持续时间等,通常以幅值、频率特性和持续时间三个参数来表达地震的特点。地震动参数区划是以国土为背景,按照不同地震强弱程度,以一定的标准将国土划分为不同抗震设防要求的区域,并以图件形式表示出来,为工程设计人员在设计某地区的抗震设防时提供依据。中国现行的《中国地震动参数区划

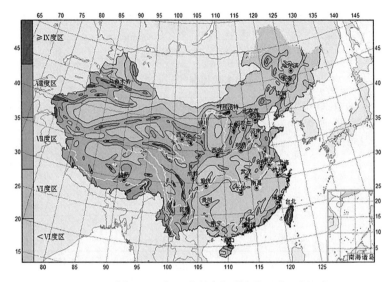

图 2.2 我国 1990 年公布的《中国地震烈度区划图》

(图片来源:中国地震信息网 http://www.csi.ac.cn/publish/main/837/1077/index.html)

图》是由 2015 年发布的国家标准 GB18306-2015 给出,于 2016 年 6 月 1 日起正式实施,如图 2.3 所示,该图具有很强的科学性、先进性和工程适用性,对于实现抗震设防管理城乡一体化具有重大意义,也为全面提高我国抗震设防能力提供了科学依据。

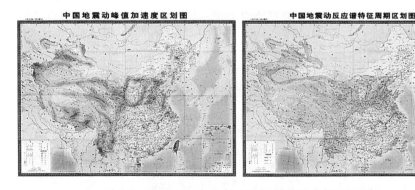

图 2.3 我国 2015 年分布的《中国地震动参数区划图》

(左:地震动峰值加速度区划图,右:地震动反应谱特征周期区划图)

(图片来源:中国地震信息网 http://www.csi.ac.cn/publish/main/837/1077/index.html)

（9）等震线

等震线是指地震发生后,地图上地震烈度相似的点连接起来而形成的曲线,如图 2.4 呈现了 2008 年 5 月 12 日我国汶川地震的等震线。带等震线的地图称作等震线图,反映地震对各地区的破坏程度分布和地震能量传播状况。等震线图的形式有同心圆、同心椭圆或不规则形状等多种。一般看来,地震烈度呈椭圆分布,即沿发震断层方向上烈度分布范围较广,而与断层垂直方向上烈度分布较窄,这种方向上的差别到了远场逐渐消失,最终趋于圆形,如图2.5 所示。目前,国内外采用最多的是椭圆等震线模型,其思想是将宏观震中看作点源,在两个垂直方向(椭圆长轴和椭圆短轴)建立不同的衰减关系,最后联合确定等震线形状。椭圆长轴方向一般是通过震源机制判断地震断层走向来确定,对其快速确定往往是快速评估灾区范围的关键。图 2.6 是我国境内各地受历史地震最大烈度影响,通过全国所有等震线综合叠加而成的全国性等震线图,它显示了中国境内各级地震影响烈度的分布情况,可为认识历史强震震害分布和进行地震动参数区划提供依据。

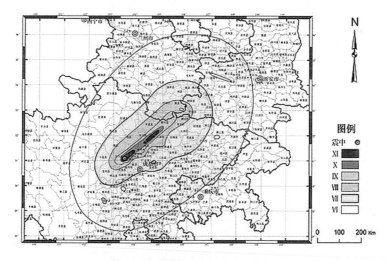

图 2.4　我国汶川地震等震线示意图

（图片来源:中国地震局网站 http://www.cea.gov.cn/）

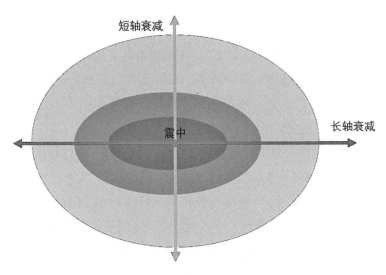

图 2.5　椭圆等震线模型示意图

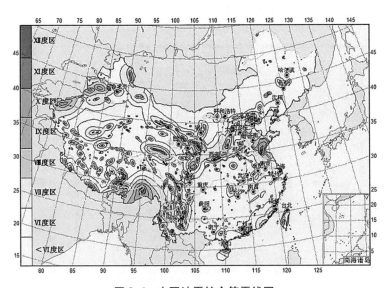

图 2.6　中国地震综合等震线图

（图片来源:中国地震信息网 http://www.csi.ac.cn/publish/main/837/1077/index.html）

（10）超越概率

超越概率是指一定时期内，某区域可能遭遇大于或等于给定的地震烈度值或地震动参数值的概率[①]，即可能值超出给定值的概率。例如，某地区100年内发生Ⅶ度以上地震的概率为7%，则该地区百年Ⅶ度地震的超越概率为7%。一般将一个地区50年内超越概率为10%的地震烈度值设为设防烈度。

（11）峰值加速度

地震峰值加速度是指地震震动过程中，地表质点运动的加速度最大绝对值，是表征地震影响大小的特征参量。一般地，地震烈度小于Ⅵ度时，峰值加速度小于0.05g；地震烈度达Ⅵ度时，峰值加速度为0.1g；地震烈度达Ⅶ度时，峰值加速度为0.15g—0.2g；地震烈度达Ⅷ度时，峰值加速度为0.25g—0.3g；地震烈度达Ⅸ度以上时，峰值加速度达到0.4g以上。

2.3　地震风险分析模型

2.3.1　地震烈度-震级关系模型

地震震级和地震烈度是与地震相关的两个不同概念，前者表征地震能量，后者表征地震影响，两者从逻辑上有因果关系，研究震级 M 和烈度 I 之间的关系十分重要。地震震级可以通过仪器监测得到，而地震烈度则是在重大地震发生后，地震科学工作者深入现场进行震害调查，然后根据中国地震烈度鉴定标准进行地震烈度划分得到的。从预测的角度来看，如果能够通过大量的地震烈度和震级样本数据，解释两者间的相互影响规律，建立预测模型，将对灾情的快速评估和抗震设防提供重要的科学支持。

首先，在不考虑震源深度的情况下，讨论地震震中烈度 I_0 与震级 M 之间的关系。原则上，建立震中烈度与震级之间的关系模型，需要大容量的震中裂

---

① 百度百科，词条"超越概率"释义。

度-震级样本数据,通过数据拟合得到两者之间的定量关系函数。根据已有中国大陆 1900—1975 年的地震记录数据样本[1],通过对震级范围为 4.25~8.5 和地震震中烈度范围为Ⅳ~Ⅻ度的 134 个样本点进行数据拟合,如图 2.7 所示,可以得到中强地震震中烈度和震级之间的关系模型:

$$线性:I_0 = 1.397M - 0.7588 \qquad (2.1)$$

$$非线性:I_0 = -0.0268M^3 + 0.644M^2 - 3.459M + 10.87 \qquad (2.2)$$

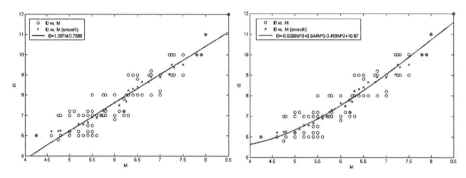

图 2.7　震中烈度与震级关系数据拟合(左:线性拟合;右:非线性拟合)

在没有震级 4 级以下的烈度数据情况下,可以应用上述拟合关系模型进行适当外推,计算出其他震级下的烈度值,如 2 级地震震中烈度约为 Ⅱ,3 级地震震中烈度约为 Ⅲ 等。

需要注意的是,上述关系模型对数据样本集具有一定依赖性,不同数据样本集拟合得到的地震震中烈度 I_0 和地震震级 M 关系模型中的参数会有所不同,但是计算两者关系的思想方法是一样的,例如,我国学者许卫晓等人[2]通过对我国大陆地区 1966—2014 年期间的 175 次震级在 5.0 级以上的地震样本数据进行回归统计分析,拟合得到 I_0 和 M 的关系如下:

$$I_0 = 1.84M - 3.79 \qquad (2.3)$$

---

①　黄崇福.自然灾害风险评价:理论与实践[M].北京:科学出版社,2005.图 2.7 数据来源于本书附录 A。

②　许卫晓,杨伟松,孙景江,张纪刚,于德湖.震中烈度与震级和震源深度经验关系的统计回归分析[J].自然灾害学报.2016,25(2):139-145。

然后,考虑震源深度 h,希望知道在某一震级和震源深度的情况下,震中烈度如何,这就需要拥有 (I_0,M,h) 形式的样本集,即需要采集同一次地震的震级、震中烈度和震源深度数据,进而运用回归的思想或数据拟合的方式,建立考虑震级和震源深度的震中烈度关系模型,我国研究人员利用相关地震统计数据,得到了以下相关关系模型[①]:

$$地震:I_0 = 1.85M - 0.98\log h - 2.73 \tag{2.4}$$

$$地震:I_0 = 1.78M - 1.35\log h - 1.13 \tag{2.5}$$

$$余震:I_0 = 1.39M - 1.43\log h + 0.63 \tag{2.6}$$

$$前震:I_0 = 1.53M - 1.17\log h + 0.28 \tag{2.7}$$

上述关系模型反映出:震源越深,震中烈度越小,震中烈度与震源深度呈负相关关系。

2.3.2　地震烈度衰减模型

一般而言,距震中越远的地方受地震影响越小,地震烈度 I 随震中距 R 的增加呈现一种衰减关系。地震烈度衰减模型的本质是解析关系 $I = f(M,R)$,国外学者 R.M.W.Musson 通过回归的方法提出了英国地区的地震烈度衰减模型[②]:

$$I = 3.28 + 1.41M - 1.40\ln R \tag{2.8}$$

目前我国最常用的烈度衰减关系模型为:

$$I = A + BM - C\ln(R + R_0) \tag{2.9}$$

式中, A,B,C 为回归系数; R_0 为回归参数; M 为地震震级; R 为震中距。

我国在编制中国地震烈度区划图(图2.2)时以东经105°为界分别统计回归出了我国东部和西部地区的烈度衰减关系模型,后续相关学者也主要采用椭圆等震线思想,对我国不同地区的烈度衰减关系进行了研究,相关模型如表2.3所示。

---

① 阎志德,郭履灿.论中国地震震级与震中烈度的关系及其应用[J].中国科学(B辑).1984,11:1050-1058。

② R.M.W.Musson.Intensity attenuation in the U.K.[J].Journal of Seismology,2005,9:73-86。

表 2.3　相关学者研究得出的我国不同地区烈度衰减关系模型

地区	长轴方向	短轴方向
大陆地区①	$I_a = 6.171 + 1.334M - 1.912\ln(R + 30)$	$I_b = 1.935 + 1.378M - 1.271\ln(R + 6)$
东部②	$I_a = 6.046 + 1.480M - 2.080\ln(R + 25)$	$I_b = 2.617 + 1.435M - 1.440\ln(R + 7)$
西部③	$I_a = 5.643 + 1.538M - 2.109\ln(R + 25)$	$I_b = 2.941 + 1.363M - 1.494\ln(R + 7)$
华北④	$I_a = 3.012 + 1.549M - 1.351\ln(R + 30)$	$I_b = 1.785 + 1.452M - 1.112\ln(R + 13)$
华中、华南⑤	$I_a = 6.608 + 0.954M - 3.569\ln(R + 18)$	$I_b = 4.954 + 0.954M - 2.957\ln(R + 13)$

2.3.3　地震烈度分布模型

考虑震中位置为 (x_0, y_0)、震级为 M 的地震在任意位置 (x_i, y_i) 处的烈度 I_i 的大小,可建立如下地震烈度计算模型⑥:

$$\frac{\left[(x_i - x_0)\cos\theta + (y_i - y_0)\sin\theta\right]^2}{\left(10^{\frac{C_{1a}+C_2M+\varepsilon-I_i}{C_{3a}}} - R_{oa}\right)^2} + \frac{\left[(x_i - x_0)\sin\theta + (y_i - y_0)\cos\theta\right]^2}{\left(10^{\frac{C_{1b}+C_2M+\varepsilon-I_i}{C_{3b}}} - R_{ob}\right)^2} = 1$$

$$(2.10)$$

结合图 2.8,上述公式中各个参量的含义为: $C_{1a}, C_{1b}, C_2, C_{3a}, C_{3b}, R_{oa}, R_{ob}$ 为模型统计回归参数; θ 为长轴与 X 轴夹角。通过运用已有地震烈度点的信息数据,我国学者⑤采用回归的方法,得到公式(2.10)中的相关参数,从而给出该烈度分布模型的确定性公式:

$$\frac{\left[(x_i - x_0)\cos\theta + (y_i - y_0)\sin\theta\right]^2}{\left(10^{\frac{7.3989+1.0667M-I_i}{4.3817}} - 25\right)^2} + \frac{\left[(x_i - x_0)\sin\theta + (y_i - y_0)\cos\theta\right]^2}{\left(10^{\frac{3.7003+1.0667M-I_i}{2.8716}} - 7\right)^2} = 1$$

$$(2.11)$$

---

① 许卫晓.烈度分布快速评估方法研究[D].中国地震局工程力学研究所,2011。

② 中国烈度区划图(1990)关系模型。

③ 许卫晓.烈度分布快速评估方法研究[D].中国地震局工程力学研究所,2011。

④ 崔鑫,苗庆杰,王金萍.华北地区地震烈度衰减模型的建立[J].华北地震科学,2010,(02):18-21。

⑤ 王继,俞言祥.华中、华南中强地震区地震烈度衰减关系研究[J].震灾防御技术,2008,(01):20-26。

⑥ 吴清,高孟潭.利用烈度数据点估算中强历史地震震级与震中的方法研究[J].震灾防御技术,2014,(1):12-28。

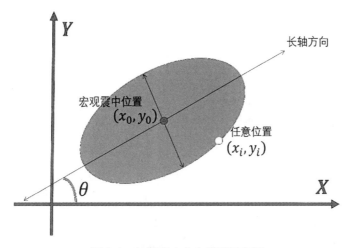

图 2.8 地震烈度分布模型示意图

利用地震烈度分布模型,既可以根据地震震级 M、震中位置 (x_0, y_0) 和地震断层走向确定的长轴方向,计算任意位置 (x_i, y_i) 处的地震烈度,进而快速预测地震烈度分布和绘制等震线,做到灾情影响区域及程度的高效预测;反之,也可以根据调查获得的烈度数据样本集 (x_i, y_i, I_i),通过联立方程组逆向计算出宏观震中位置 (x_0, y_0)、震级 M 和方向角 θ。

2.3.4 地震烈度影响半径模型

在分析地震危险性影响时,往往需要知道受灾面积大小或某个重点单位处于何种地震烈度区域,一种基本的方式是,考虑某种地震烈度,计算该烈度等震线内的区域面积,进而衡量某种危险程度以上所覆盖的区域大小。但是,等震线往往呈现出类似椭圆的不规则形状,难以做到对其面积的准确计算。因此,为了计算的实用目的,可以考虑将等震线的形状按椭圆形计算其面积,并将与椭圆等面积的圆的半径称为等效圆半径,则等效圆半径为:

$$r_i = \sqrt{a_i b_i} \tag{2.12}$$

式中, r_i 为烈度 I_i 的等震线的等效圆半径(km); a_i 和 b_i 分别为烈度 I_i 的等震线椭圆的长轴半径和短轴半径(km)。

结合历史地震的地震等级、烈度数据和震源深度等信息,研究人员通过数

据拟合的方法得到了进一步考虑震级深度 h 和震级 M 的关系,给出了地震烈度影响半径的经验模型[1]:

$$r_i = \frac{481.9}{\sqrt{h}} e^{0.4962M-(1.197-0.07569M)I_i} \qquad (2.13)$$

利用该模型,可以估算某重要单位或场所所处的烈度区域,具体方法为:首先,根据地震等级 M,利用地震等级-烈度关系模型求取震中烈度(最大烈度) I_0;然后,从 I_0 依次递减,计算不同烈度 I_i 的影响半径 r_i;最后,比较目标震中距 R 与 r_i 的关系,判定目标所处的烈度区。例如,某一地区发生一次 7 级地震,震源深度 $h=16\text{km}$,距离震中 $R=25\text{km}$ 处有一重要水电站,则可先根据公式(2.1)计算出震中烈度 $I_0 = 9$,然后根据公式(2.13)依次计算地震烈度 $I_i = 9,8,7$ 时的等震线等效圆半径 $r_9 = 9.59\text{km}$,$r_8 = 18.7\text{km}$,$r_7 = 36.4\text{km}$,比较该水电站的震中距 R,因为 $r_8 < R < r_7$,所以该水电站在 7 度烈度区和 8 度烈度区之间。

2.3.5 地震震级概率模型

对于地震危险性[2]分析,地震震级概率是一个重要方面。如果知道某地区发生一定规模地震的可能性有多大,将对城市工程、建筑物的抗震设防具有重大意义。

美国地震学家 Gutenberg 等人基于对美国加州地区和全球地震活动的研究,假设地震的发生服从泊松分布,提出了表征震级-频度关系的 G-R 模型:

$$\log N = a - bM \qquad (2.14)$$

式中,M 表示震级;N 表示震级不小于 M 的地震发生的次数;a 和 b 为回归系数。

进一步可推导出地震的震级分布函数 $F(M)$ 和概率密度函数 $f(M)$:

$$F(M) = \frac{1 - e^{-b(M-M_0)}}{1 - e^{-b(M_\mu-M_0)}} \qquad (2.15)$$

---

① 庄乐和.中国地震烈度影响半径的统计模型[A].中国地质学会工程地质专业委员会.第四届全国工程地质大会论文选集(一)[C].中国地质学会工程地质专业委员会,1992:7。

② 是指城市工程、建筑物所在区域或场所,在给定年限内可能遭遇到的最大地震破坏程度。

$$f(M) = \frac{be^{-b(M-M_0)}}{1 - e^{-b(M_\mu - M_0)}} \qquad (2.16)$$

式中，M_0 表示地震震级下限，由于 4 级以下地震通常对工程没有影响，因此一般震级下限取 4 级；M_μ 表示地震震级上限，一般根据历史地震资料来确定，震级上限通常可取最大历史震级或最大历史震级提高 0.5 级的值。

震级-频度的 G-R 模型反映了某个震级发生的可能性，但是地震活动往往还会随时间变化表现出明显的变化，例如在某一断层可能会产生可重复发生的最大震级尺度的地震[①]，这种震级分布区间相当狭窄的地震往往具有准周期、原地重复等特点。对于这种地震，除了地震发生的可能性大小，还需要关注地震发生的时间间隔规律，即某次地震发生多久后可能会发生下一次类似地震。美国地震学家 Nishenko 和 Buland 在整理环太平洋不同断层强震或大地震原地复发时间间隔的 53 个数据包后，分别采用不同的分布函数对时间间隔样本进行了拟合，得出如下特征地震的复发时间间隔概率密度函数：

$$f(T/\hat{\mu}) = \frac{\hat{\mu}}{\sigma_D \sqrt{2\pi}\, T} \exp \frac{-\left[\ln(T/\hat{\mu}) - \mu\right]^2}{2\sigma_D^2} \qquad (2.17)$$

式中，T 为相邻两次特征地震的复发时间间隔，$\hat{\mu}$ 为复发时间间隔样本数据的中位数，$\mu = -0.01$，$\sigma_D = 0.215$。

公式(2.17)经学者研究，进一步发展为使用特征地震发生时间间隔序列的分布模型[②]，假设某地区发生了 $m+1$ 次特征地震，地震复发时间间隔的序列为 $T_1, T_2, \ldots, T_m$，则该地区复发特征地震的概率密度函数为：

$$f_T(t) = \frac{1}{t\sigma_{\ln T_i} \sqrt{2\pi}} \exp \frac{-\left[\ln(t/\hat{\mu})\right]^2}{2\sigma_{\ln T_i}^2} \qquad (2.18)$$

$$\sigma_{\ln T_i} = \sqrt{\frac{1}{n} \sum_{i=1}^{m} (\ln T_i - \ln\hat{\mu})^2} \qquad (2.19)$$

---

① 这种地震一般称为"特征地震"。

② Petersen M.D, Cao T.Q, Campbell K.W, Frankel A.D.Time-independent and time-dependent seismic hazard assessment for the State of California：Uniform California earthquake rupture forecast model.Seismol Res Lett,2007,78(1):99−109.

式中,T_i 为特征地震的复发时间间隔序列,$\hat{\mu}$ 为复发时间间隔序列的中位数。

2.3.6 区域地震滑坡危险性评估模型

地震会造成地表变形和裂缝增加,降低土石的力学强度指标,使地表斜坡承受的惯性力发生变化,引发滑坡次生灾害。评估地震引发滑坡的可能性,也是地震危险性分析的重要内容。目前,国际上主要采用基于力学简化的 Newmark 位移分析方法来进行区域地震滑坡区划,该模型适用于地震诱发浅层刚性块体发生平移或旋转滑动的永久位移评估。

区域地震危险性评估中较常用的是 Wilson 和 Keefer 提出的简化 Newmark 模型,该模型的核心思想是将水平地震动加速度简化为沿平行于滑动面下坡方向输入,从而计算滑动面处的临界加速度[1]a_c:

$$a_c = (F_s - 1)g\sin\alpha \tag{2.20}$$

$$F_s = \frac{c'}{\gamma t \sin\alpha} + \frac{\tan\varphi'}{\tan\alpha} + \frac{p\gamma_w \tan\varphi'}{\gamma \tan\alpha} \tag{2.21}$$

式中,F_s 为静态安全系数;g 为重力加速度;α 为滑动面倾角;c' 为有效内聚力(Mpa);γ 为岩土体重度(N·m^{-3});t 为潜在滑体厚度(m);φ' 为有效内摩擦角;p 为潜在滑体中饱和部分占滑体厚度比例;γ_w 为地下水重度(N·m^{-3})。在实际计算中,滑动面倾角一般可近似为斜坡坡角,有效内聚集力 c' 和有效内摩擦角 φ' 可参照我国国家标准《工程岩土分级标准》(GB50218-94)并结合现场对岩土的勘探调查确定,基于安全考虑,一般保守地考虑滑体完全饱和的工况,即取 $p = 1$,岩土体重度 γ 和地下水重度 γ_w 可通过勘察采样进行测算,如果是考虑浅层崩塌或碎屑流,可取滑体厚度 $t = 5$。

临界加速度 a_c 表征了考虑斜坡固有属性的坡体失稳潜势,因而可以作为地震滑坡易发性评估依据。具体地,可以利用临界加速度的区间 $a_c \in (a,b]g$,将地震滑坡易发性划分为"极高易发"([0—0.21]g)、"高易发"([0.22—0.43]g)、"中等易发"([0.44—0.64]g)、"低易发"([0.65—0.86]g)和"极低易发"([0.87—1.20]g)五个等级。

---

① 指在地震动荷载作用下,滑块的下滑力等于抗滑力时的地震动加速度。

为快速评估地震滑坡的危险性,需要进一步计算坡体的累积位移值 D_N。研究人员利用美国及伊朗的强震记录,计算了每条强震记录 $a_c \in (0.02, 0.40]g$ 之间的 D_N 值,利用多变量回归方法得到经验公式:

$$\log D_N = 1.52\log A_a - 1.993\log a_c - 1.546 \qquad (2.22)$$

$$\log A_a = 0.75M_w - 2\log R_p - 2.35 \qquad (2.23)$$

式中,A_a 为 Arias 强度①($\mathrm{m/s^2}$);M_w 表示大于 7 级的震级;R_p 为震源距(km)。

利用上述模型,我国学者王涛等人对汶川地震诱发区滑坡位移分布进行了研究,根据滑坡位移量的 D_N 值,将汶川地震重灾区依次划分出"极高危险""高危险""中等危险""低危险"和"极低危险"五个滑坡危险等级区,并结合 GIS 技术,给出图 2.9 所示的地震滑坡危险性分区图②。

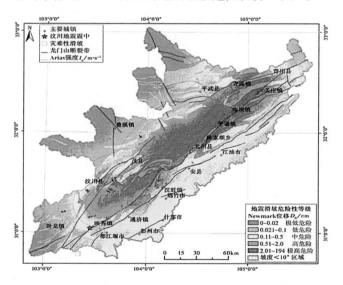

图 2.9　我国学者研究给出的汶川地震滑坡危险区划图

---

① 一种衡量地震动强度的物理量,通过强震记录中地震动加速度的平方在强震持时内对时间积分求得。

② 王涛,吴树仁,石菊松,辛鹏.基于简化 Newmark 位移模型的区域地震滑坡危险性快速评估——以汶川 M_S8.0 级地震为例[J].工程地质学报,2013,(1):16-24。

2.3.7　地震人员伤亡模型

对地震后人员伤亡的规模进行快速和定量的评估,既可以为应急救援力量和应急资源的保障提供参考,也可以为减小建筑物易损性和控制伤亡水平提供相应依据。影响地震人员伤亡规模的因素有很多,考虑不同的因素,预测得到的地震人员伤亡数量会有所不同。

如果不考虑地震中建筑物的易损性(如房屋倒塌率、破坏比、损坏率[①]等),仅仅考虑地震时间、地震烈度和震区人口密度,可采用如下伤亡计算公式:

$$\ln(N_1) = -22.73 + 10.6\ln I + 0.34\ln\rho \qquad (2.24)$$

$$\ln(N_2) = -11.35 + 5.77\ln I + 0.36\ln\rho \qquad (2.25)$$

式中,N_1 和 N_2 分别表示白天和夜晚地震死亡人数;ρ 为人口密度(人/km²);I 为地震烈度,受伤人数可以取为死亡人数的 3 倍。

如果考虑建筑的易损性,以房屋毁坏比为主要参数,可用如下公式[②]估算死亡率:

$$\log RD = 12.479 A^{0.1} - 13.3 \qquad (2.26)$$

式中,RD 为死亡率;A 为房屋毁坏比;受伤人数可取为死亡人数的 3—5 倍。

以烈度、建筑破坏率为主要参数,可用如下公式估算死亡率和受伤率:

$$RD_1 = 0.00097\exp[0.5(I-7)] \cdot d_p \qquad (2.27)$$

$$RI_1 = 0.008829\exp[0.5(I-7)] \cdot d_p \qquad (2.28)$$

$$RD_2 = 0.0126 \cdot \frac{I-4.76}{I+0.25}\exp[0.75(I-7)] \cdot d_p \qquad (2.29)$$

$$RI_2 = 0.0686 \cdot \frac{1}{I+0.25}\exp[0.75(I-7)] \cdot d_p \qquad (2.30)$$

式中,RD_1,RD_2 分别表示白天和晚上地震的死亡率;RI_1,RI_2 分别表示白

---

① 可用某地区倒塌房间数与全部房间数之比或倒塌建筑的面积与全部建筑的面积之比来表示。

② 尹之潜.地震灾害及损失预测方法[M].北京:地震出版社,1995。

天和晚上地震的受伤率;I 为地震烈度;d_p 为建筑损坏率。

如果考虑综合地震时间及烈度、房屋倒塌率和震区人口密度,利用历史地震数据,可回归得到如下人员伤亡估算公式①:

$$\log RD = 9.0D_p^{0.1} - 10.97 \tag{2.31}$$

$$ND = f_t \cdot f_p \cdot RD \cdot N \tag{2.32}$$

式中,RD 为地震人员死亡率;ND 为人员死亡数量;D_p 为房屋倒塌率;N 为地区总人口数;f_t,f_p 分别为人口密度和地震时间的修正系数,取值如表 2.4 和表 2.5 所示:

表 2.4　人口密度修正系数

人口密度(人/km²)	<50	50—200	200—500	>500
f_t	0.8	1.0	1.1	1.2

表 2.5　地震时间修正系数

烈度	VI	VII	VIII	IX	X
f_t(白天)	1	1	1	1	1
f_t(夜晚)	17	8	4	2	1.5

2.3.8　地震建筑物破坏模型

地震中建筑物损坏程度受多种因素影响,对单体建筑本身,主要有设防烈度、场地环境、场地类别②、结构类型、层数、建造年代和使用状况等七个方面,综合考虑这七个影响因素和各个影响因素的子内容,建立单体建筑破坏指数乘法模型:

$$D = wd_0 \prod_{i=1}^{N} \prod_{j=1}^{T} d_{ij}^{\delta_{ij}} \tag{2.33}$$

---

① 马玉宏,谢礼立.地震人员伤亡估算方法研究[J].地震工程与工程振动,2000,20(4):140—147。

② 国家标准《建筑抗震设计规范》根据土层等效剪切波速和场地覆盖层厚度,将场地类别划分为四类,分别是 I、II、III、IV类,其中 I 类分为 I_0、I_1 两个亚类,具体判定参照该标准。

式中, D 为单体建筑破坏度指数(表征破坏程度大小); w 为地震峰值加速度折算系数;统计常数 $d_0 = 0.98$;影响因素项数 $N = 7$; T 为第 $i(i \in N)$ 项影响因素子项数; d_{ij} 为第 i 个影响因素的第 j 个子项的取值; δ 对 d_{ij} 取值的 i,j 取 1、其他 i,j 取 0。

峰值折算系数和影响因素分别如表 2.6 和表 2.7 所示。

表 2.6　峰值加速度折算系数

地震烈度 I	VI	VII	VIII	IX
折算系数 w	0.4	0.8	1.6	3.2

表 2.7　地震对建筑物造成破坏的影响因素及量化标准

i	震害因素	j	取值分类	d_{ij}
1	设防烈度	1	VI 度以下或不设防	2.0
		2	VI 度	1.5
		3	VII 度	1.1
		4	VIII 度或 VIII 度以上	1.0
2	场地环境	1	有利地段	1.0
		2	不利地段	1.8
		3	危险地段	2.8
3	场地类别	1	I 类	1.0
		2	II 类	1.2
		3	III 类	1.5
		4	IV 类	1.8
4	结构类型	1	钢混结构	1.0
		2	砖混结构	1.8
		3	其它结构,包括竹、木、草、石等简易房屋	2.4
5	结构层数	1	1~2 层,主要指老旧房屋	1.8
		2	3~6 层	1.5
		3	7~8 层	1.2

i	震害因素	j	取值分类	d_{ij}
5	结构层数	4	9—10 层	1.1
		5	10 层以上	1.0
6	建造年代	1	1970 年以前	1.8
		2	1970—1979 年	1.4
		3	1980—1989 年	1.2
		4	1990—1999 年	1.0
		5	2000 年及以后	1.0
7	使用现状	1	一般,主要承重构件保持完好,非承重构件基本无缺陷	1.0
		2	差,主要承重构件有轻微的破损或变形,墙体有轻微裂缝等	1.3
		3	有明显缺陷	1.7

通常某一区域内不同建筑受地震破坏程度不同,即破坏度指数不同,为对宏观区域建筑群的破坏进行衡量,需要准确考虑区域破坏情况,基于单体建筑破坏度指数 D,可进一步计算区域破坏度指数 H:

$$H = \sum_{k=1}^{n} S_k D_k / S \qquad (2.34)$$

式中,H 为区域破坏度指数(表征区域内建筑群破坏程度);S_k 为区域中第 k 类破坏程度建筑物的建筑总面积;D_k 为区域中第 k 类破坏程度建筑物对应的破坏度指数;S 为区域中的抽样建筑的总面积。

区域破坏度指数 H 对应的破坏等级如表 2.8 所示:

表 2.8　区域建筑破坏等级

区域破坏指数(H)	<1.8	1.8—3.5	3.5—7.0	≥7.0
区域破坏等级	基本完好	轻微破损	较重破损	严重破损

2.3.9　地震路桥破坏模型

受地震影响,道路的路基和路面会受到一定程度破坏,导致道路交通运输中断,引发破坏的原因包括地震动、滑坡、泥石流、路堑崩塌、断层错动、软土震陷等。考虑目前我国尚无十分完善的地震路桥破坏分析模型,我国学者陈一平等人根据历史震害经验,推荐使用一种适用于公路路基路面破坏等级预测的经验模型①。

模型将公路路基路面破坏分成基本完好、轻微破坏和中等破坏三个等级,划分标准如表 2.9 所示。

表 2.9　公路路基路面破坏等级划分

破坏等级	震害描述	平均震害指数
基本完好	路面完好无损或出现少量裂缝,不影响交通运输	0.1
轻微破坏	路基路面出现不同程度的裂缝、涌包、沉陷、塌滑或喷砂冒水,但一般车辆仍可正常行驶,对交通运输影响不大	0.3
中等破坏	路基路面出现比较严重的裂缝、涌包、沉陷、塌滑或喷砂冒水,已经影响车辆的行驶速度,交通运输量明显减少,需要及时抢修	0.5

公路路基路面的损坏程度受多种因素影响,主要有地震烈度、路基土类型、场地类别、地基失效程度、路基类型、路基高差和设防情况等七个方面,其量化标准如表 2.10 所示。

表 2.10　地震对公路路基路面造成破坏的影响因素及量化标准

i	震害因素	取值分类	x_i
1	地震烈度	VI	0.20
		VII	1.00
		VIII	1.05
		IX	1.15
		X	1.20

---

① 陈一平,陈欣.公路路基路面的震害预测[J].工程抗震,1993,3:40-45。

i	震害因素	取值分类	x_i
2	路基土类型	坚硬土	0.9
		黏土	1.0
		粉土、细砂土	1.1
		分期施工路基	1.2
3	场地类别	Ⅰ类	0.9
		Ⅱ类	1.0
		Ⅲ类	1.1
		Ⅳ类	1.3
4	地基失效程度	无	1.0
		轻	1.05
		中	1.15
		重	1.4
5	路基类型	低矮路基	1.0
		路堤路堑	1.1
		控填结合	1.3
		沿河路基	1.35
6	路基高差	H≤1m	1.0
		1m<H≤2m	1.05
		2m<H≤3m	1.1
		H>3m	1.4
7	设防情况	已设防	0.9
		未设防	1.0
		已有损坏	1.2

公路路基路面的震害程度用震害度表示:

$$\mu(ind) = \exp\left[\frac{-(ind - \overline{ind})^2}{2\sigma^2}\right] \qquad (2.35)$$

式中,$\overline{ind}$ 表示公路包含的 M 个路段的路基路面的平均震害指数,可通过

各震害因素的量化值计算:

$$\overline{ind} = \frac{1}{M}\sum_{k=1}^{M}\left(0.2\prod_{i=1}^{N}x_i(k) - 0.1 + \delta\cdot\Delta\right) \qquad (2.36)$$

式中,M 为公路包含的路段数;$x_i(k)$ 为公路第 k 个路段路基路面的第 i 个震害因素量化取值,见表 2.10,$\overline{ind}$ 计算值超过 0.6 以上取 $\overline{ind} = 0.6$;σ 表示不同烈度下实际震害离散程度,当地震烈度为Ⅵ、Ⅶ、Ⅷ、Ⅸ、Ⅹ时,σ 可分别取 0.1,0.2,0.2,0.3,0.3;δ 和 Δ 分别为滑坡修正系数和修正量,当路旁边山体无滑坡或只有小规模滑坡时取 $\delta = 0$,$\Delta = 0$,当路旁山体有中等规模滑坡趋势时取 $\delta = 1$,$\Delta = 0.15$,当路旁山体有较大规模以上滑坡趋势时取 $\delta = 1$,$\Delta = 0.30$。

运用公式(2.35),可以得到某条道路震害程度的 ind 的分布,取最大值 $\mu_{\max}$ 值,判断其隶属的平均震害指数区间(表 2.9),进而判定其破坏等级。

桥梁(公路桥)作为道路的一种,也可运用同样的思想,建立其震害程度模型:

$$A = c_0 c_1 \prod_{j=1}^{N}\prod_{k=1}^{T}c_{jk}^{\delta_{jk}} \qquad (2.37)$$

式中,A 为桥梁震害指数;c_0 为影响系数(本模型中取为 0.65);c_1 为液化和边坡失稳影响系数(取值如表 2.11 所示);N 为震害因素项数;T 为第 j 项震害因素的子项数;c_{jk} 为第 j 项震害因素中的第 k 子项因子取值(如表 2.12 所示),δ_{jk} 对 c_{jk} 取值的 j,k 取 1、其他 j,k 取 0。

表 2.11　液化和边坡失稳影响系数取值

c_1		场地类型			
		Ⅰ类场地	Ⅱ类场地	Ⅲ类场地	Ⅳ类场地
地震烈度	≤Ⅶ	0.8	1.0	1.5	1.5
	Ⅷ	0.8	1.0	1.5	1.8
	≥Ⅸ	1.0	1.5	1.5	1.8

表 2.12 桥梁震害影响系数量化表

j	项目	k	类别	c_{jk}取值
1	地震烈度	1	7 度	1.00
		2	8 度	1.50
		3	9 度	2.28
		4	10 度或 11 度	2.74
2	上部结构形式	1	刚梁、连续梁	1.00
		2	板梁	1.18
		3	简支梁、悬臂梁	1.47
3	跨数	1	≤3 跨	1.00
		2	>3 跨	1.20
4	场地类别	1	I 类	1.00
		2	II 类	1.25
		3	III 类或 IV 类	2.10
5	支座类型	1	橡胶支座,有防落梁措施	1.00
		2	一般支座	1.10

根据震害程度计算值和经验统计,可将桥梁的破坏划分为五个等级:基本完好($A \leqslant 1.39$)、轻微破坏($1.39 < A \leqslant 2.04$),中等破坏($2.04 < A \leqslant 3.87$),严重破坏($3.87 < A \leqslant 4.82$)和毁坏($A > 4.82$)。

2.3.10 地震宏观经济损失模型

对地震震害的影响分析,不仅关注建筑物、人员的受损情况,还需要估计地震所造成的宏观经济损失,对经济损失的快速评估也是地震易损性分析的重要内容。地震宏观经济损失模型的思想是基于宏观经济数据,将预测年的经济、人口等数据换算成基年①的相应数据,按人均 GDP 分档分别计算地震经济损失,再换算成预测年的地震经济损失。

考虑预测年地震对基年地震经济损失率 F_0 与地震烈度、基年人均 GDP

---

① 选取作为计算基准的年份。

（$\overline{GDP}$,单位:元）相关:

$$F_0(I,\overline{GDP}) = \begin{cases} 2 \times 10^{-8} I^{9.8082}, & \overline{GDP} < 2700 \\ 2 \times 10^{-10} I^{11.585}, & 2700 \leqslant \overline{GDP} < 10000 \\ 4 \times 10^{-11} I^{11.377}, & \overline{GDP} \geqslant 10000 \end{cases} \quad (2.38)$$

根据基年地震经济损失率 F_0 和基年分区 GDP 值 G_0,可计算基年分区经济损失值 U_0:

$$U_0 = F_0 \cdot G_0 \quad (2.39)$$

预测年的分区经济损失 U_f 可根据预测年的价格指数[①]r_f 和基年价格指数 r_0 进行换算:

$$U_f = U_0 \cdot r_f / r_0 \quad (2.40)$$

预测年的宏观经济损失总量 U 可以根据分区数量和各分区经济损失 U_f 计算:

$$U = \sum_{i=1}^{N} U_{f,i} \quad (2.41)$$

式中,N 为分区总数; $U_{f,i}$ 表示第 i 个分区的经济损失。

2.4 防震减灾科技方法

2.4.1 地震监测技术

地震监测是通过专门的监测仪器如地震仪、水位仪、电磁波测量仪等来监测地震微观前兆信息(地震波),监测地震活动,确定地震发震时刻、地震位置、震级大小、震源深度的技术,如图 2.10 展示了中国地震台网(http://www.ceic.ac.cn/)监测得到的我国和世界地震发生信息。地震在地球内部以地震波震相[②]

①　经济学概念,是反映不同时期一组商品价格水平的变化方向、趋势和程度的经济指标。
②　源于震源、介质界面、不同波型(体波、面波等)发出的地震波,在到达时间、波形、振幅、周期和质点运动等方面具有一定特征的波形,称为震相。

进行传播,分析和解释这些震相的起因和物理意义,并利用各种震相的特征和到时,可以推断地球内部构造和地震的震源特征,测定地震位置和震源参数。地震震级和定位是地震监测的核心内容,利用地震计①记录的地震谱振幅可以计算出地震震级,利用地震计在空间分布的坐标位置可以测定地震波到来的方向角,利用走时曲线②的慢度③可以确定震源距或震中距,进而根据地震台站的位置参考,可计算出地震发生的相对位置。

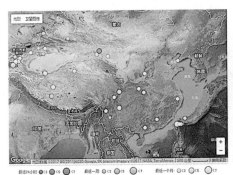 

图 2.10　中国地震台网监测的我国(左)和世界(右)范围内地震发生情况

(图片来源:中国地震台网网站 http://news.ceic.ac.cn/chanchu55.html)

我国的地震监测技术系统始建于 20 世纪 60 年代,经过多年的建设,目前已建成由国家数字地震台网、31 个区域数字地震台网、6 个火山地震台网和流动地震台网组成的数字地震观测系统,其中,国家数字地震台网是一个覆盖全国的地震监测台网,由 152 个超宽频带和甚宽频带地震台站、2 个小孔径地震台阵、1 个国家地震台网中心和 1 个国家地震台网数据备份中心组成,图 2.11 展示了我国国家地震台站和区域地震台站的分布情况。地震监测为地震预测、地球科学研究、国家经济建设和公众提供了丰富的数据服务。

---

①　感知地震波的传感器称为地震计,是将地面运动转变为电信号的装置,为能够记录地震某一物理常数之地震仪的主要部件。

②　又称时距曲线,是表示地震波传播的距离与传播所需要的时间之间的关系曲线。

③　和速度相对,是速度的倒数,是地震信号的关键参数之一。

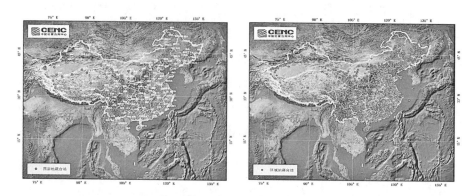

图 2.11 我国国家地震台站(左)和区域地震台站(右)分布

(图片来源:中国地震台网站 http://news.ceic.ac.cn/chanchu26.html)

2.4.2 地震速报技术

紧急地震速报系统是日本气象厅于 2004 年开始试运行,2007 年正式投入使用的地震预警系统。系统由近 7500 个震度观测点、1430 个地震台站和地震台网组成,可以根据 P 波与 S 波的速度差以及地震波和电磁波的速度差来实现地震的快速预警,是当今世界范围内第一个投入使用、台站密度最高、台站数量最多、覆盖范围最大、耗资最多、性能最先进的地震预警系统。系统可生成紧急地震速报,将震度①达 4 以上的地区名称、震源名称、发生时刻和震度 6 以上的地区名称紧急发布给普通大众。警报的生成分震源快速解释和震度快速预测两个部分,地震发生的瞬间,日本防灾科学技术研究所的震源快速准确解析系统利用震源附近高感度地震计的观测数据,进行地震快速定位并判级,并将数据同步传送到日本气象厅,气象厅利用同步数据进行地表 1km 网格精度的震度预测,对震度 4 以上的地区发布紧急地震速报。对于日本这样的地震高发国家,紧急地震速报的作用不言而喻,自 2007 年后,日本厂商在其国内发行的手机出厂前都强制要求必须安装紧急地震速报接收器,以保证地震讯息能够以最快的速度强制推送到民众身边,图 2.12 展示了日本公众手

---

① 用来表述一地区受地震的影响程度,级数愈高表示愈强烈,造成的灾情也愈重,各国有自己的分级方式,日本采用震度,中国采用地震烈度。

机上的地震速报信息。在 2011 年日本 3.11 大地震中,紧急地震速报系统在地震发生 1 分钟内向 37 个城市发出了警报,为公众赢得了宝贵的逃生时间和处理燃气及电源的时间。

图 2.12　日本公众手机收到的地震速报信息

图片来源:(百度图片网站 https://image.baidu.com/)

2.4.3　抗震设计技术

对于地震造成的人员伤亡规模,建筑物的抗震性能是十分重要的影响因素,因而,有必要通过对建筑物的抗震设计来提高其抗震能力和降低建筑物的地震易损性。抗震设计技术着重从结构整体出发,通过改变建筑结构受力体系,达到提高抗震性能的目的。抗震设计包括概念设计、抗震计算和构造设计三个方面,其中概念设计根据地震灾害和工程经验等所形成的基本设计原则和设计思想,进行建筑和结构总体布置,正确地解决总体方案、材料使用和细部构造,进一步结合科学的抗震计算和构造设计,以保证抗震方案的合理性。

按我国国家标准《建筑抗震设计规范》(GB 50011-2010)的要求,设防烈度①

---

①　按国家规定的权限批准作为一个地区抗震设防的地震烈度称为抗震设防烈度。一般情况下,抗震设防烈度可采用中国地震参数区划图的地震基本烈度。

为6度及以上的建筑必须进行抗震设计。当前,世界上普遍采用的新型抗震技术包括建筑隔震技术和消能减震技术两大类。隔震技术是采用"基础隔震"的思想,在建筑物底部和地基之间,增加适当缓冲物或基础隔震元件(如球型轴承、滑动体或叠层橡胶支座①),使建筑物在受到地震波后的加速度反应大大减弱,同时让建筑物的位移主要由隔震系统承担,从而保证建筑物在地震中产生的形变很小。消能减震技术通过在建筑物关键点上安置阻尼装置,提供阻力来消耗地震作用于建筑物的能量,保护主体结构免遭破坏,阻尼器有速度相关型、位移相关型等多种类型,当前,应用较多的是速度相关型的粘滞液体阻尼器,已经应用到高层建筑、强梁、体育场馆、海洋石油平台和卫星发射塔等。我国的北京饭店、北京火车站、中国历史博物馆、上海世茂国际广场、郑州会展中心、北京展览中心、南京长江三桥均使用了阻尼消能减震技术。除了上述两种新型抗震技术,科学家们也在尝试研究更加前瞻的抗震设计技术,如有报道称科学家正试图研究房屋裂纹自动愈合技术,通过纳米聚合粒子流入裂缝中并变硬形成固体材料来填补裂缝,使墙体在地震压力的挤压中"自我愈合",还有类似人类自身机体调节的智能防震建筑技术也正被不断研究和应用。

图 2.13　建筑隔震技术

(图片来源:筑龙网论坛 http://bbs.zhulong.com/102010_group_773/detail30016049)

---

①　一种基础隔震元件,最早于1965年用于伦敦地铁站上的建筑隔震。支座由一层钢板和一层橡胶层层叠合起来,橡胶和钢板牢固结合在一起。

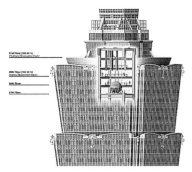

图 2.14　消能减震技术

左:台湾 101 大楼的风阻尼器;右:粘滞液体阻尼器

(图片来源:PINGWEST 网站 http://www.pingwest.com/10-anti-earthquake-tech/)

2.5　本章小结

地震作用力大、破坏力强,与地震相伴而生的往往是数以万计的房屋倒塌和人员伤亡。人类无法回避地震这种自然灾害,但是可以研究其发生规律和震害特点,从而采取各种防范措施。掌握地震相关的基本概念是理解地震的破坏性的基础,衡量地震本身能量大小的概念是震级,而衡量地震破坏大小的概念是烈度,而震级和烈度又具有一定关系,地震可以监测计算出震级,而两者间的关系模型又可以预测出震区不同的烈度区划;对地震的评估分析主要侧重于地震破坏性分析和易损性分析,破坏性分析关注地震发生的概率、地震烈度分布、震害范围等,易损性分析则关注地震导致的人员伤亡、物体(房屋、道桥等基础设施)损毁和经济损失等,掌握与之相关的模型有助于实现对地震影响的快速评估。监测预警、地震速报和抗震设计是当前主流的防震减灾科技方法,各种新型的抗震设计理念也不断出现以减轻地震对建筑和人员的影响与伤害,随着人类科技水平的日益提升,抗震减灾技术将更加快速地发展。

第三章　洪涝灾害风险分析模型与方法

3.1　洪涝灾害现象及典型案例

由于长期大雨、暴雨或持续降雨,使山洪爆发或江、河、湖、海水量迅速增加,水位急剧上升超过常规水位,这种现象称之为雨洪。堤坝溃决或漫溢,洪水自上而下侵袭,对下游地区具有巨大的破坏力,由此造成的灾害,称为洪灾。往往由于降水过多,导致地面径流不能及时排除,城市低洼地区淹没、渍水①,农田积水超过农作物耐淹能力,造成农业减产的灾害,称为涝灾。洪灾和涝灾合称洪涝灾害。

在各种自然灾害中,洪涝灾害最为常见,波及范围最广,破坏性极大,洪涝灾害不但可以淹没房屋,直接造成人畜伤亡,而且还可以破坏交通、通信、水电气供应等生命线工程,造成粮食大幅减产,使人类生产和生活活动中断,甚至还会诱发传染病疫情的传播,引发社会恐慌。更加严重的是,洪涝发生区域往往都是人口稠密、农业垦殖度高、江河湖泊集中、降雨充沛的地方,位于北半球暖温带的中国是世界上洪涝灾害最频繁、受灾范围最大的国家之一。

20世纪以来,对我国影响较大、危害后果严重的重大洪涝事件不胜枚举,并且伴随我国快速的城镇化进程,城市内涝问题已经成为困扰我国城市的新问题和新难点。下面列举几起我国洪涝灾害典型案例,从宏观层面展现洪涝

---

① 地面积水简称渍水,渍水不容易自动流走,需要人工进行排除。

灾害的影响：

案例1：长江流域特大洪水。1954年4月—7月，长江中下游普降大雨，雨带由东向西推进，从湘赣到苏皖再到四川，遍布长江上中游，长江的洪水几乎与堤坝齐平，江汉大堤平均不到10分钟便发生一起险情，抗洪抢险过程中，先后三次向荆江分洪区分洪122.56亿立方米，使20余个分洪区、蓄洪区无不饱和甚至超饱和。特大洪水还使得江河堤防与湖泊圩垸连受洪峰冲击，并在高水位下长期浸泡，发生了严重的溃决现象，湖北、湖南、江西、安徽及江苏都发生了严重的洪涝灾害。此次洪涝灾害受灾人口达1800多万，淹没农田4755万亩，损毁房屋427.6万间，致使京广铁路中断近百天。1998年，受极端天气和强降雨影响，长江再次发特大洪水，造成长江流域湖北、江西、湖南、安徽、浙江、福建、江苏等多个省份受灾，受灾人口超过1亿人，受灾农作物1000多万公顷，死亡1800多人，倒塌房屋430多万间，经济损失1500多亿元。

案例2：淮河特大洪水。2003年6月—7月，淮河流域降雨异常偏多，面平均降雨量为常年同期的2.2倍，淮河水系30天降雨量超过400mm，局部地区甚至超过800mm。此次淮河洪水给河南、安徽、江苏3省造成洪涝受灾面积384.67万公顷，其中成灾259.13万公顷，绝收112.93万公顷，受灾人口3700万，死亡29人，倒塌房屋77万间，直接经济损失286亿元。2007年汛期，因长时间强降雨，淮河再次发生全流域性大洪水，王家坝出现四次洪峰，超警戒水位时间累计达26天，先后启用10个行蓄（滞）洪区分洪。受暴雨洪水影响，安徽、江苏、河南等省共有2600多万人受灾，死亡30多人，紧急转移安置110多万人，农作物受灾面积200多万公顷，其中绝收面积60多万公顷，直接经济损失达170多亿元。

案例3：重庆特大暴雨。2009年8月，受西南冷涡影响，四川、重庆、贵州等地相继出现强降雨天气，8月3日13时至4日，重庆大部分地区出现强降雨，据气象资料统计，8月3日14时至8月4日14时，重庆北碚区最大降水量为150mm，其次为巴南区137mm，江北区135mm，渝北区115mm，璧山县103mm。暴雨造成了严重的人员伤亡和经济损失，重庆市防汛办消息，截至4

日下午 16 时的统计数据,重庆市西部的潼南、大足、铜梁、北碚、巴南、綦江、江津、忠县、万州、长寿、江北、璧山及合川等 13 个区县 167 个乡镇不同程度受灾,受灾人口升至 87.7 万人,因灾死亡 3 人,失踪 4 人,直接经济损失 4.1 亿元。

案例 4:济南特大暴雨。2007 年 7 月 18 日傍晚,济南市突降特大暴雨,在 3 个多小时的时间内,全市平均降雨量达 134mm。其中,市区一小时最大降雨量达 151mm,两小时最大降雨量达 167.5mm,三小时最大降雨量达 180mm,因降雨过于集中、排水不畅,暴雨发生后,全市倒塌房屋 135 间,受淹 5718 户,受灾人口约 2 万人,农作物受灾面积 2439 公顷,市区内受损车辆 802 辆,毁坏市区道路 1.4 万平方米,冲失井盖 500 余套,先后造成 23 条线路停电,两处水厂停止供水,多处商场被淹,其中单银座商城的损失就高达 5000 万元。

案例 5:广东特大暴雨。2015 年 5 月 19—24 日,广东省出现了当年强度最强、范围最广、持续时间最长的降水过程,大部分市县先后出现暴雨到大暴雨,局部特大暴雨,全省平均雨量达 135.3mm。这次暴雨造成广东省 68.74 万人受灾,因灾死亡 2 人,紧急转移安置 4.44 万人,农作物受灾面积 3.22 万公顷,倒塌房屋 311 间,直接经济损失 8.44 亿元。此外,一条省道部分路段因水渍导致交通中断,3.5 万户电力用户受影响,6000 户通信用户受影响。

案例 6:武汉特大暴雨。2016 年 6 月底至 7 月上旬,武汉市连遭强暴雨袭击,市气象台先后多次发布暴雨红色预警,截止到 7 月 6 日 12 时,暴雨就造成全市 12 区 75.7 万人受灾,转移安置灾民 167897 人次,农作物受损 97404 公顷,其中绝收 32160 公顷,倒塌房屋 5848 间,严重损坏房屋 982 间,一般性房屋损坏 393 间,因灾死亡 14 人,失踪 1 人,直接经济损失 22.65 亿元。此外,暴雨洪涝还导致市区学校停课,火车站、长江隧道、三环线江岸段封闭,地铁被迫暂停运行,全市交通陷入瘫痪状态。

小思考:认真阅读和比较上述 6 个案例,暴雨洪涝灾害对城市的影响有何特点,洪涝灾情描述中哪些概念或内容比较重要?

3.2 洪涝灾害相关基本概念

根据案例中的灾情描述和洪涝模型涉及的常用物理量,洪涝相关的基本概念包括:

(1)降雨量

降雨量是指单位地面面积上,在一定时间内降雨的深度,可用 $H(\text{mm})$ 表示,常用计量单位包括年平均降雨量(mm/a)、月平均降雨量(mm/m)、年最大日降雨量(mm/d)。降雨量也可用一定时间内的降雨体积 $V(\text{L/ha})$ 来表示。

(2)降雨历时

降雨历时是指连续降雨的时段,可以指全部降雨持续的时间,也可指降雨过程中某些连续的时间段,用 $T(\text{min 或 h})$ 表示。

(3)降雨强度

降雨强度是指连续的降雨历时 T 内的平均降雨量,即单位时间的平均降水深度,用 $I(\text{mm/min})$ 表示,计算方法为:$I = H/T$,工程上也用单位时间单位面积上的降雨量 $Q(\text{L} \cdot \text{s}^{-1} \cdot \text{ha}^{-1})$ 表示降雨强度,I 和 Q 之间关系为:$Q = 10000/60 \cdot I = 167 \cdot I$。

(4)暴雨

我国气象上规定,暴雨是指 24 小时降雨量达到或超过 50mm 的降雨。一般每小时降雨量 16mm 以上,或连续 12 小时降雨量 30mm 以上的降水也称为暴雨。暴雨的降雨强度可称暴雨强度,暴雨强度可分三个等级:24 小时降雨量达到或超过 50mm 但不超过 100mm 时称"暴雨",达到或超过 100mm 但不超过 250mm 时称"大暴雨",达到或超过 250mm 时称"特大暴雨"。

(5)暴雨强度频率

暴雨强度频率是指在多次降雨观测中,不小于某个暴雨强度的降雨出现的次数与观测总次数之比的百分数,用 P_n 表示。暴雨强度越大,其频率越小。

(6)暴雨强度重现期

暴雨强度重现期是指在多次降雨观测中,等于或大于某个暴雨强度的降雨重复出现的平均时间间隔,用 P 表示,例如 $P=100$ 表示百年一遇的暴雨。暴雨强度重现期和暴雨强度频率互为倒数,即 $P=1/P_n$。暴雨强度越大,其重现期越大。我国国家标准《室外排水设计规范》(GB 50014-2014)规定,根据城镇和城区类型设计排水以满足特定暴雨重现期的要求,对于特大城市的下穿立交地道和下沉广场、中心城区重要地区、中心城区、非中心城区要分别满足能够排出 30—50 年一遇、5—10 年一遇、3—5 年一遇和 2—3 年一遇的暴雨排水需求,对于大城市的下穿立交地道和下沉广场、中心城区重要地区、中心城区、非中心城区要分别满足能够排出 20—30 年一遇、5—10 年一遇、2—5 年一遇和 2—3 年一遇的暴雨排水需求,对于中等和小城市的下穿立交地道和下沉广场、中心城区重要地区、中心城区、非中心城区要分别满足能够排出 10—20 年一遇、3—5 年一遇、2—3 年一遇和 2—3 年一遇的暴雨排水需求[1]。

(7)降雨面积

降雨面积指降雨所覆盖的地面面积。

(8)汇水面积

汇水面积是指雨水管渠汇集雨水的面积,用 F(hm² 或 ha)表示[2]。

(9)面雨量

面雨量是指某一特定区域或流域的平均降水状况,定义为单位面积上的降水量。导致暴雨洪涝的面雨量临界值,称为致灾临界面雨量。

(10)雨水设计标准

雨水设计标准是指某一设计重现期下的平均降雨水强度,用 I_p(mm/h)表示。

(11)雨水设计流量

雨水设计流量是指根据城市市政排水暴雨强度推求出的设计暴雨强度,

---

① 特大城市是指市区人口 500 万以上的城市,大城市是指市区人口 100 万~200 万的城市,中等和小城市是指市区人口在 100 万以下的城市。

② 面积单位,表示公顷,百米的平方。

用 Q_{yps} 表示,对于管渠,单位为 L/s,对于区域面,单位为 m^3/s。

(12)地面径流

地面径流又称地表径流,指降雨后除渗入地下、填充洼地、植物截留外,其余经流域地面汇入河槽,并沿河下泄的水流。其过程称为产流。

(13)径流系数

径流系数是地面径流量与降雨量的比例,与地面性质、地形地貌、植被分布、降雨历时、暴雨强度等因素相关。

(14)下垫面

下垫面是指与大气下层直接接触的地球表面,它包括地形、地质、土壤、河流和植被等。

(15)数字高程模型

数字高程模型,英文全称为 Digital Elevation Model,简称 DEM,是在一定范围内通过规则格网点描述地面高程信息的数据集,用于反映区域地貌形态的空间分布。

3.3 洪涝灾害风险分析模型

3.3.1 暴雨强度模型

根据定义,暴雨强度反映了降雨量、降雨历时和降雨强度,是设计雨水管渠排水指标的基本依据。针对排水设计需求,我国国家标准《室外排水设计规范》(GB 50014-2014)规定采用如下暴雨强度模型:

$$Q_b = \frac{167A_1(1 + clogP)}{(t + b)^n} \tag{3.1}$$

$$t = t_1 + mt_2 = t_1 + m\sum\frac{L}{60v} \tag{3.2}$$

式中,Q_b 指设计暴雨强度($L \cdot s^{-1} \cdot ha^{-1}$);$P$ 为设计重现期(a);t 为降雨历时(min);t_1 为地面集水时间,通常不计算,取 5—15min;t_2 为管渠内雨水流行时间(min);L 为各设计管渠长度(m);v 为各设计管渠满流时的流速

(m/s),暗管最小设计流速为 0.75m/s,明渠最小设计流速为 0.4m/s,金属管最大设计流速为 10m/s,非金属管最大设计流速为 5m/s;m 为容积利用系数,暗管取 $m = 2$,明渠取 $m = 1.2$;A_1,c,b,n 为地方参数,可查询《给水排水设计手册》,手册中没有的地方可借用其附近气象条件相似地区的参数进行计算。

利用暴雨强度模型,可以得到雨水设计标准,即某一设计重现期下的平均降雨强度 I_p(mm/h),计算方法为:

$$I_p = 60Q_b/167 \tag{3.3}$$

取降雨历时 $t = 60\text{min}$,然后利用计划的使用的设计重现期 $P = 1$ 年、2 年、3 年、5 年、10 年、20 年、30 年、50 年、100 年等,计算出雨水设计标准,例如,广州市 1 年一遇雨水设计标准为 50mm/h,上海市世博园 3 年一遇的雨水设计标准为 49.6mm/h,迪士尼乐园 5 年一遇的雨水设计标准为 56.3mm/h。

利用设计暴雨强度 Q_b 和雨水设计标准 I_p,还可以得到雨水设计流量 Q_{yps},管渠雨水设计流量和区域雨水设计流量分别用 $Q_{yps,1}$ 和 $Q_{yps,2}$ 表示:

$$Q_{yps,1} = Q_b \phi F \tag{3.4}$$

$$Q_{yps,2} = 2.78 \times 10^{-3} I_p \varphi F \tag{3.5}$$

式中 ϕ 和 φ 分别表示径流系数和综合径流系数,取值如表 3.1 所示;F 表示汇水面积(ha 或 hm^2)。

管渠雨水设计流量 $Q_{yps,1}$ 主要用于排水管网和排水泵规模的计算,使降下来的暴雨能在短时间内排出以保证路面或低洼地积水迅速排除,在计算 $Q_{yps,1}$ 时,设计暴雨强度 Q_b 不宜超过 2h。区域雨水设计流量 $Q_{yps,2}$ 主要用于区域的截流和排放措施。

表 3.1　径流系数和综合径流系数取值

类型	描述	径流系数 ϕ 和综合径流系数 φ
地面种类	各种屋面、混凝土和沥青路面	$\phi = 0.9$
	大块石铺砌地面和沥青表面处理的碎石路面	$\phi = 0.6$
	级配碎石和碎石路面	$\phi = 0.45$

类型	描述	径流系数 ϕ 和综合径流系数 φ
地面种类	干砌砖石和碎石路面	$\phi = 0.40$
	非铺砌土地面	$\phi = 0.30$
	公园或绿地	$\phi = 0.15$
区域情况	城市市区	$\phi = 0.5 \sim 0.8$
	城市郊区	$\phi = 0.4 \sim 0.6$

3.3.2 流域面雨量分析模型

流域面雨量模型是指某一流域范围内的平均降雨量,是分析暴雨洪涝的基础,能较客观地反映整个区域的降水情况。根据定义,流域面雨量 Q_A 与降雨强度 Q 和流域面积 A 有关,具体计算方法如下:

$$Q_A = \frac{1}{A} \sum_{i=1}^{n} Q_i A_i \tag{3.6}$$

式中,Q_i 为第 i 个降雨监测站点监测到的降雨强度;A_i 为站点 i 代表的面积;A 为流域总面积;n 表示降雨监测站点的总数量。

单个站点代表的面积可用泰森多边形法求取,具体方法是,将相邻的降雨监测站点连成三角形,然后作三角形各边的垂直平分线,用垂直平分线作边界形成包围每个站点的多边形,也称泰森多边形,则这个多边形就代表所包站点覆盖的区域,该站点代表的面积就等于该多边形的面积,方法示意如图 3.1 所示。

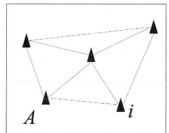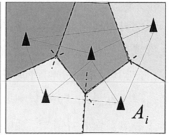

图 3.1 单站点代表面积的泰森多边形分法

对于任意多边形的面积,只需知道多边形顺序(顺时针或逆时针)顶点坐标即可求出,设包围第 i 个站点的 n 边形从某一点起按顺时针或逆时针的坐标依次为 (x_1, y_1)、(x_2, y_2) … (x_n, y_n),则该多边形面积可用如下公式计算:

$$A_i = \frac{1}{2} \left| x_1 y_2 - x_2 y_1 + x_2 y_3 - y_2 x_3 + \cdots + x_n y_1 - y_n x_1 \right| \tag{3.7}$$

3.3.3　新安江(三水源)模型

新安江模型是 20 世纪 70 年代由我国水利专家赵人俊提出的一种概念性分散模型,用于大流域降雨径流计算,解决了大流域降雨径流计算中雨量分布不均匀的问题,在湿润半湿润地区使用至今。模型结构框架图如图 3.2 所示。

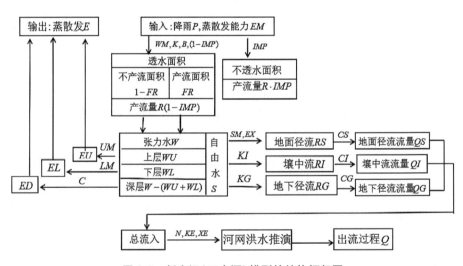

图 3.2　新安江(三水源)模型的结构框架图

使用该模型时需根据具体情况将全流域分为多个单元流域,按模型结构对每个单元流域进行蒸散发、产流、水源划分和汇流计算,得到单元流域出口的流量过程,再对其出口以下的河道进行汇流计算,将每个单元流域在全流域出口的流量过程线性叠加,即得全流域出口的总出流过程。模型中蒸散发采用上、下、深 3 层蒸发模式计算;产流量计算根据蓄满产流理论得出,在土壤湿度达到田间持水量后才产流;产流量 R 进入自由水水库,通过两个出流系数和溢流的方式把它分成地面径流 RS、壤中流 RI 和地下径流 RG,三部分组成了径流对河槽的总入流 TRS。

模型参数定义或物理意义如表 3.2 所示。这些模型参数在确定时采用"客观优选法"[1],即对不敏感参数和物理概念明确的参数,先根据以往的经验或通过有关分析计算给出其值或合理范围,然后通过微调定出;其余参数可通过参数率定法[2]确定,产流参数率定时以流域产流量离差平方和最大为目标,分水源及汇流参数率定时以确定性系数最小为目标,配合相应的约束条件,通过最优化方法[3]求出。

表 3.2　新安江(三水源)模型参数的定义或物理意义

层次	参数	含义
蒸散发计算	K WU WL C	蒸散发折算系数 上层蓄水容量 下层蓄水容量 深层蒸散发系数
产流量计算	WM B IMP	流域蓄水容量 蓄水容量曲线指数 不透水面积占全流域面积之比
水源划分	SM EX KG KI	流域自由水蓄水容量 自由水蓄水容量曲线指数 地下水径流出流系数 壤中水径流出流系数
汇流计算	CS CI CG	地面径流消退指数 壤中水径流消退指数 地下水径流消退指数

---

[1]　王佩兰,赵人俊.新安江模型(三水源)参数的客观优选方法[J].河海大学学报,1989,04:65-69。

[2]　参数率定的方法:先假定一组参数,代入模型得到计算结果,然后把计算结果与实测数据进行比较,若计算值与实测值相差不大,则把此时的参数作为模型的参数;若计算值与实测值相差较大,则调整参数代入模型重新计算,再进行比较,直到计算值与实测值的误差满足一定的范围。

[3]　最优化方法也称运筹学方法,主要是运用数学方法研究各种系统的优化途径及方案,可以通过对目标和约束的求解,获得最接近期望目标的方案。最优化方法已经成为现代管理学重要理论基础和方法,被广泛应用到各个领域。

层次	参数	含义
河道演进	N KE XE	子河段数 子河段洪水波传播时间 子河段流量比重因子

鉴于新安江模型的客观全面性,模型的结构已经得到了普遍认同,一大批研究学者对该模型的参数进行了优化并将其应用到了洪水研究等各个研究领域。

3.3.3　地表产流分析模型

地表产流是指降雨扣除损失形成净雨(径流)的过程。对于某一区域的产流,考虑其空间变异性,一般要将该区域划分成若干子流域,分别计算各子流域的产流过程,再计算该区域的产流总量。地表产流分析模型的基本思想是,将每一个子流域地表概化为一个非线性蓄水池,蓄水池的入流量包括降水量和上游子流域的出流量,蓄水流的出流量包括下渗量、蒸发量和流向下游子流域的出流量,蓄水池储水量可由进出流量计算得出。在实际计算地产产流时,需要考虑三个部分,即地表无洼不透水部分的产流 R_1,有洼不透水部分的产流 R_2 和透水部分的产流 R_3,这三个部分的计算公式如下:

$$Q^* = R_1 + R_2 + R_3 \tag{3.8}$$

$$R_1 = H - E \tag{3.9}$$

$$R_2 = H - D \tag{3.10}$$

$$R_3 = (I - f) \cdot \Delta t \tag{3.11}$$

式中,Q^* 表示地表产流量(mm);H 表示降雨量(mm);E 表示蒸发量(mm);D 表示洼蓄量(mm);I 为降雨强度(mm/h);f 表示入渗强度(mm/h);Δt 为时间间隔(h)。

对于蒸发量 E,可利用水池表面单位面积蒸发量计算公式计算:

$$E = 0.00216 \cdot (P_m - P) \cdot (1 + 0.135 V_m) \cdot S \cdot \Delta t \tag{3.12}$$

式中,P_m 表示水池表面饱和蒸汽压(Pa);P 表示空气中水蒸汽分压(Pa);V_m 表示平均风速(m/s);S 为表面积(m²);Δt 为时间间隔(h)。

对于下渗强度,可利用美国水文学家霍顿提出的下渗率经验公式(霍顿公式)计算:

$$f_t = f_c + (f_0 + f_c) e^{-kt} \qquad (3.13)$$

式中,f_t 为 t 时刻的下渗率(mm/h);f_c 为稳定下渗率(mm/h);f_0 为土壤初始下渗率(mm/h);k 为常数,为下渗率的递减参数,可通过下渗率实验数据拟合得到。

地表产流分析是城市暴雨洪涝分析的重要环节,城市规划者也需要对地表产流的过程和原理有充分的认识,才能决定其后续汇流过程和低影响开发目标的设定。

3.3.4　地表汇流分析模型

地表汇流是在地表产流之后,将各部分地表产流汇集到出口断面排入城市河网和雨水管网的过程。地表汇流分析主要是要分析地表的汇出流量 q。

地表汇流分析模型可按如下方式推导,首先根据质量守恒定律,建立基本方程:

$$\frac{dV}{dt} = A\frac{dh}{dt} = Ai^* - q \qquad (3.14)$$

式中,V 为地表积水量(m^3);h 为水深(m);A 为地表面积(m^2);i^* 为净雨强度(mm/s);q 为汇出流量(m^3/s)。

然后代入汇出流量的曼宁方程:

$$\frac{dh}{dt} = i^* - \frac{1.49W}{A \cdot K_{st}}(h - h_p)^{5/3} S^{1/2} \qquad (3.15)$$

式中,W 为子流域漫流宽度(m);h_p 为地表最大洼蓄深(m);S 为子流域平均坡度;K_{st} 为地表曼宁糙率系数,反映地表粗糙度对水流影响的一个系数,取值参照表3.3。

进一步,根据初始时刻 t 的水深 h_0,通过有限差分法求解上述方程,计算出一定时间间隔 Δt 后的水深 $h(t + \Delta t)$,从而求出一定时段内的汇出流量:

$$q(t + \Delta t) = \frac{1.49W}{n}[h(t + \Delta t) - h_p]^{5/3} S^{1/2} \qquad (3.16)$$

地面总汇出流量为各个时间段内汇出流量的叠加:

$$q = \sum_{i=0}^{N} q(t + i \cdot \Delta t) \qquad (3.17)$$

式中,N 表示从时间 t 开始的统计时间内按一定时间间隔划分的时段总数。

表 3.3 曼宁糙率系数参考值

河槽类型及情况	最小值	正常值	最大值
第一类 小河(汛期最大水面宽度 30m)			
1. 平原河流			
(1)清洁,顺直,无沙滩,无潭	0.025	0.030	0.033
(2)清洁,顺直,无沙滩,无潭,但多石多草	0.030	0.035	0.040
(3)清洁,弯曲,稍许淤滩和潭坑	0.033	0.040	0.045
(4)清洁,弯曲,稍许淤滩和潭坑,但有草石	0.035	0.045	0.050
(5)清洁,弯曲,稍许淤滩和潭坑,有草石,但水深较浅,河堤坡度多变,平面上回流区较多	0.040	0.045	0.050
(6)清洁,弯曲,稍许淤滩和潭坑,但有草石并多石	0.045	0.050	0.060
(7)多滞流间段,多草,有深潭	0.050	0.070	0.080
(8)多丛草河段,多深潭,或草木滩地上的过洪	0.075	0.100	0.015
2. 山区河流(河槽无草树,河岸较陡,岸坡树丛过洪时淹没)			
(1)河底:砾石,卵石间有孤石	0.030	0.040	0.050
(2)河底:卵石和大孤石	0.040	0.050	0.070
第二类 大河(汛期水面宽度大于 30m)			
1. 断面比较规整,无孤石或丛木	0.025	0.060	
2. 断面不规整,床面粗糙	0.035	0.100	
第三类 洪水期滩地漫流			
1. 草地无丛木			
(1)矮草	0.025	0.030	0.035
(2)长草	0.030	0.035	0.050
2. 耕种面积			
(1)未熟庄稼	0.020	0.030	0.040
(2)已熟成行庄稼	0.025	0.035	0.045

续表

河槽类型及情况	最小值	正常值	最大值
(3)已熟密植庄稼	0.030	0.040	0.050
3. 灌木丛			
(1)杂草丛生,散布灌木	0.035	0.050	0.070
(2)稀疏灌木丛和树(在冬季)	0.035	0.050	0.060
(3)稀疏灌木丛和树(在夏季)	0.040	0.060	0.080
(4)中等密度灌木丛(在冬季)	0.045	0.070	0.110
(5)中等密度灌木丛(在夏季)	0.070	0.100	0.160
4. 树木			
(1)稠密柳树,在夏季,不被水流冲刷,弯倒	0.110	0.150	0.200
(2)仅有树木残株,未出新枝	0.030	0.040	0.050
(3)仅有树木残株,生长很多新枝	0.050	0.060	0.080
洪水在树枝以下	0.080	0.100	0.120
洪水达到树枝	0.100	0.120	0.160

3.3.5 暴雨洪涝淹没分析模型

暴雨洪涝淹没分析模型是分析洪水影响范围和影响程度的最重要模型之一,是评估暴雨洪涝灾害影响的基础,其本质是对暴雨洪涝的时空边界和水深的分析,在已知降水数据和下垫面数据的情况下,分析任意区域的水深随时间变化或淹水范围随时间的变化,即洪水演进分析。

目前,国内外普遍采用由德国 Geomer 公司开发的 GIS 内嵌扩展模块 FloodArea 来进行洪水演进模拟与动态风险制图。FloodArea 基于数字高程模型进行水文-水动力学建模,淹没过程的水动力由二维非恒定流洪水演进模型完成:

$$\frac{\partial h}{\partial t} + \frac{\partial M}{\partial x} + \frac{\partial N}{\partial y} = 0 \tag{3.18}$$

$$\frac{\partial M}{\partial t} + \frac{\partial(uM)}{\partial x} + \frac{\partial(vM)}{\partial y} = -gh\frac{\partial H}{\partial x} - \frac{\tau_x}{\rho} \tag{3.19}$$

$$\frac{\partial N}{\partial t} + \frac{\partial(uN)}{\partial x} + \frac{\partial(vN)}{\partial y} = -gh\frac{\partial H}{\partial y} - \frac{\tau_y}{\rho} \tag{3.20}$$

式中,H 和 h 分别为淹没区水位和水深(m);u 和 v 分别为水流速度在 X 和 Y 方向上的分量(m/s);M 和 N 分别为水流通量($M = uh, N = vh$)在 X 和 Y 方向上的分量(m²/s);τ_x 和 τ_y 分别为 X 和 Y 方向上的底面剪切应力(N/m²);g 为重力加速度(m/s²);ρ 为水的密度(kg/m³)。

FloodArea 在进行洪水淹没模拟时,以栅格①形式呈现和存储每个时相的流速、流向和淹没水深等要素的时空物理场,下面从其基本思想介绍求解方法。

首先,将淹没分析区域栅格化,如下图所示:

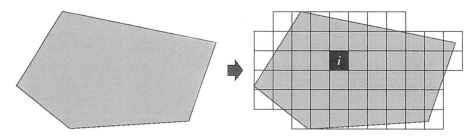

图 3.3   分析区域栅格化

对任意栅格 i,其属性包括地面高程 D_i、水位高程 H_i、水深 h_i、水流(出或入)速度 v_i 等等,建立其属性集 $R_i = \{D_i, H_i, h_i, v_i, \dots\}$。

然后,计算栅格 i 与其邻域相邻 8 个栅格间的坡降 S_L,即栅格 i 与相邻栅格 j 的水位高程差与距离 d(一般用几何中心间距离)的比值:

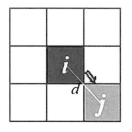

图 3.4   栅格水流示意图

$$S_{L, i \to j} = \frac{D_i - D_j}{d} \qquad (3.21)$$

根据坡降的最大值 D_T 确定水流方向,水流向与其坡降最大的栅格 j,如果 $D_T \geqslant 0$,则表示栅格 i 中水不会流出。

———————————

①   指大小均匀紧密相邻的网格阵列,每个网格作为一个象元或象素由行、列定义,并包含一个代码表示该象素的属性类型或量值。

$$D_T = \max_j (S_{L,i \to j}) \qquad (3.22)$$

进一步,计算栅格 i 向栅格 j 的水流速度:

$$v_{i \to j} = K_{st} \cdot r_h^{2/3} \cdot D_T^{1/2} \qquad (3.23)$$

式中, $v_{i \to j}$ 表示栅格 i 向栅格 j 的断面平均流速; K_{st} 为地表曼宁糙率系数; r_h 为水力半径,即流体截面积 S 与湿周 l 之比①,对栅格而言,水力半径 r_h 即栅格 i 和栅格 j 的水位高程差,即 $r_h = H_i - H_j$。

最后,可计算单位时间 Δt 内栅格 i 向栅格 j 泄入的水量 $\Delta V_{i \to j}$:

$$\Delta V_{i \to j} = \rho \cdot v_{i \to j} \cdot l \cdot r_h \cdot \Delta t \qquad (3.24)$$

栅格 j 在单位时间 Δt 内因栅格 i 的泄入水量而增加的水深 Δh 为:

$$\Delta h = \frac{\Delta V_{i \to j}}{\rho \cdot A_j} \qquad (3.25)$$

式中, A_j 为栅格 j 的面积。

利用上述模型方法,如果同时计算某个栅格邻域的栅格向该栅格的流入水量和该栅格向其邻域栅格流出的水量,则可计算出该栅格在某个时刻的水量和水深,如果考虑所有栅格间的相互作用,则可计算出所有栅格内的水量和水深,从而得到洪水淹没范围及水深随时间的变化情况,即洪水分布范围的时空分布。

3.3.6 暴雨洪涝淹没经济损失分析模型

暴雨洪涝对城市、农田的淹没会造成巨大的经济损失,这种损失与暴雨洪涝的淹没范围和淹没深度有关,一次暴雨洪涝灾害造成的总经济损失 S 等于其直接经济损失 S_D 和间接经济损失 S_I 之和。直接经济损失表现为洪涝淹没和毁坏的实际物质价值,具体包括:农、林、牧、渔业方面的损失,工、商企业固定资产、流动资产损失及工商企业停工、停业而少创造的社会财富,减少的净资产值,交通运输线路破坏损失和中断运输造成的损失,供电、通讯、输油(气)、输水设施、管线破坏损失和中断运输造成的损失,工程设施(水利水电工程和城市各类市政设施)破坏造成的损失,城乡居民房屋、财产损失以及文

---

① 湿周指流体与边壁接触的周长,不包括与空气接触的部分。

教、卫生、行政、事业单位因洪灾造成的损失，等等。间接经济损失表现为洪涝发生后相当长的时期内，淹没区及其周边的地区经济发展受到制约，具体包括：抗洪抢险、抢运物资、灾民救护、转移、安置、救济灾区、开辟临时交通、通讯、供电与供水管线等的费用，洪水淹没区内工商企业停产、农业减产、交通运输受阻或中断，致使其他地区有关工矿企业因原材料供应不足或中断而停工停产及产品积压造成的经济损失，淹没区外工矿企业因原材料供应不足和产品外运采用其他途径绕道运输所增加的费用，洪灾以后原淹没区内重建恢复期间农业净产值和多增加的年运行费用，原淹没区与影响区工商企业在恢复期间减少的净产值和多增加的年运行费用，恢复期用于救灾与恢复生产的各种费用，等等。

由于洪涝灾害系统本身的复杂性，在分析其造成的直接经济损失时，往往需要大量实地调查统计和经验数据计算，采用定性与定量相结合的方法进行分析与评估；相较于直接经济损失，间接经济损失与人们的生产、生活密切相关，准确计算出间接经济损失是十分困难的任务，目前尚无成熟的方法，一般是通过对已发生洪水引起的间接损失做大量的调查分析，估算不同行业和部门的间接损失量，推算它们与直接损失的比例关系，在估算出直接经济损失后，直接利用比例关系快速估算间接经济损失。

直接经济损失和间接经济损失可用如下公式估算：

$$S_D = \sum_{i=1}^{N} \sum_{j=1}^{M} \sum_{k=1}^{L} \beta_{ijk}(h) V_{ijk} = \sum_{j=1}^{M} S_{Dj} \qquad (3.26)$$

$$S_I = \sum_{j=1}^{M} a_j S_{Dj} \qquad (3.27)$$

式中，S_{Dj} 为第 j 类财产的直接经济损失值；$\beta_{ijk}(h)$ 为第 k 种淹没程度下第 i 个经济分区内第 j 类财产的损失率；V_{ijk} 为第 k 种淹没程度下第 i 个经济分区内第 j 类财产值；N 为淹没区的人为分区单元数量；M 为第 i 个经济区内财产的种类数；L 为淹没程度等级数；a_j 为第 j 类财产关系系数。

上述经济损失模型中，损失率 $\beta_{ijk}(h)$ 与淹没水深 h 有关，我国研究人员在参考黄河下游洪灾各行业的损失率数据的基础上，通过与长江中游地区淹

没区社会经济情况的比较、调整、整合,给出了洪水淹没损失率借鉴值[1],如表
3.4 所示。

表 3.4 洪水淹没损失率 β

行业和财产类型		水深(m)				
		0—0.5	0.5—1	1—2	2—3	>3
行业	农业	0.25	0.50	0.80	1.00	1.00
	林业	0.02	0.05	0.10	0.30	0.40
	牧业	0.10	0.20	0.30	0.40	0.50
	渔业	0.10	0.20	0.30	0.60	1.00
	工业	0.05	0.10	0.15	0.30	0.40
	建筑业	0.03	0.05	0.07	0.10	0.20
	批发零售业	0.05	0.10	0.25	0.40	0.50
	餐饮业	0.05	0.10	0.15	0.25	0.35
	行政事业单位	0.03	0.07	0.10	0.20	0.25
财产类型	房屋	0.05	0.15	0.40	0.60	0.80
	家庭财产	0.03	0.08	0.30	0.50	0.70
设施类型	水利设施	0.05	0.10	0.15	0.20	0.30
	市政设施	0.04	0.08	0.17	0.25	0.30

模型中用于估算间接损失的财产关系系数 a_j ,不同国家推荐采用的取值不
同,我国工业财产关系系数取 0.15—0.28,农业财产关系系数取 0.16—0.35。

3.3.7 降水滑坡危险性评估模型

降水引发滑坡主要有两个原因,一是降水会增加坡体重量进而增大岩土
下滑力,二是降水会增大岩土中的水压力和润滑性进而减小坡体的抗滑力。
短时间强降水主要是减小坡体抗滑力,长时间强降水则会增加坡体重量。研
究降水对滑坡的影响,要同时考虑降水强度和降水时间,一般用降水强度-历

---

[1] 史瑞琴,刘宁,李兰,叶丽梅,刘旭东,郭广芬.暴雨洪涝淹没模型在洪灾损失评估中的应
用[J].暴雨灾害,2013,(04):379-384。

时阈值的方法实现。强度-历时阈值法的基本思想是,如果某地某个时段内平均降水超过某一阈值,则认为此时该地的降水可能会触发滑坡,如果滑坡易发程度较高,则认为此时该地非常有可能发生滑坡。值得注意的是,不同地区地表和水文状况都不尽相同,降水阈值往往也不一样,很难在全球范围内建立普适的阈值,研究人员给出了几种适用于东南亚地区的降水强度-历时阈值关系模型:

$$I = 41.83D^{-0.58} \quad (1 < D < 12) \ ① \tag{3.28}$$

$$I = 1.35 + 55D^{-1} \quad (24 < D < 300) \ ② \tag{3.29}$$

$$I = 115.47 + D^{-8} \quad (1 < D < 400) \ ③ \tag{3.30}$$

式中,I 为阈值降水强度(mm/h),D 为降水持续时间(h),当时间 D 内实际降水强度 R_d 大于阈值降水强度 I 时,即认为降水值达到触发滑坡的条件,则进一步可预测滑坡发生的可能性大小:

$$P_s = \frac{R_d}{I} \cdot S \tag{3.31}$$

式中,S 为滑坡易发程度等级(如表 3.5 所示),P_s 为降水引发滑坡的可能性指数。

表 3.5　滑坡易发程度等级

等级描述	不太可能	可能	中等	较容易	容易	非常容易
易发程度等级 S	1	2	3	4	5	6

---

① Jibson R.Debris flows in southern Puerto Rico[J].Geological Society of America Special Paper,1989,236:29-55(适合中国香港及周边地区)。

② Hong Y,Hiura H,Shino K,et al.The influence of intense rainfall on the activity of large-scale crystalline schist landslides in Shikoku Island,Japan[J].Landslides,2005,2(2):97-105(适合日本大部分地区)。

③ Chien-Yuan C,Tine-Chien C,Fan-Chiehy,et al.Rainfall duration and debris-flow initiated studies for real-timemonitoring[J].Environmental Geology,2005,47(5):715-724(适合中国台湾及其周边地区)。

判断降水引发滑坡的实际可能性标准为：当 $P_s > 6$ 时，极有可能；当 $5 \leqslant P_s < 6$ 时，非常有可能；当 $4 \leqslant P_s < 5$ 时，有可能；当 $P_s < 4$ 时，不太可能。

我国研究人员使用上述模型对中国大陆地区主要的特大滑坡泥石流灾害[①]进行了验证分析，结果表明上述关系可以较好地对强降水引发滑坡泥石流进行预警。

3.3.8　溃坝洪水分析模型

溃坝是指因堤坝或其他挡水构筑物溃决而发生水体突泄的现象，因其突发性和难于预见性，往往会在短时间内形成洪水，对下游区域造成毁灭性破坏。此外，因地震、滑坡或冰川堵塞河道壅高水位后，堵塞处突然崩溃引发的洪水，也属于溃坝洪水。溃坝洪水的洪峰流量、运动速度、破坏力远大于一般暴雨洪水，其破坏力与库蓄水体、坝前上游水深、水头[②]、溃决过程及坝址下游河道的两岸地形有密切关系。坝前库蓄水体越大，坝址水头越高，破坏力也越大。对溃坝进行计算和分析，是对水库和堤防失事影响的定量评估，其目的是估算溃坝洪水的大小对下游影响范围和到达下游的时间，其主要内容是对溃坝的流量和下游洪水演进过程中各处流量、水位、流速和洪峰到达时间等进行计算，以合理确定水库或堤防设计标准和有效的避险措施。

溃坝的形式主要有瞬时溃坝和逐渐溃坝两种形式。

瞬时溃坝又分瞬时全溃和瞬时局部溃，瞬时全溃适用于拱坝子和小型重力坝，瞬时局部溃适用于平板坝和大型重力坝。

对于瞬时全溃，坝址断面处最大流量为：

$$Q_M = \frac{8}{27}\sqrt{g}BH^{1.5} \qquad (3.32)$$

对于瞬时局部溃，坝址断面处最大流量为：

---

① 指因灾死亡 30 人以上或者直接经济损失 1000 万元以上的滑坡灾害。
② 任意断面处的单位重量水的能量，等于单位质量水的能量除以重力加速度，单位为 m。

$$Q_M = \frac{8}{27}\sqrt{g}\,\left(\frac{BH}{b_m h}\right)^{0.28} b_m h^{1.5} \tag{3.33}$$

$$Q_M = \frac{8}{27}\sqrt{g}\,\left(\frac{B}{b_m}\right)^{0.4}\left(\frac{11H - 10h}{H}\right)^{0.3} b_m h^{1.5} \tag{3.34}$$

式中,B 为坝顶长;H 为溃坝时坝前水深;b_m 为溃口平均宽度;h 为溃口处残坝坝顶至坝前水面高度,$h = H - h_d$,h_d 为溃口处残坝坝顶距河底高度。

坝址处任意时刻 t 的流量 Q_t,可用如下断面溃坝流量过程线求取:

$$\left(1 - \frac{Q_t - Q_0}{Q_M - Q_0}\right)^n = \frac{t}{T} \tag{3.35}$$

$$T = f\frac{W}{Q_M} \tag{3.36}$$

式中,t 为以溃坝开始时刻为起点的任意时刻;T 为溃坝库容放空时间;Q_0,Q_t 分别为初始流量和任意时刻流量;n 为指数,对于湖泊型水库 $n = 0.25$,对于峡谷型水库 $n = 5.0$;f 为系数,取 $f = 3.5 \sim 5$;W 为水库溃坝时可蓄泄水量。

逐渐溃坝主要有漫顶和渗透溃决两种破坏模式。本章主要介绍漫顶溃坝模型,重点介绍其溃口变化与溃口流量的计算方法。

对于漫顶溃坝,一般多发生于土石坝,土体颗粒临界起动流速[①]v_c 和坝体下游坝坡的冲蚀率 Q_s 分别为:

$$v_c = \sqrt{\frac{40gd_{50}(\gamma_s - \gamma_w)(\tan\varphi\cos\theta - \sin\theta)}{3\gamma_w(4 + \tan\varphi)} + \frac{40gc\left(1 + \cos\frac{\varphi}{2}\right)}{\gamma_w(4 + \tan\varphi)}} \tag{3.37}$$

$$Q_s = 0.25\left(\frac{d_{90}}{d_{30}}\right)^{0.2} B\sec\theta\,\frac{v_*(v_b^2 - v_c^2)}{g\left(\dfrac{\gamma_s}{\gamma_w} - 1\right)} \tag{3.38}$$

---

① 使床面泥沙颗粒从静止状态转入运动的临界水流平均速度。

$$v_b = \bar{v} \left(\frac{d_{90}}{H - H_c} \right)^{1/6} \tag{3.39}$$

$$v_* = \bar{v} N \sqrt{g \left(H - H_c \right)^{-1/3}} \tag{3.40}$$

$$\bar{v} = \frac{Q_b}{B(H - H_c)} \tag{3.41}$$

$$Q_b = mB\sqrt{2g} \left(H - H_c \right)^{1.5} + 2m\sqrt{2g} \tan\left(\frac{\pi}{2} - \theta \right) \left(H - H_c \right)^{2.5} \tag{3.42}$$

式中，d_{90}，d_{50}，d_{30} 分别为粒径小于它的颗粒含量占总重量的 90%，50% 和 30% 的颗粒粒径；γ_s，γ_w 分别为土体颗粒重度和水的重度；θ 为溃坝冲槽底与垂直方向的夹角；φ 为土体颗粒间的内摩擦角；c 为土体黏聚力；B 为溃口宽度，一般会随时间动态变化；v_* 为摩阻流速；v_b 为溃口底部水流速度；$\bar{v}$ 为平均流速；H 为库水位高程；H_c 为溃口底部高程；N 为溃口处糙率系数；Q_b 为溃口流量；m 为流量系数，可取 $m = 0.5$。

时间段增量 Δt_i 内溃口下切深度增量为：

$$\Delta H_{ci} = \frac{Q_s \Delta t_i}{\bar{B}_i L(1 - n)} \tag{3.43}$$

式中，$\bar{B}_i$ 为溃口底部平均宽度；L 为坝顶及下游坝坡的长度；n 为筑坝材料的孔隙率。

时间段 $t = \sum \Delta t_i$ 内水流下切深度增量为：

$$\Delta H_c = \sum_{i=1}^{t} \Delta H_{ci} \tag{3.44}$$

时间段 $t = \sum \Delta t_i$ 内溃口宽度增量为：

$$\Delta B = 2\Delta H_c \tag{3.45}$$

时段 $t = \sum \Delta t_i$ 内水库水位变化量为：

$$\Delta H = \sum_{i=1}^{n} \left| \frac{(Q_{in} - Q_b)\Delta t_i}{S_a} \right| \tag{3.46}$$

式中，Q_{in} 为入库流量；S_a 为库水位为 H 时的水库面积。

运用溃坝模型计算出溃口流量等结果后,可再运用二维水动力学模型计算溃坝洪水的演进过程,方法同本章介绍的洪水淹没分析模型。

3.4 防洪减灾科技方法

3.4.1 洪水预测预报技术

洪水预测预报技术是根据洪水形成和运动的规律,利用过去和实时水文气象资料,对未来一定时间内的洪水情况进行预测和预先警报的一种水文预报技术。洪水预报的类型包括河道洪水预报、流域洪水预报、水库洪水预报等,预报内容包括最高洪峰水位(或流量)、洪峰出现时间、洪水涨落过程、洪水总量等洪水要素。洪水预报的方法既可以是实用的洪水预测经验方案,也可以运用精确的数学预测模型。具体预测预报过程一般包括六个环节:收集和采集历史和实时数据、数据传输、数据处理与存储、经验方案或模型预测计算及修正、预报发布预测结果、评估预测预报结果。我国洪水预测预报系统已有 30 余年历史,最早是使用遥测水文信息(雨量、水位等)的"水文自动测报系统",随后历经"联机实时预报系统",发展到以图形交互处理技术对洪水预报数学模型计算结果进行人工干预为特点的新一代洪水预报系统。目前,我国全国流域和省(区、市)的水文部门已有 26 个单位建立了洪水预报系统,能在两小时内完成数据采集、传输和处理工作,并在天气形势分析和实时雨水情信息的基础上,完成对七大江河干支流主要控制站、防洪重点地区、重点水库和蓄滞洪区具有不同预见期和精度的洪水预报。中央气象台网站(http://www.nmc.cn/)的水文地质专栏可对全国范围内洪涝灾害风险进行预报预警(如图 3.5 所示),这些预测预报为防洪决策提供了重要的科学依据。

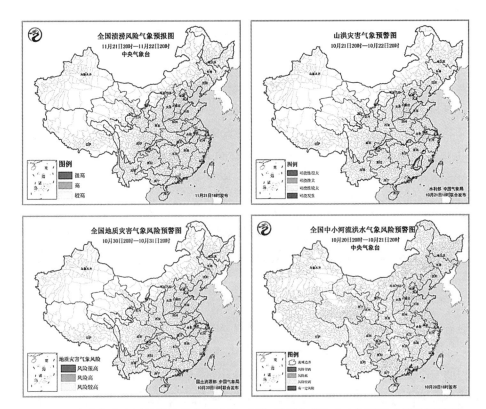

图 3.5 中央气象台网站发布的全国渍涝、山洪、地质灾害和中小河流洪水风险预警图
(图片来源:中国中央气象台网站 http://www.nmc.cn/)

3.4.2 洪水情景分析技术

由于洪水灾害的形成、发展、演变和后果均涉及大量不确定性因素,而各因素间的交互关系又错综复杂且具有随时空变化而动态变化的特性,若要把握洪水变化发展趋势,必须理清洪水灾害影响因素之间的关系,洪水情景分析技术能够清晰、全面地描述洪水灾害影响因素,评价未来洪水风险的演变趋向,揭示防洪减灾目标的实现路径,近年来在国际防洪减灾领域受到广泛关注。该项目技术最早在英国 2003—2004 年的"未来洪水前瞻研究"项目[①]中

---

① 英国科学技术办公室主持完成的项目,该项目对英国未来 100 年内所面临的洪水与海岸侵蚀风险做出了情景分析,为政府核心管理层制订长远规划提供了科学的依据。

使用,研究成果表明该项技术对揭示未来洪水风险的演变趋向、提高防洪决策科学化水平具有重要的意义。洪水情景分析包括目标提出、情景设计、建立情景模型、分析结果几个环节,在情景设计完成后,广泛征集工程、气象、经济、地理、水文以及风险管理领域的专家经验,对未来可能影响洪水灾害系统的风险动因和伴随洪水风险变化的响应因素进行识别、表述和重要性排序,针对一组可能情景,对哪些因素将决定未来洪水风险程度达成共识,进而建立定量分析模型,分析未来一定时间由洪水带来的各类风险大小,提出对应情景下的洪水风险管理策略。鉴于我国水系复杂,各流域之间情况各异,开展洪水风险情景分析宜以流域为研究对象,可以先选择经济发展迅速、水事关系复杂的流域先行试点,借鉴国外先进经验,针对流域的具体特点设计情景、拟定技术方案、研发模型,再在全国其他流域推广应用①。

3.4.3 防洪优化调度技术

防洪优化调度技术是运用防洪工程②或防洪系统中的设施,实时、有计划地对洪水进行安排,以达到最优的防洪效果的技术,其核心目的是减少洪水危害。防洪优化调度技术在应用时要满足多个目标或原则,一是要保证防洪工程的安全,二是要使防护区受洪灾损失最小,三是要兼顾防洪和兴利,四是要严格按调度方案执行,五是调度要留以安全余量。具体的调度方式主要有三种:分洪区分洪、水库防洪调度和系统联合调度。分洪区分洪是一种通过牺牲局部来保全全局的防洪调度方式,对超过保证水位③或安全泄量的超量洪水按计划分泄于湖泊、洼地、其他河流等分洪区,一般先启用有闸门控制的分洪区,根据水位、流量发展情况再决定是否使用其他分洪道和分洪区,在选择分洪区时,要优先考虑淹没损失小、分洪量大分洪区,并合理安排不同分洪区的使用顺序。水库防洪调度是利用水库的调蓄和控制能力有计划地控制调节洪

---

① 王艳艳,梅青,程晓陶.流域洪水风险情景分析技术简介及其应用[J].水利水电科技进展,2009,29(2):56-60。

② 指为控制、防御洪水以减免洪灾损失所修建的工程。主要有堤、河道整治工程、分洪工程和水库等。按功能和兴建目的可分为挡、泄(排)和蓄(滞)几类。

③ 堤防工程所能保证自身安全运行的水位,又称最高防洪水位或危害水位,往往就是堤防设计安全水位。

水的防洪调度方式,有固定泄洪调度、防洪补偿调度、水库预报调度、综合利用水库调度、水库群联合调度等几种途径。系统联合调度是充分利用堤防、分洪工程、水库等各自的优势按计划联合控制和调节洪水的防洪调度方式,这种方式相较于前两种更加复杂,当洪水发生时,优先发挥堤防作用并尽量利用河道调节洪水,再运用水库或分洪区调蓄洪水,使用该方式时要以洪灾总损失为目标,根据防洪系统及洪水特点确定统一协调的程序。将最优化理论和洪水预报方法引入调度过程,不断提高调度过程的自动化和可靠性,是防洪优化调度技术的发展方向。

3.4.4 洪涝灾害风险图技术

洪涝灾害风险图是一种将洪水风险评估结果和地图相结合的风险可视化技术,如图 3.6 所示。具体地,洪涝灾害风险图就是针对某一风险程度(如 100 年一遇)的洪水,分析和计算洪水淹没区域及相应的经济损失,并按一定规格在流域地形图上描绘和标注相关结果,最终所形成的地图。洪涝灾害风险图可以给出灾难性洪水发生后可能的水文后果和灾害损失概况,对于提前有效预防洪灾风险、综合洪水风险分析以及减灾防灾,有至关重要的作用。通过将洪涝灾害的风险标注到地图上,向社会公示国土洪涝区域,有助于调节城市规划和土地开发利用、减少人口和资产进入高风险区、转移高风险区内的人口和产业、规范建筑建造,还可以指导城市防洪排涝规划、蓄滞洪区建设、避难方案制定和洪水保险实施。标注洪水淹没范围是洪涝风险图的重要内容,淹没范围可按照水文学和水力学方法结合流域现状推求,淹没边界绘制时要考虑洪水的可能路径和地形情况,最好在实地查勘后进行,对可能的淹没区采用彩色图绘,并用颜色深浅或数字标注表示淹没深度。风险图上还应标注的内容包括:重要部门和单位(如政府机关、学校、医院、居民区等),重要设施(如水利工程、交通枢纽等),紧急情况下人员疏散转移路线及地点等。图下说明框说明洪水风险图的基本特性(包括洪水频率、淹没范围、淹没历时、经济损失评估结果等)和各种符号的含义。

图 3.6 洪涝灾害风险图

（图片来源：百度文库资料 https://wenku.baidu.com/view/da45ba496137ee06eff918dc.html）

3.4.5 低影响开发技术

低影响开发（LID，Low Impact Development），是 20 世纪 90 年代提出的一种新的雨水管理与利用思维理念及工程技术方法，重点在于采用生态化的措施,如渗透、过滤、储存、蒸发和滞留等,尽可能从源头、分散式地维持城市开发建设过程前后的水文特征保持不变,希望有效缓解城市化带来的道路不透水面积增加、土壤下垫面硬化造成的径流总量、径流峰值与径流污染的增加等对环境造成的不利影响,增强城市自身蓄水抗涝的能力。低影响开发的工程技术包括渗透技术、储存技术、调节技术、转输技术和截污净化技术,其中渗透技术有透水铺装(图3.7)、绿屋顶(图3.8)、生物滞留(图3.9)、下沉式绿地、渗井、渗透塘等,储存技术有雨水罐、蓄水池、湿塘、雨水湿地等,调节技术有调节池、调节塘等,转输技术有植草沟、渗管或渗渠等,截污净化技术有植被缓冲带、初期雨水弃流、人工土壤渗滤等。由于具有对径流控制强、环境景观好和建设费用低等特点,低影响开发正逐步发展成为世界各城市的主流开发模式,我国也在探讨和应用低影响开发技术解决我国各大城市内涝问题。

图 3.7　低影响开发技术之透水铺装技术

(图片来源:百度文库资料 https://wenku.baidu.com/view/7a24d52283d049649b6658d9.html)

图 3.8　低影响开发技术之绿屋顶技术

(图片来源:百度文库资料 https://wenku.baidu.com/view/7a24d52283d049649b6658d9.html)

图 3.9　低影响开发技术之植物滞留技术

(图片来源:百度文库资料 https://wenku.baidu.com/view/7a24d52283d049649b6658d9.html)

3.5　本章小结

暴雨洪涝灾害发生频率高、破坏力大、影响范围广,是影响城市公共安全的典型灾害之一。研究暴雨洪涝灾害的发生、演化规律和灾害特征,有助于城市防洪设计和防洪管理。本章介绍了与暴雨洪涝灾害相关的几种模型,包括暴雨强度模型、流域面雨量分析模型、新安江(三水源)模型、地表产流分析模型、地表汇流分析模型、暴雨洪涝淹没分析模型、暴雨洪涝经济损失分析模型、降水滑坡危险性评估模型和溃坝洪水分析模型等,这些模型涉及了大量与降雨洪涝相关的概念、参数和专业术语,对非水利专业的读者会在理解上存在一定难度,但是大部分模型的核心思想、基本步骤都比较清晰,几种模型介绍的顺序也基本采用了循序渐进的方式,可以使学者运用这些模型方法对暴雨洪涝灾害进行基本分析评估。本章涉及的相关模型方法是人们在不断认识和学习洪灾过程中总结出来的智慧结晶,反映了人类社会在防范应对自然灾害方面的技术进步,实际上,从洪水的监测预报、预测预警、预案制定到汛期防洪优化调度、行动方案制定、会商决策指挥、信息传达与反馈,从防洪工程隐患探测、险情观测、查险排险到抢险救灾,从洪水灾情测报、评估到洪水风险分析、风险图绘制、防洪影响评价,从抑制暴雨径流增长的低影响开发技术到重要设施的耐淹减损技术等等,防洪减灾新技术正迅速发展,人类社会也将在这种科技不断进步的过程中提升自身抗击洪涝灾害的能力。

第四章　火灾爆炸风险分析模型与方法

4.1　火灾爆炸现象及典型案例

火是一种燃烧现象,如果这种燃烧现象在时间和空间上失去控制,就演变为火灾,依据物质燃烧特性可将火灾分为 A、B、C、D、E 五类,A 类火灾指固体物质火灾,B 类火灾指液体和可熔化固体物质火灾,C 类火灾指气体火灾,D 类火灾指金属火灾,E 类火灾指带电物体和精密仪器等物质火灾;爆炸是指物质状态发生迅速转变,在瞬间释放大量能量并对外做功的现象,按爆炸过程的性质不同,爆炸分为物理爆炸、化学爆炸和核爆炸。火灾造成人员伤亡和物体损毁的作用形式包括产生大量有毒气体(如一氧化碳)引起人员中毒、消耗大量氧气造成环境氧含量大幅降低、产生火焰和热辐射导致物体烧毁及人员烧伤等,爆炸造成人员伤亡和物体损毁的作用形式主要包括产生爆热使人员烧伤和物体烧毁、产生冲击波使人体和建筑物结构损坏或损毁等。

火灾与爆炸经常相伴发生,某些物质的火灾和爆炸具有相同的本质,都是可燃物与氧化剂的化学反应,但是燃烧是稳定和连续进行的,能量的释放比较缓慢,而爆炸则是瞬间完成的,瞬间释放大量能量。同一物质在一种条件下可以燃烧,在另一种条件下则可以爆炸。存在易燃易爆物品较多场合和某些生产过程中,还可发生火灾爆炸的连锁反应。火灾和爆炸发生的原因根据其形式不同而多种多样,但本质上都是可燃物、助燃剂和引火源三者相互作用达到一定条件后的结果。

火灾是各种灾害中发生最频繁且极具毁灭性的灾害之一,其直接损失约为地震的五倍,仅次于干旱和洪涝,下面通过介绍几起典型的火灾爆炸事故案例,直观反映其发生的原因和危害后果的严重性:

案例1:天津滨海新区爆炸事故。2015年8月12日晚23时34分左右,天津市滨海新区一危险品仓库发生特别重大火灾爆炸事故,造成165人遇难,8人失踪,798人受伤住院治疗,304幢建筑物、12428辆商品汽车、7533个集装箱受损,截至12月10日,事故调查组依据《企业职工伤亡事故经济损失统计标准》(GB6721-1986)等,统计核定出的直接经济损失达68.66亿元。此次事故中受损最严重的区域面积约为54万平方米,两次爆炸分别形成一个直径15米、深1.1米的月牙形小爆坑和一个直径97米、深2.7米的圆形大爆坑,其中,以大爆坑为中心的150米范围内建筑被摧毁。爆炸冲击波导致严重受损区①在不同方向距爆炸中心最远距离为:向东3km、向西3.6km、向南2.5km、向北2.8km,中度受损区②在不同方向距爆炸中心最远距离为:向东3.42km、向西5.4km、向南5km、向北5.4km;爆炸冲击波波及区以外的部分建筑,由于爆炸产生地面震动,造成建筑物接近地面部位的门、窗玻璃受损,向东最远达8.5km、向西最远达8.3km、向南最远达8km、向北最远达13.3km。根据事故调查结论,引发该事故的原因为:瑞海公司员工在装卸作业中存在野蛮操作问题,使一种叫硝化棉的物质在装箱过程中出现包装破损和散落的情况,硝化棉在一定温度下会挥发且随温度升高而加快挥发速度,而在事发当天最高气温36℃的情况下箱内温度可达65℃以上,在干燥和高温的环境下,大量热量的积聚,使硝化棉温度升高达到其自燃温度,发生局部自燃,进而引起周围硝化棉燃烧,放出大量气体,箱内温度、压力升高,致使集装箱破损,大量硝化棉散落箱外,形成大面积燃烧,进一步又引发其他集装箱中的多种危险化学品相继被引燃并介入燃烧,当火焰蔓延到硝酸铵集装箱时,硝酸铵快速分解并

---

①　严重受损区是指建筑结构、外墙、吊顶受损的区域,受损建筑部分主体承重构件(柱、梁、楼板)的钢筋外露,失去承重能力,不再满足安全使用条件。

②　中度受损区是指建筑幕墙及门、窗受损的区域,受损建筑局部幕墙及部分门、窗变形、破裂。

最终发生第一次爆炸,距第一次爆炸点西北方向约 20 米处,有多个装有硝酸铵、硝酸钾、硝酸钙、甲醇钠、金属镁、金属钙、硅钙、硫化钠等氧化剂、易燃固体和腐蚀品的集装箱,受到火焰蔓延作用以及第一次爆炸冲击波影响,又发生了第二次更剧烈的爆炸。

案例 2:青岛中石化输油管道爆炸事故。2013 年 11 月 22 日 10 时 25 分,位于山东省青岛经济技术开发区的中国石油化工股份有限公司管道储运分公司东黄输油管道泄漏原油进入市政排水暗渠,在形成密闭空间的暗渠内油气积聚遇火花发生爆炸,造成 62 人死亡、136 人受伤,直接经济损失达 75172 万元。根据国务院山东省青岛市“11·22”中石化东黄输油管道泄漏爆炸特别重大事故调查组的调查报告,造成此次事故的直接原因是:输油管道与排水暗渠交汇处管道腐蚀减薄、管道破裂、原油泄漏,泄漏原油挥发的油气与排水暗渠空间内的空气形成易燃易爆的混合气体,并在相对密闭的排水暗渠内积聚,原油泄漏后,现场处置人员采用液压破碎锤在暗渠盖板上打孔破碎,产生撞击火花,引发暗渠内油气爆炸,由于原油泄漏到发生爆炸之间历时达 8 个多小时,受海水倒灌影响,泄漏原油及其混合气体在排水暗渠内蔓延、扩散、积聚,最终造成大范围连续爆炸。事故的间接原因包括:输油处对管道隐患排查整治不彻底,未能及时消除重大安全隐患;对管道疏于管理,管道保护工作不力;对泄漏原油数量未按应急预案要求进行研判,对事故风险评估出现严重错误,没有及时下达启动应急预案的指令;未按要求及时全面报告泄漏量、泄漏油品等信息,存在漏报问题;现场处置人员没有对泄漏区域实施有效警戒和围挡;抢修现场未进行可燃气体检测,盲目动用非防爆设备进行作业,严重违规违章,等等。

案例 3:吉林德惠宝源丰禽业有限公司特别重大火灾事故。2013 年 6 月 3 日晚 6 时 10 分许,位于吉林省长春市德惠市的吉林宝源丰禽业有限公司主厂房发生特别重大火灾爆炸事故,共造成 121 人死亡、76 人受伤,17234 平方米主厂房及主厂房内生产设备被损毁,直接经济损失为 1.82 亿元。当晚 6 时 10 分左右,部分员工发现一车间女更衣室及附近区域上部有烟、火,主厂房外面也有人发现主厂房南侧中间部位上层窗户最先冒出黑色浓烟。部分较早发现火情的人员进行了初期扑救,但火势未得到有效控制。火势逐渐在吊顶内由南向北蔓延,同时向下蔓延到整个附属区,并由附属区向北面的主车间、速冻车间和冷库方向蔓延。燃烧产生的高温导致主厂房西北部的1号冷库和1号螺旋速冻机的液氨输送和氨气回收管线发生物理爆炸,致使该区域上方屋顶卷开,大量氨气泄漏,介入了燃烧,火势蔓延至主厂房的其余区域。根据国务院吉林省长春市宝源丰禽业有限公司"6·3"特别重大火灾爆炸事故调查组的调查报告,造成此次事故的直接原因是:主厂房一车间女更衣室西面和毗连的二车间配电室的上部电气线路短路,引燃周围可燃物,当火势蔓延到氨设备和氨管道区域,燃烧产生的高温导致氨设备和氨管道发生物理爆炸,大量氨气泄漏,介入了燃烧。由于主厂房内大量使用聚氨酯泡沫保温材料和聚苯乙烯夹芯板等易燃物,附属区房间内的衣柜、衣物、办公用具等可燃物较多且与人员密集的主车间用聚苯乙烯夹芯板分隔,吊顶空间大部分连通,氨气泄漏介入燃烧,加剧了火势蔓延、大面积燃烧和高温有毒气体的生成。此外,因主厂房内未安装报警装置,逃生通道复杂,重要安全出口锁闭,员工自救互救知识和能力匮乏,导致火灾发生时大量人员无法及时逃生。

　　案例4:上海静安区特别重大火灾事故。2010年11月15日13时,上海胶州路728号教师公寓正在进行节能改造工程,在北侧外立面进行电焊作业,14时14分,金属熔融物溅落在大楼电梯前室北窗9楼平台,引燃堆积在外墙的聚氨酯保温材料碎屑,火势随后迅猛蔓延,因烟囱效应①引发大面积立体火灾,最终造成58人死亡、71人受伤的严重后果,建筑物过火面积为12000平方米,直接经济损失为1.58亿元。经国务院上海市静安区胶州路公寓大楼"11·15"特别重大火灾事故是调查组调查查明,该起特别重大火灾事故是一起因企业违规造成的责任事故。事故的直接原因是:在胶州路728号公寓大楼节能综合改造项目施工过程中,施工人员违规在10层电梯前室北窗外进行电焊作业,电焊溅落的金属熔融物引燃下方9层位置脚手架防护平台上堆积

---

　　①　烟囱效应,是指户内空气沿着有垂直坡度的空间向上升或向下降,造成空气加强对流的现象。建筑物中空气(包括烟气)靠密度差的作用,沿着垂直通道快速上升(扩散)或排出建筑物的现象,即为烟囱效应。

的聚氨酯保温材料碎块、碎屑引发火灾。事故的间接原因很多,包括:建设单位、投标企业、招标代理机构相互串通,虚假招标并转包、违法分包工程;工程项目施工组织管理混乱;设计企业、监理机构工作失职;市、区两级建设主管部门对工程项目缺少监督管理;区公安消防机构对工程项目监督检查不到位;区政府对工程项目施工组织工作领导不力;施工现场防火措施不完善,现场违规使用大量尼龙网、聚氨酯泡沫等易燃材料,而国家标准《安全网》GB5725 – 2009明确规定密目式安全立网必须具备阻燃性能。

案例5:京珠高速客车特别重大火灾事故。2011 年 7 月 22 日 3 时 43 分,京珠高速公路河南省信阳市境内发生一起特别重大卧铺客车燃烧事故,造成41 人死亡、6 人受伤,直接经济损失达 2342.06 万元。7 月 22 日 3 时 43 分,当核载 35 人的事故客车(实载 47 人)行驶至京珠高速公路河南省信阳市境内938 公里 115 米处时,突然发生爆燃,客车继续前行 145 米后与道路中央隔离护栏刮蹭碰撞后停车,共造成 41 人死亡、6 人受伤,客车严重烧毁。后经国务院京珠高速河南信阳"7·22"特别重大卧铺客车燃烧事故调查组调查,造成该起火灾爆炸事故的直接原因是:事故大型卧铺客车违规运输 15 箱共 300kg的危险化学品偶氮二异庚腈并堆放在客车舱后部,偶氮二异庚腈在挤压、摩擦、发动机放热等综合因素作用下受热分解并发生爆燃。间接原因包括:事故车辆长期违规站外经营;公司行车路单发放制度和车辆请假管理制度不健全;事故车辆长期不进站报班发车、不按规定班次线路行驶以及违规站外上客、人员超载、违规载货;安全隐患排查和监管不到位;违规运输危险化学品;偶氮二异庚腈没有化学品安全技术说明书,产品外包装也未按规定加贴或者拴挂化学品安全标签,不符合危险化学品包装标识的要求;高速公路交通安全执法不到位,漏检事故车辆,未发现违法装载危险化学品,等等。

4.2　火灾爆炸相关基本概念

火灾爆炸涉及的概念较多,理解这些概念,无论是对本章模型的学习,还是对生产和生活中火灾爆炸的防范,都至关重要。

(1)燃烧三要素

燃烧是火灾发生的起点,燃烧的发生和维持必须同时具备三个要素,即可燃烧物、助燃剂和引火源,三个要素形成一个"火三角",如图4.1所示。燃烧三要素是火灾发生的必要条件,在火灾防治中,如果能够阻断"火三角"的任何一个要素,就可以达到扑灭火灾的目的。

图4.1　燃烧三要素组成的"火三角"

(2)爆炸极限

可燃物质(可燃气体、蒸气和粉尘)与空气或氧气必须在一定的浓度范围内均匀混合,形成预混气,遇着火源才会发生爆炸,这个浓度范围称为爆炸极限,或爆炸浓度极限。例如一氧化碳与空气混合的爆炸极限为12.5%~74%,如图4.2所示。可燃性混合物能够发生爆炸的最低浓度和最高浓度,分别称

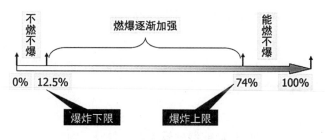

图4.2　一氧化碳爆炸极限示意图

为爆炸下限和爆炸上限,这两者有时亦称为着火下限和着火上限。在低于爆炸下限时不爆炸也不着火;在高于爆炸上限时不会爆炸,但能燃烧。

(3)火灾分类

按一次火灾造成的损失,可将火灾分为四类:特别重大火灾、重大火灾、较大火灾和一般火灾。特别重大火灾,指死亡30人以上或重伤100人以上或直接经济损失1个亿以上的火灾;重大火灾,指死亡10人以上或重伤50人以上或直接经济损失5000万以上的火灾;较大火灾,指死亡3人以上或重伤10人以上或直接经济损失1000万以上的火灾;一般火灾,指死亡3人以下或重伤10人以下或直接经济损失1000万以下的火灾。

(4)闪点

在规定条件下,物质加热到释放出的气体瞬间着火并出现火焰的最低温度。一般情况下,密度越大,闪点越高。闪点是衡量物质火灾危险性的重要参数。

(5)自燃点

在规定条件下,不用任何辅助引燃能源而达到引燃的最低温度。一般情况下,密度越大,自燃点越低。

(6)最小点火能

最小点火能(引燃能)是指能够触发初始燃烧化学反应的能量。影响因素包括:温度、释放的能量、热量和加热时间。

(7)闪燃

在一定温度下,可燃性液体蒸汽与空气混合后,达到一定浓度时,遇到火源产生的一闪即灭的燃烧现象,叫做闪燃。

(8)自燃

可燃物在没有外部火花、火焰等点火源的作用下,因受热或自身发热并蓄热而发生的自然燃烧现象。

(9)阴燃

在氧气不足、温度较低或湿度较大的条件下,固体物质发生的只冒烟而无火焰的燃烧。

（10）氧指数

在规定的试验条件下，试样在氧、氮混合气流中，维持平稳燃烧（即进行有焰燃烧，火焰能保持燃烧 50mm 长或燃烧时间 3min）所需的最低氧气体积分数。

（11）耐火极限

对任一建筑构件进行标准耐火试验，从受到火的作用时起，到构件失去稳定性或完整性或绝热性时止，这段抵抗火的作用时间称为耐火极限，一般以小时计。

（12）TNT 当量

TNT 当量是用释放相同能量的 TNT 炸药的质量表示核爆炸释放能量的一种习惯计量，指爆炸时所释放的能量相当于多少吨 TNT 炸药爆炸所释放的能量。例如，1 千克 TNT 炸药爆炸时释放的能量约为 4.19 兆焦，1 千克铀-235 全部裂变时释放的能量约为 81.9 太焦，则 1 千克铀-235 的爆炸能量约为 2 万吨 TNT 当量。

（13）爆炸冲击波

冲击波是一种不连续峰在介质中的传播，这个峰导致介质的压强、温度、密度等物理性质发生跳跃式改变。爆炸时，爆炸中心压力急剧升高，使周围空气猛烈震荡而形成波动。冲击波以超音速的速度从爆炸中心向周围冲击，具有很大的破坏力，是爆炸重要的杀伤破坏因素之一。在物理学中，对任何波源，当运动速度超过了其波的传播速度时，这种波动形式都可以称为冲击波，或者称为激波，其特点是波前的跳跃式变化，即产生一个锋面，锋面处介质的物理性质发生跃变，造成强烈的破坏作用。

（14）殉爆距离

当炸药 A 受到外界能量激发起爆后，能够引起与其相隔段距离的炸药 B 也爆炸，这种现象叫做炸药的殉爆。能引起炸药百分之百爆炸的两炸药间最大距离，称为殉爆距离。

（15）重大危险源

重大危险源，是指长期地或者临时生产、搬运、使用或者储存危险物品，且危险物品的数量等于或者超过临界量的单元(包括场所和设施)。

(16)池火

可燃性液体泄漏后,流到地面形成液池,或流到水面并覆盖水面,遇到引火源燃烧而形成池火。

(17)喷射火

气体从裂口喷出后立即燃烧,如同火焰喷射器。

(18)火球

压力容器内液化气体过热使容器爆炸,内容物泄漏并被点燃,产生强大的火球。

(19)BLEVE 爆炸

沸腾液体扩展蒸汽云爆炸 BLEVE,是常见的锅炉、压力容器、管道等爆炸事故,是指当装有过热可燃液体的储罐或容器中压力远大于外界大气压,在突然发生泄漏事故时,内部液体迅速喷到空气中,并瞬间变为气体,体积快速膨胀,形成由可燃液体蒸汽、未气化液体和空气混合的蒸汽云,此蒸汽云被立即点燃形成 BLEVE 火球并发生爆炸。

(20)粉尘爆炸

粉尘爆炸,指可燃性粉尘在爆炸极限范围内,遇到热源(明火或高温),火焰瞬间传播于整个混合粉尘空间,化学反应速度极快,同时释放大量的热,形成很高的温度和很大的压力,系统的能量转化为机械能以及光和热的辐射,具有很强的破坏力。

(21)火灾荷载

火灾荷载指建筑物容积所有可燃物燃烧释放出的总能量,是衡量建筑物内所容纳可燃物数量多少的一个参数。火灾荷载直接决定着火灾持续时间的长短和室内温度的变化情况。

(22)火源功率

火源功率是指火灾能够产生的热量,单位用功率单位 MW 表示。

(23)热释放速率

在规定的试验条件下,在单位时间内材料燃烧所释放的热量,J/s。

（24）热通量

热通量又称热流密度,是指把热量和质量从区域1通过一个界面传递到区域2时,单位传热面积上的传热速率,W/m^2。

（25）轰燃

室内火灾系统中一个很重要的现象,它是室内火灾系统在初期增长阶段和全盛阶段之间的快速转变现象。

4.3　火灾爆炸风险分析模型

4.3.1　建筑物火灾发展阶段模型

根据室内火灾温度随时间的变化特点,可将火灾发展过程分为火灾成长期、火灾全面发展期和火灾衰减期三个阶段,如图4.3所示。

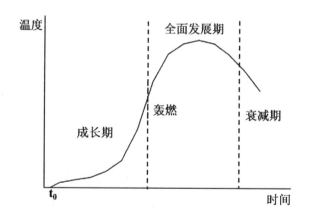

图 4.3　建筑火灾发展过程的三个阶段

在火灾成长期阶段,火灾燃烧范围不大,火灾仅限于初始起火点附近,其热释放速率相对较小,该阶段是灭火的最有利时机,可通过灭火器和自动水喷淋将火灾及时控制消灭在起火点。如果未能在此阶段控制消灭火灾,火灾热释放速率将快速增大,其大小与时间的二次方成正比。

火灾初期增长模型如下:

$$Q = \alpha \left(t - t_0 \right)^2 \qquad (4.1)$$

式中, Q 为火灾热释放速率, kW; α 为火源功率增长因子, kW/s^2 , 综合大量实验结果, 慢速、中速、快速和超快速型火[1]的火源增长因子取值范围分别为 0.003—0.005、0.009—0.02、0.03—0.07、0.14—0.20; t 为火灾发生后的时间, s; t_0 为开始有效燃烧所需的时间, 一般可用火灾发生到火灾探测器报警的时间 t_{fa} 表示, s。

研究表明, 在火灾成长期阶段, 如果火源热释放速率不超过 950kW, 火灾可被灭火器扑灭, 即火源热释放达到 950kW 时所对应的时间为火灾可以被灭火器扑灭的临界时间 t_{950} , 用如下公式计算:

$$t_{950} = \sqrt{\frac{950}{\alpha}} + t_{fa} \qquad (4.2)$$

当起火房间温度达到一定值时, 室内所有的可燃物发生燃烧, 这种现象称为轰燃, 标志着火灾进入全面发展期。

火灾轰燃之前的烟气层温度可按如下公式[2]计算:

$$T_{ht} = 0.0236 Q^{2/3} \left(h_k A_T A \sqrt{H} \right)^{-1/3} T_\infty + T_0 \qquad (4.3)$$

$$h_k = \sqrt{\lambda \rho C / t} \qquad (4.4)$$

式中, T_{ht} 为烟气层温度, ℃; Q 为热释放速率, kW; h_k 为室内墙壁的有效传热系数, $kW/(m^2 k)$; A_T 为房间内表面积, m^2 ; A 为房间开口面积, m^2 ; H 为房间开口高度, m; T_∞ 为环境温度, K; T_0 为房间初始温度, K; λ 为内衬材料的导热系数, $kW/(m \cdot k)$, 常用固体材料导热系数如表 4.1 所示; ρ 为内衬材料的密度, kg/m^3 ; C 为内衬材料的比热, 单位是 $kJ/(kg \cdot K)$; t 为火灾燃烧特征时间, s。

---

① 油池、沙发火大致为超快速型, 纸壳箱、木垛火大致为快速型, 棉花加聚酯纤维弹簧床大致为中速型。

② 1.McCaffrey B J, Quintiere J G and Harkleroad M F.Estimating Room Temperatures and the likelihood of Flashover Using Fire Test Data Correlation[J], Fire Technology, 1981, 17(2):98-119; 2. 陈爱平, 乔纳森·弗朗西斯.McCaffrey 等估计轰燃前火灾温度方法的改进[J].火灾科学, 2003, 02:58-65+121。

表 4.1 常用固体材料导热系数

固体	温度 T	导热系数 λ	固体	温度 T	导热系数 λ
铝	300	230	硬橡皮	0	0.15
镉	18	94	锯屑	20	0.052
铜	100	377	软木	30	0.043
熟铁	18	61	玻璃毛	—	0.041
铸铁	53	48	85%氧化镁	—	0.070
铅	100	33	TDD(岩棉)保温板	70	0.040
镍	100	57	TDD(XPS)保温板	25	0.028
银	100	412	TDD(真空绝热)板	25	0.006
钢(1%C)	18	45	ABS	—	0.25
船舶用金属	30	113	保温砖	0~100	0.12~0.21
青铜	—	189	建筑砖	20	0.69
不锈钢	20	16	绒毛毯	0~100	0.047
石墨	0	151	棉毛	30	0.050
石棉板	50	0.17	玻璃	30	1.09
石棉	0~100	0.15	云母	50	0.43
混凝土	0~100	1.28	耐火砖	—	1.04

一般认为当火灾烟气层的温度达到 300℃(房间装修材料为可燃物)或 600℃(房间装修材料为非可燃物)时会发生轰燃,此时火灾所经历的时间即为火灾发展到盛期的时间,根据公式 4.3 和公式 4.4,可推导出轰燃发生时间计算公式:

$$t_h = 5.79 \times 10^9 \lambda \rho C A_T^2 A^2 H \left(T_{ht} - T_0\right)^6 Q^{-4} T_\infty^{-6} \qquad (4.5)$$

轰燃发生后,火灾进入全面发展期,室内温度可升高到 1000℃ 以上,火灾迅速蔓延,在此阶段,建筑物内的灭火设施已经不能有效地控制火灾的发展,只能依靠消防队的扑救,未逃离人员的生命将受到严重威胁。

随着可燃物消耗,火灾燃烧强度逐渐减弱,火灾会进入衰减期,先是明火熄灭,剩下的焦炭持续燃烧一定时间后才会熄灭,在此阶段,燃烧释放的热量不会很快消散,室内温度仍然较高。

综上所述,在火灾成长初期将火灾控制和扑灭是火灾防控的关键,将室内温度控制在轰燃发生临界温度以下并在轰燃前完成人员安全疏散是减少火灾损失的重要途径。

4.3.2 火灾烟气流动蔓延模型

烟气是火灾的主要产物,由燃烧气相产物、卷吸空气和固体颗粒及液滴等多种物质混合组成。高温烟气的流动直接影响到火灾的蔓延影响范围,烟气的遮光性可严重降低火场中的能见度并严重制约人员疏散和灭火行动,烟气的毒性和温度则是威胁人员生命安全的主要因素,有数据表明,火灾中死亡者85%以上是因烟气影响致死,其中约有一半是因 CO 中毒致死,另一半是因烧伤和爆炸压力创伤致死。

燃烧物上方的火焰及流动烟气通常称为羽流,羽流结构形态主要包括下部火焰和上部烟气两个部分,其中羽流火焰部分温度可达 1000℃ ,对与其接触的物品和构件具有毁坏作用,羽流火焰高度 h_f 、羽流中心线温度 T_c 和速度 v_c 可用如下公式计算:

$$h_f = 0.235Q^{2/5} - 1.02D_f \tag{4.6}$$

$$T_c = T_a + 9.1 \left(\frac{T_a}{gC_p^2\rho_a^2}\right)^{1/3} \frac{Q_c^{2/3}}{(h - h_0)^{5/3}} \tag{4.7}$$

$$v_c = 3.4 \left(\frac{g}{C_p\rho_a T_a}\right)^{1/3} \frac{Q_c^{1/3}}{(h - h_0)^{1/3}} \tag{4.8}$$

式中, h_f 表示羽流火焰的平均高度,m, h 表示羽流离地面高度,m; h_0 表示虚点源①高度,m;池火实验结果表明,虚点源距火源底面的距离为 $h_0 = 0.083Q^{2/5} - 1.02D_f$; Q 为火源热释放速率,kW; Q_c 为火源总热释放速率的对流部分,可取为 $0.7Q$; D_f 为火源直径或非圆形可燃烧物的当量直径,m; T_c 为羽流中心线温度,K; T_a 为高度 h 处环境温度,293K; g 为重力加速度,9.81m/s² ; ρ_a 为高度 h 处空气密度,1.2kg/m³ ; C_p 为空气的定压比热,1.004×

---

① 对于点火源,羽流起始点即为火源点,而对面火源,火焰上方羽流的反向延长线交汇点称为虚点源,好像羽流发源于这个点。虚点源对于预测羽流的形状和计算羽流的质量十分重要。

$10^3 J/(kg \cdot K)$。

羽流在上升过程中会卷吸大量空气,导致羽流的质量流率不断增大,即烟气的体量不断增大,在火焰高度上方超过火源直径 10 倍以上的垂直位置处,烟气的质量流率 $\dot{m}$ 可用如下公式计算:

$$\dot{m} = 0.071 Q_c^{1/3} (h - h_0)^{5/3} \tag{4.9}$$

燃烧物上方的火羽流在上升到顶棚后,热烟气由垂直流动改变为水平流动,并沿顶棚下部向四周蔓延,顶棚下部薄层中流动相对较快的气流称之为顶棚射流。在多数情况下顶棚射流的厚度为顶棚高度的5%—12%,顶棚射流内最大温度和最大速度出现在顶棚以下顶棚高度的1%,火灾探测器和灭火喷头应该安装在这一高度区域。由于顶棚射流中的最大温度和最大速度是火灾探测器和灭火装置热响应的重要基础,因此,计算顶棚射流的最大温度和最大速度十分重要。

对于火焰高度低于顶棚的火羽流,其顶棚射流的最大温度 T_{max} 和最大速度 v_{max} 可用如下公式计算:

$$T_{max} = \begin{cases} T_a + 16.9 \dfrac{Q^{2/3}}{H^{5/3}} & r/H \leq 0.18 \\[3mm] T_a + 5.38 \dfrac{(Q/r)^{2/3}}{H} & r/H > 0.18 \end{cases} \tag{4.10}$$

$$v_{max} = \begin{cases} 0.96 \left(\dfrac{Q}{H}\right)^{1/3} & r/H \leq 0.15 \\[3mm] 0.195 \left(\dfrac{Q}{H}\right)^{1/3} / \left(\dfrac{r}{H}\right)^{5/6} & r/H > 0.15 \end{cases} \tag{4.11}$$

对于火焰高度和顶棚高度相当甚至大于顶棚高度时,其顶棚射流的最大温度 T_{max} 可用如下公式计算:

$$\frac{T_{max} - T_a}{T_c - T_a} = 1.92 \frac{b}{r} - \exp\left[1.61\left(1 - \frac{r}{b}\right)\right] \tag{4.12}$$

$$b = 0.42 \left[(C_p \rho_a)^{4/5} T_a^{3/5} g^{2/5}\right]^{-1/2} \frac{T_c^{1/2} Q_c}{(T_c - T_a)^{3/5}} \tag{4.13}$$

式中, H 表示顶棚高度,m; r 表示以羽流撞击顶棚位置为中心的径向距离,m; Q 为火源热释放速率[①];其他参数含义同公式 4.6—公式 4.8。

如果火灾发生在建筑物中,火源产生烟气羽流上升到顶棚后,随着火灾继续发展,烟气可在整个建筑内流动蔓延。建筑内火灾烟气流动蔓延的形成,多由风和各种通风系统造成的压力差导致,或由温度差造成气体密度差形成烟囱效应导致。建筑物内房间起火,火灾烟气通过内门,经走廊再通过相邻房间敞开的门进入房间。通常走廊内即使没有任何可燃物,强大热流和未完全燃烧产物的扩散,仍能把火势蔓延到很远的房间。室内火灾发展到全面燃烧阶段,大量高温烟气、火焰会喷出窗口,引起火势向上层蔓延。在高层或超高层建筑物发生火灾时,还会产生烟囱效应,导致火势迅速向上层蔓延。实验测得,高温烟气在竖向井道内向上蔓延的速度可达 3—5m/s。

着火房间的烟气会因室内室外压力差的作用通过门窗向室外流出,并且通常沿门和窗垂直方向上的内外压差不等,由于室内的热烟气集中在上层空间,导致室内压力由上至下逐渐降低,室内上层压力大于室外,室内下层压力小于室外,从而形成上方烟气流出、下方空气进入的持续过程,在垂直方向上某一高度位置处存在室内外压力相等的情况,该位置所处的水平面称为该房间的中性层或中性面,中性层离地面高度 h_1 和中性层上方流出室外的烟气质量流率 $\dot{M}$ 可用如下公式计算:

$$h_1 = \frac{P_{1n} - P_{1w}}{(\rho_n - \rho_w)g} \tag{4.14}$$

$$\dot{M} = \frac{2}{3}\alpha B_c \sqrt{2g\rho_w(\rho_w - \rho_n)}\, h_1^{3/2} \tag{4.15}$$

式中, P_{1n}, P_{1w} 分别为地面处室内和室外压强,Pa; ρ_n, ρ_w 分别为室内和室外气体密度,kg/m³; g 为重力加速度,m/s²; α 为窗孔流量系数,可取 $\alpha = 0.6$—0.7; B_c 为窗孔宽度,m。

对于高层建筑中的竖井,当其内部温度 T_s 高于外部温度 T_0 时,竖井中性

---

① 如果火源靠近墙面和墙角,分别用 2Q 和 4Q 代替 Q。

面以上的位置,内部压力将高于外部,如果竖井上下部均有开口①,那么竖井内部就会产生向上的气体流动,且气体经开口向竖井外流出,竖井中这种自下而上的气体流动称为正烟囱效应②。正烟囱效应中,竖井中性面上方 h_2 处压差 ΔP_{s0} 可用如下公式计算:

$$\Delta P_{s0} = 3460 h_2 \left(\frac{1}{T_0} - \frac{1}{T_s} \right) \tag{4.15}$$

此时,若中性面以下楼层着火,中性面以下除着火楼层以外的其他楼层没有烟气,而中性面以上的各楼层都可能受到火灾烟气的威胁;若中性面以上楼层着火且火势迅猛,中性面以上各楼层可能受到火灾烟气威胁。

如果火灾发生在隧道、电缆沟、人防通道等狭长空间中,火源产生烟气羽流上升到顶棚后,随着火灾继续发展,烟气将沿通道蔓延很长距离。随着空气卷吸,距离火源区域越远,烟气温度不断降低,狭长通道中烟气温度 T_x 可用以下公式计算:

$$\frac{T_x - T_a}{T_c - T_a} = 0.49 \left(\frac{2H}{W} \right)^{1/3} \exp\left\{ -6.67 \cdot \frac{Nu}{Re \cdot Pr} \cdot \frac{x}{H} \cdot \left(\frac{W}{2H} \right)^{1/3} \right\} \tag{4.16}$$

式中, T_x 为距离射流中心的距离,m; H 为通道高度,m; W 为通道宽度,m; Nu 为努塞尔数; Re 为雷诺数; Pr 为普朗特数;其他参数含义同公式 4.6—公式 4.8。

为有效阻滞狭长空间中人员逃生方向上的烟气流动,可以采用逆向空气流的方式进行阻滞,即在烟气流动方向的反方向上供给一定流速的空气流,以将烟气前锋阻滞在一定范围内。火灾学领域专家对抑制烟气前锋蔓延的临界空气流速 v_c 进行了研究,得出临界流速的简化经验公式③如下:

$$v_c = 0.0292 \left(\frac{Q_c}{W} \right)^{1/3} \tag{4.17}$$

---

① 各楼层通道与竖井相连接的门均可视为开口。

② 如果内部温度 T_s 低于外部温度 T_0,竖井内将产生从上到下的气体流动,这种自上而下的气体流动称为逆烟囱效应。

③ 范维澄,孙金华,陆守香等.火灾风险评估方法学[M].科学出版社,2004.

4.3.3 烟气浓度能见度模型

烟气中含有大量未燃烧的液、固相分解物和微小颗粒,具有显著的遮光性,会导致火场中能见度的下降,进而严重影响火灾中人员对疏散指示和出口的辨识。火灾中能见度指人们在火灾烟气环境下看到某个物体的最远距离,由烟气浓度决定,烟气浓度一般用单位光学密度表示。火灾烟气环境能见度 V 与烟气单位光学密度 D_0 的关系可表示为:

$$V = \frac{R}{2.303D_0} = \frac{R}{2.303\lg(I/I_0)/L} \tag{4.18}$$

式中,R 为比例系数,根据实验确定,一般对于自发光物体,R 取 5—10,对于反光物体,有反射光存在的场合下,R 取 2—4;D_0 为单位光学密度,是单位长度上入射光强和射出光强的函数关系;I_0,I 分别表示入射光强和射出光强;L 表示光路径长度。

此外,火灾烟气环境能见度还可用如下公式计算:

$$V = \frac{R \cdot V_c}{K_m Y_s m_f} \tag{4.19}$$

式中,V_c 表示封闭空间体积,m^3;K_m 为比消光系数,一般木材和塑料明火燃烧时发烟的比消光系数大致为 $7.6m^2/g$,热解时发烟的比消光系数大致为 $4.4m^2/g$;Y_s 为发烟率,与可燃物质材料有关,如聚氯乙烯(PVC)的发烟率为 0.172,聚氨酯泡沫塑料(PUF)的发烟率为 0.131,环氧树酯的发烟率为 0.090;m_f 为燃烧物质的质量,g。

根据公式 4.19,在一个面积 $100m^2$、高度 3m 的房间中明火燃烧 1kg 的聚氨酯泡沫塑料,火场中反光疏散标志(R 取 3)的能见度约为 0.9m。

4.3.4 池火热辐射伤害模型

可燃液体泄漏后流到地面形成液池,或流到水面并覆盖水面,遇到火源就会燃烧而形成池火。池火灾的破坏主要是热辐射,如果热辐射作用在容器和设备上,尤其是液化气体容器,其内部压力会迅速升高,引起容器和设备的破裂;如果热辐射作用于可燃物,会引燃可燃物;如果热辐射作用于人员,会引起人员烧伤甚至死亡。

池火模型是火灾分析模型中较具典型性的破坏分析模型,在分析池火的破坏作用时,一般按照图4.4的流程进行。

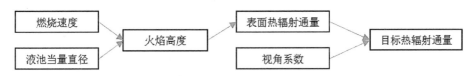

图 4.4 池火灾模型分析流程

首先,计算池火燃烧速度 v_p。根据液体的沸点与环境温度,液体表面单位面积的燃烧速度可用如下公式计算:

$$v_p = \begin{cases} \dfrac{0.001H_c}{C_p(T_b - T_0) + H_{vap}} & T_b > T_0 \\ \dfrac{0.001H_c}{H_{vap}} & T_b < T_0 \end{cases} \tag{4.20}$$

式中,v_p 为单位表面积燃烧速度,$kg/(m^2 \cdot s)$;H_c 为液体燃烧热,J/kg;C_p 为液体的定压热容①,$J/(kg \cdot K)$;T_b 为液体沸点,K;T_0 为环境温度,K;H_{vap} 为液体的汽化热②,J/kg。

然后,计算液池的当量直径。液池的大小决定了池火燃烧的火焰范围,对于不规则的液池,一般可将其等效为同等面积 S 的圆形,进而求出当量直径 D:

$$D = \sqrt{\frac{4S}{\pi}} \tag{4.21}$$

进一步,计算火焰高度。有风情况下火焰平均高度 H 的计算公式如下:

$$H = 55 \cdot D \cdot \left(\frac{v_w}{\sqrt[3]{gv_pD/\rho_a}}\right)^{0.21} \cdot \left(\frac{v_p}{\rho_a\sqrt{gD}}\right)^{2/3} \tag{4.22}$$

式中,H 为火焰高度,m;ρ_a 为周围的空气密度,kg/m^3;g 为重力加速度,

---

① 在压强不变的情况下,单位质量的某种物质温度升高 1K 所需吸收的热量,叫做该种物质的定压热容。

② 在标准大气压(101.325kPa)下,使 1mol 物质在一定温度下蒸发所需要的热量。

$9.8 \mathrm{m/s}^2$; v_w 为 10m 高处的风速,m/s;D 为当量直径,m;v_p 为单位表面积燃烧速度,$\mathrm{kg/(m^2 \cdot s)}$。

计算火焰表面热辐射通量。假设池火火焰为圆柱形,其燃烧产生的热量从圆柱形火焰的侧面和上底面均匀向外辐射,火焰表面热辐射通量公式为:

$$E = H_c v_p f / (1 + 4\frac{H}{D}) \tag{4.23}$$

式中,E 为火焰表面热辐射通量,$\mathrm{W/m^2}$;f 为热辐射系数(火焰表面辐射的热量比率),可取 $f = 0.1$。

计算视角系数。视角系数是指辐射接受面从辐射表面接受到的辐射量占总辐射量的比率。视角系数为水平视角系数 F_h 和竖直视角系数 F_v 的矢量和:

$$F_{view} = \sqrt{F_v^2 + F_h^2} \tag{4.24}$$

$$\pi F_v = -E_v \frac{1}{\tan G_v} + E_v \cdot \frac{a_v^2 + (b_v + 1)^2 - 2b_v(1 + a_v \sin\theta)}{A_v B_v} \cdot \frac{1}{\tan(A_v G_v / B_v)}$$

$$+ \frac{\cos\theta}{C_v} \Big[\tan^{-1}\frac{a_v b_v - H_v^2 \sin\theta}{H_v C_v} + \tan^{-1}\frac{H_v \sin\theta}{C_v} \Big] \tag{4.25}$$

$$\pi F_h = \frac{1}{\tan G_h} - \frac{a_h^2 + (b_h + 1)^2 - 2(b_h + 1 + a_h b_h \sin\theta)}{A_h B_h} \cdot \frac{1}{\tan(A_h G_h / B_h)} +$$

$$\frac{\sin\theta}{C_h} \Big[\tan^{-1}\frac{a_h b_h - H_h^2 \sin\theta}{H_h C_h} + \tan^{-1}\frac{H_h \sin\theta}{C_h} \Big] \tag{4.26}$$

式中:$a_v, b_v, A_v, B_v, C_v, G_v, E_v, H_v, a_h, b_h, A_h, B_h, C_h, G_h, E_h, H_h$ 均为中间变量,计算公式如下:

$$a_v = \frac{l}{D/2}$$

$$b_v = \frac{X}{D/2}$$

$$A_v = \sqrt{a_v^2 + (b_v + 1)^2 - 2a_v(b_v + 1)\sin\theta}$$

$$B_v = \sqrt{a_v^2 + (b_v - 1)^2 - 2a_v(b_v - 1)\sin\theta}$$

$$C_v = \sqrt{1 + (b_v^2 - 1)^2 \cos^2\theta}$$

$$G_v = \sqrt{\frac{b_v - 1}{b_v + 1}}$$

$$E_v = \frac{a_v\cos\theta}{b_v - a_v\sin\theta}$$

$$H_v = \sqrt{b_v^2 - 1}$$

$$a_h = \frac{L}{D/2}$$

$$b_h = \frac{X}{D/2}$$

$$A_h = \sqrt{a_h^2 + (b_h + 1)^2 - 2a_h(b_h + 1)\sin\theta}$$

$$B_h = \sqrt{a_h^2 + (b_h - 1)^2 - 2a_h(b_h - 1)\sin\theta}$$

$$C_h = \sqrt{1 + (b_h^2 - 1)^2 \cos^2\theta}$$

$$G_h = \sqrt{\frac{b_h - 1}{b_h + 1}}$$

$$E_h = \frac{a_h\cos\theta}{b_h - a_h\sin\theta}$$

$$H_h = \sqrt{b_h^2 - 1}$$

式中, X 为火焰中心线和地面目标(人员或设备设施)之间的水平距离, m; L 为火焰长度, m; 当目标在火焰阴影之外, 即 $X \geqslant D/2 + L\sin\theta$ 时, $l = L$; 当目标在火焰阴影之内, 即 $D/2 < X < D/2 + L\sin\theta$ 时, $l = (X - D/2)/\sin\theta$; θ 为火焰倾角, 即火焰偏离垂直方向的角度, 在计算火焰下风向 X 距离处的视角因素时, 火焰倾角 θ 取正值, 若是上风向, 火焰倾角 θ 取负值, 火焰倾角 θ 可用如下公式计算求出:

$$\frac{\tan\theta}{\cos\theta} = 0.67 \left(\frac{v_w}{gD}\right)^{0.333} \left(\frac{v_w D}{\mu}\right)^{0.117} \tag{4.27}$$

式中, θ 为火焰倾角; μ 为空气的动粘度, m²/s, 20℃时可取 14.8×10⁻⁶ m²/s。

最后,可计算距离池中心水平距离 x 处的目标热辐射通量 q:

$$q = E[1 - 0.058\ln(x)]F_{view} \tag{4.28}$$

式中,q 为目标接收到的热辐射通量,W/m^2;x 为目标位置到液池中心水平距离,m。

根据公式4.28可计算出池火周围一定范围内的热辐射通量,进一步考虑热辐射对人和物体的破坏效应,如表4.2所示,可以评估池火的影响和风险程度。

表 4.2 热辐射的破坏和伤害准则

热辐射强度/$kW \cdot m^{-2}$	对设备的破坏	对人的伤害
37.5	生产设备遭受严重损坏	1min 内死亡率100%,10s 内死亡率1%
25.0	无明火时木材长时间暴露而被引燃所需要的最小能量;设备设施的钢结构开始变形;严重破坏标准	1min 内死亡率100%,10s 内严重烧伤;死亡标准
12.5	有明火时木材被点燃所需的最小能量;塑料管及合成材料熔化;轻度破坏标准	1min 内死亡率1%,10s 内一度烧伤;严重烧伤标准
4.0	玻璃暴露 30min 后破裂	超过 20s 引起疼痛,但不会起水疱;轻度烧伤标准
1.6	长时间暴露	不会有不适感

4.3.5 蒸汽云爆炸伤害模型

蒸汽云爆炸是由于以"预混云"形式扩散的蒸汽云遇火后在某一有限空间发生爆炸而导致的,多发生于油品泄漏后。油品发生泄漏后,溶剂油或燃料油等物质的低沸点组分就会与空气充分混合,在一定的范围聚集起来,形成预混蒸汽云。如果在稍后的某一时刻遇火点燃,由于气液两相物质已经与空气充分混合均匀,很容易达到爆炸极限,一经点燃便会形成燃爆,火焰前锋速度可高达 50—100m/s。蒸气云爆炸发生后,高温燃烧、热辐射、冲击波以及缺氧窒息环境,是造成对周围人员、设备等的伤害、破坏的主要原因。

首先,分析蒸汽云爆炸热辐射伤害。

根据火球模型,蒸汽云爆炸的火球直径 D 和火球持续时间 t 可用如下公式计算:

$$D = 4.54w^{0.32} \tag{4.29}$$

$$t = 1.54w^{0.32} \tag{4.30}$$

式中,D 为火球直径,m;t 为火球持续时间,s;w 为火球中消耗的燃料质量,kg;对于单罐储存,w 取罐容量的 50%;对于双罐储存,w 取罐容量的 70%;对于多罐储存,w 取罐容量的 90%。

利用公式 4.31 计算火球的热剂量,结合表 4.3 可确定蒸汽云爆炸热辐射伤害后果,根据热辐射的伤害效应,还可利用 4.31 计算出临界安全距离[①]。

$$\frac{Q}{(bG)M^{1/3}T^{2/3}} = \frac{D^2/R^2}{(F + D^2/R^2)} \tag{4.31}$$

式中,Q 为热剂量,J/m²;bG 为常量,取 2.04;w 为火球中消耗的燃料的质量,kg;T 为火球温度,K,对于蒸气云爆炸取 2200K;D 为火球直径,m;R 为目标点到火球中心的距离,m;F 为常量,取 161.7。

表 4.3　热辐射强度对人的伤害效应及安全距离

热辐射强度 （kW/m²）	火球持续时间内 目标热剂量 （J/m²）	目标到火球 中心的距离 （m）	对人的伤害
37.5	1.65×10^7	883.13	1%死亡/10s 100%死亡/1min
25.0	1.1×10^7	1084.02	重火烧伤/10s 10%死亡/1min
12.5	5.51×10^7	1535.03	1 度烧伤/10s 1%死亡/1min
4.0	1.78×10^7	2704.78	20s 以上感觉疼痛
1.6	7×10^7	4315.01	长期辐射无不舒服感

① 指受到蒸汽云爆炸火球热辐射伤害的最大距离。

进一步,可运用 TNT 当量法分析蒸汽云爆炸后,目标点 R 处所受到的冲击波伤害,冲击波超压峰值的计算公式如下:

$$W_{\text{TNT}} = \eta_e \frac{\Delta H_f}{Q_{\text{TNT}}} W_f \qquad (4.32)$$

$$z = R / (W_{\text{TNT}})^{1/3} \qquad (4.33)$$

$$p_R = 3.9/z^{1.85} + 0.5/z \qquad (4.34)$$

式中, W_{TNT} 为 TNT 当量,kg; η_e 为蒸汽云当量系数(统计平均值为 0.04); ΔH_f 为可燃气体的燃烧热,kJ/kg; W_f 为蒸汽云中可燃气体质量,kg; Q_{TNT} 为 TNT 的爆炸热,一般取平均 4500kJ/kg; z 为 R 处的爆炸特征长度,m; p_R 为 R 处的爆炸超压峰值。

爆炸冲击波超压对暴露人员的伤害和建筑物的损坏效应分别如表 4.4 和表 4.5 所示。可以利用表 4.4 和表 4.5 设置某种伤害或破坏效应,进而利用冲击波超压峰值计算公式计算该伤害或破坏效应对应的作用半径 R,如死亡半径、重伤半径、轻伤半径等。

表 4.4　爆炸冲击波超压对人体的伤害效应

超压 Δp(MPa)	人员伤害与破坏程度
0.02~0.03	人员轻微伤害
0.03~0.05	人员严重伤害
0.05~0.10	内脏严重损伤或死亡
>0.10	大部分人员死亡

表 4.5　爆炸冲击波超压对物体的破坏效应

超压 Δp(MPa)	建筑物破坏程度	超压 Δp(MPa)	建筑物破坏程度
0.0002	大的椭圆形窗玻璃破裂	0.0080	树木折枝
0.0003	类似喷气式飞机的噪音	0.0100	承重墙破坏
0.0007	小的椭圆形窗玻璃破裂	0.0150	屋基破坏,树木倾倒
0.0010	窗玻璃完全破裂	0.0200	钢筋混凝土柱扭曲

超压 Δp（MPa）	建筑物破坏程度	超压 Δp（MPa）	建筑物破坏程度
0.0020	冲击碎片飞出	0.0300	油罐开裂，钢柱倒塌
0.0030	民用住房轻微损坏	0.0500	货车倾覆，民用建筑全毁
0.0050	窗户外框损坏	0.0700	砖墙全部破坏
0.0060	屋基受到损坏	0.1000	油罐压坏

4.3.6　压力容器爆炸伤害模型

压力容器是指盛装气体或者液体并承载一定压力的密闭设备。压力容器爆炸一般不涉及化学反应，主要是在内部介质压力作用下发生爆炸，属于物理爆炸。

分析压力容器爆炸伤害效应时，首先要计算爆炸能，而爆炸能与压力容器中盛装的物质有关，当压力容器盛装的是气体时，其爆炸释放的爆炸能公式为：

$$E = \frac{PV}{10(\gamma - 1)}\left[1 - \left(\frac{10^5}{P}\right)^{\frac{\gamma-1}{\gamma}}\right] \tag{4.35}$$

式中，P 表示爆炸时容器内部介质的压力，Pa；V 表示压力容器的容积，m^3；γ 表示气体的比热容，常见气体的比热容如表 4.6 所示。

表 4.6　常见气体的比热容

气体名称	γ	气体名称	γ
空气	1.4	丙烯	1.15
氮气	1.4	一氧化碳	1.395
氧气	1.391	二氧化碳	1.295
氢气	1.412	一氧化氮	1.4
甲烷	1.315	一氧化二氮	1.31
乙烷	1.18	二氧化氮	1.31
丙烷	1.13	氢氰酸	1.31
正丁烷	1.10	硫化氢	1.32
乙烯	1.22	二氧化硫	1.25

如果压力容器中盛装的是压缩气体或液化气体时,压力容器爆炸能按如下公式计算:

$$E = \frac{\Delta P^2 VB}{2} \tag{4.36}$$

式中,ΔP 表示爆炸前后介质的压力差,等于破坏压力与工作压力之差,Pa;V 表示压力容器的容积,m^3;β 表示液体的压缩系数,Pa^{-1}。

如果压力容器中盛装的是液化气体,压力容器发生爆炸时,过热状态下液体在容器破裂时放出的爆炸能按如下公式计算:

$$E = [(H_1 - H_2) - (S_1 - S_2)T_1] W \tag{4.37}$$

式中,H_1 表示爆炸前液化气体的焓,kJ/kg;H_2 表示大气压力下饱和液化气体的焓,kJ/kg;S_1 表示爆炸前液化气体的熵,kJ/kg;S_2 表示大气压力下饱和液化气体的熵,kJ/kg;W 表示饱和液化气体的质量,kg;T_1 表示介质在大气压力下的沸点,K。

进一步,可按如下公式计算爆炸冲击波影响半径 R:

$$R = C_s (N \cdot E)^{1/3} \tag{4.38}$$

式中,E 表示爆炸能量,J;N 表示效率因子,是冲击波能量与总能量的比率,一般取 $N = 10\%$;C_s 表示经验常数,取决于损坏等级,可查表 4.7。

表 4.7　损坏等级对应的经验常数值

损坏等级	C_s (mJ)	设备损坏	人员伤害
1	0.03	重创建筑物和加工装备	1%死于肺部伤害,50%以上耳膜破裂,50%以上被碎片击伤
2	0.06	建筑物外表可修复性破坏	1%耳膜破裂,1%被碎片击伤
3	0.15	玻璃破裂	被碎玻璃击伤
4	0.4	10%玻璃破碎	—

对于压力容器爆炸时产生的碎片,其对人员或设备、建筑物的打击以动能的形式表现。当压力容器中盛装的物质为气体或液化气体时,爆炸产生的碎片具有较大的破坏力。

压力容器爆炸时产生的碎片的初速度 v_0 为：

$$v_0 = \sqrt{\frac{2}{m_0} \cdot F \cdot \frac{\Delta P}{\gamma - 1} \cdot V} \tag{4.39}$$

受空气阻力影响，碎片飞行距离 S 后，其速度 v 为：

$$v = v_0 \exp(-\frac{A}{m}\rho_0 S) \tag{4.40}$$

式中，m_0 和 m 分别表示压力容器本体质量和碎片质量，kg；F 表示碎片破裂能不屈服系数；ΔP 表示爆炸前后的压力差，Pa；γ 表示比热容，常见气体的比热容如表 4.6 所示；V 表示压力容器的容积，m^3；A 表示碎片面积，m^2；ρ_0 表示空气密度，kg/m^3；S 表示碎片飞行的距离，m。

高速飞行的碎片撞击到设备、建筑物后，根据其动能大小和被撞击物的结构强度，可计算碎片对物体的打击深度 d：

$$d = 1.85 \times 10^{-8} B_p m^{0.33} v^{1.33} \tag{4.41}$$

式中，B_p 表示贯透常数，取值如表 4.8 所示；m 表示碎片质量，kg；v 表示表示碎片打击时的速度，m/s。

表 4.8　不同物体的贯透常数

物体材料	贯透常数 B_p
碳钢	1
不锈钢	0.6
混凝土	20
混凝土（强化）	12
钢筋混凝土	7
砖	50
松软地面	90

4.3.7　固体爆炸伤害模型

类似原子弹爆炸、矿山爆破这样由固体爆炸物爆炸的形式称为固体爆炸，固体爆炸的主要伤害形式是冲击波。1945 年 8 月，美国在日本长崎和广岛投下的原子弹爆炸后,死伤者中有 70% 是由冲击波导致的,百万吨级原子弹爆炸的时候,冲击波可以使 1000—2000km² 范围内的人畜致死或致伤。固体爆炸产生的冲击波具有较高的压力和较大的速度,不但可以造成人员的伤亡和一定范围内建筑物的破坏,而且能使地下空间中的支护、管缆、设备以及通风设施等遭到损坏。

固体爆炸的冲击波与爆炸点的位置有关。当爆炸物在空气中爆炸时,产生的冲击波用如下公式计算:

$$\Delta P = 0.084 \frac{\sqrt[3]{W_{TNT}}}{R} + 0.27 \left(\frac{\sqrt[3]{W_{TNT}}}{R}\right)^2 + 0.7 \left(\frac{\sqrt[3]{W_{TNT}}}{R}\right)^3 \qquad (4.42)$$

当爆炸物贴地(刚性地面和普通地面)爆炸时,产生的冲击波用如下公式计算:

$$\Delta P = 0.106 \frac{\sqrt[3]{W_{TNT}}}{R} + 0.43 \left(\frac{\sqrt[3]{W_{TNT}}}{R}\right)^2 + 1.4 \left(\frac{\sqrt[3]{W_{TNT}}}{R}\right)^3 \qquad (4.43)$$

$$\Delta P = 0.102 \frac{\sqrt[3]{W_{TNT}}}{R} + 0.399 \left(\frac{\sqrt[3]{W_{TNT}}}{R}\right)^2 + 1.26 \left(\frac{\sqrt[3]{W_{TNT}}}{R}\right)^3 \qquad (4.43)$$

$$W_{TNT} = W \frac{Q_v}{Q_{V,TNT}} \qquad (4.44)$$

式中,ΔP 表示冲击波超压,MPa;R 表示距离爆炸中心的距离,m;W 表示爆炸物质的质量,kg;W_{TNT} 表示爆炸物质的 TNT 当量,kg;Q_v 表示爆炸物的爆热,kJ/kg;$Q_{V,TNT}$ 表示 TNT 的爆热,取 4500kJ/kg。

计算得出的冲击波超压结合表4.4和表4.5可用于评估固体爆炸的伤害或破坏效应。

4.4　防火防爆科技方法

4.4.1　火灾探测报警

在火灾发生初期,会出现不少特殊现象和征兆,如发光、发热、产生烟气和可燃烧气体等,火灾探测报警正是依据对这些初期信息的探测,实现在火灾进入全面发展期之间的先期报警。目前火灾探测报警的最基本方式就是采用火灾探测器,常用的包括感温探测器、感烟探测器、气敏探测器、火焰探测器、图像探测器,如图4.5所示,其中,前三种属于接触式探测报警器,后两者属于非接触式探测报警器。

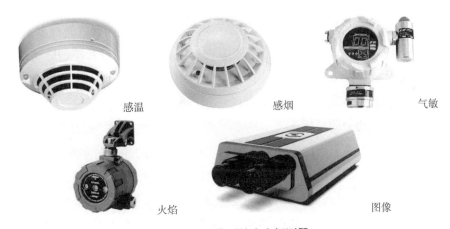

感温　　　　　　　　　　感烟　　　　　　　　　　气敏

火焰　　　　　　　　　　　　　　　　　图像

图4.5　几种典型的火灾探测器

(图片来源:百度图片网站 https://image.baidu.com/)

感温式火灾探测器的原理是根据探测元件所在位置的温度变化实现火灾探测,在普通建筑物中多采用这种探测器的点式安装,在电缆沟、巷道等狭长距离场景多采用这种探测器的线式安装。根据温度变化探测火灾,需要火灾场景温度变化比较显著,对于空间狭窄、热量容易积聚的场所,或存在大量粉尘、烟气、水汽的场所,多采用感温探测器。感温探测器的安装高度不大于8m。目前,还有一种光纤传感式火灾探测器,是利用温度的变化引起光纤传导性能的变化实现火灾的探测,这种技术较为先进,但成本也相对较高。

感烟式火灾探测器的原理是根据火灾烟气中存在悬浮颗粒物导致探测器电离空间导电性变化或光路上的光强变化实现火灾探测,目前常用的感烟探测器大致分为离子型和光电型两种。离子感烟探测器在电离室内含有少量放射性物质,使电离室内空气成为导体,当烟粒子进入电离化区域时,它们与离子相结合而降低了空气的导电性,当导电性低于预定值时,探测器发出警报;光电感烟探测器是根据烟气的遮光性进行火灾探测,当烟气导致光强减弱低于预定值时,探测器发出警报。感烟式火灾探测器适宜安装在发生火灾后产生烟雾较大或容易产生阴燃的场所,不宜安装在平时烟雾较大或通风速度较快的场所,并且其安装高度不大于12m。

气敏式火灾探测器的原理是根据火灾发生后周围环境中某些气体含量发生显著变化实现火灾探测,目前常用半导体气敏探测器和催化气敏探测器,前者的半导体元件在气体氧化还原反应中发生电导率变化,后者能加速可燃气体的氧化反应导致温度升高,进而启动报警装置。气敏式火灾探测器适用于容易散发可燃气体或易燃液体蒸汽的场所,如存储和使用液化石油气、天然气、煤气、汽油的一些场所。

火焰式火灾探测器的原理是根据燃烧放热产生的热辐射实现火灾探测,利用对火焰中波长较短的紫外光辐射的敏感性和对火焰中波长较长的红外光辐射的敏感性,探测火焰燃烧的光照强度和火焰的闪烁频率。这种探测器适用于火灾初期发展迅速和具有较强火焰辐射的场所,如易燃材料存储仓库、石化产品生产设施、钻井平台等,具有响应快、探测远和环境适应性强的优点。火焰探测器一般安装在保护区域内最高目标高度两倍的地方,向下倾斜30°~45°,多台安装以避免探测盲区。

图像式火灾探测器的原理是通过监控视频分析和数字图像处理对火源及其周围的红外辐射信息进行判断实现火灾探测,将判断出的火灾区域显示在屏幕上,具有很强的可视功能。当建筑物内部空间很大时,烟气流动距离长,空间温度和烟气浓度变化不显著,感温、感烟、气敏探测器都无法探测这种场所的初期火灾,而图像式火灾探测器则可以弥补这些探测器的不足,实现对大空间场所火灾的实时分析和报警。

为了更好地实现初期火灾探测报警,可以综合利用各种火灾探测报警器和辅助装置,构建火灾自动报警系统,将触发器件、火灾警报装置以及具有其他辅助功能的装置集成,将探测火灾初期燃烧产生的各种物理量通过火灾探测器转变成电信号,传输到火灾报警控制器,并同时以声、光、语音的形式通知人们,并记录火灾发生的部位和时间,使人们能够及时发现火灾,并及时采取有效措施扑灭初期火灾或遏制火灾发展。

4.4.2 自动灭火技术

实现火灾探测报警后,需要实施灭火措施,围绕燃烧三要素,灭火的机理主要包括隔离、窒息、冷却和化学抑制等,向火场中加入某些物质以实现这些效果进而达到灭火的目的,例如,将冷水喷到燃烧物表面可使其温度降低,水气化后体积增大 1600 倍还可以阻止氧气进入燃烧区,实现了冷却和窒息的效果,因而喷水灭火是灭火的重要途径。无论采取何种措施灭火,灭火的响应时间应该越短越好,在很多情况下,火灾发生后往往依靠人为灭火,这种方式受制于灭火人员到达时间,会贻误灭火的最佳时期。为实现早期快速灭火,目前,一些重要建筑中已经开始使用自动灭火系统,如消防水炮自动灭火系统和高压细水雾灭火系统,如图 4.6 所示。

图 4.6　自动灭火系统(左:消防水炮自动灭火;右:高压细水雾自动灭火)

(图片来源:百度图片网站 https://image.baidu.com/)

自动消防水炮又称"自动跟踪定位射流灭火装置"或"自动寻的喷水灭火装置",其集火灾探测和灭火功能于一体,能自动调整喷水嘴对准火点,具有自动探测火灾、自动发出报警、联动设备控制等功能。自动消防水炮利用火焰传感器对火焰特有的紫外波(波段为 180 — 260nm)和红外波(波段为 4.35±0.15um)进行运算放大、分析处理,实现自动跟踪定位、喷水灭火及联动报警,这种基于红紫外波(或双波段)复合探测技术的自动消防水炮探火定位稳定性较高,能够全天候监控保护范围的火情,实现自动启动系统灭火,扑灭后能自动停止喷水,并可重复启停,是一种新型大空间自动扫描定位喷水灭火技术。

高压细水雾灭火系统,是由一个或多个高压细水雾喷头、供水管网、加压供水设备及相关控制设备组成,能在火灾发生时快速地向保护对象或空间喷放细水雾对火灾实施灭火、抑火、控火、控温和降尘作用的自动灭火系统。高压细水雾灭火系统灭火的原理是利用高压或气流将流过喷嘴的水形成极细的水滴,进而通过细水雾的冷却、窒息效果实现灭火。由于细水雾的雾滴直径很小,普通细水雾系统雾粒直径为 $10\sim100\mu m$,在汽化的过程中,从燃烧物表面或火灾区域吸收大量的热量。实验证明雾滴直径越小,水雾单位面积的吸热量越大,雾滴速度越快、直径越小,热传速率越高。细水雾喷入火场后,迅速蒸发形成蒸汽,体积急剧膨胀 1700—5800 倍,降低氧体积分数,在燃烧物周围形成一道屏障阻挡新鲜空气的进入。随着水的迅速汽化,水蒸气含量将迅速增大,当氧含量在火源周围空间减小到 16%—18% 时,火焰将被窒息,而火场外非燃烧区域雾滴不汽化,空气中氧气含量不改变,不会危害人员生命。另外,高压细水雾还具有洗涤烟雾、废气的作用和对液体的乳化、稀释作用等。由于高压细水雾灭火系统先进的火火机理,其使用基本不受场所的限制,在陆地、海洋、空中均可应用,尤其是对高危险场合的局部保护和对密闭空间的保护特别有效,例如石油化工、地铁、隧道、大型交通车辆、水面船舶、航空航天等。

4.4.3 清洁阻燃技术

阻燃技术是采用合适的化学试剂(阻燃剂、改性剂)或合成技术从本质上改变材料的热物理性质和化学性质而使其成为火灾惰性材料,或者为材料本身提供安全有效的外在隔热隔氧保护层而使其本身免于发生燃烧的一种材料科学技术,这种技术直接或间接去除或抑制了燃烧三要素。清洁阻燃技术强调避免阻燃剂本身引发的火灾危险性,如毒性产物和烟尘等。阻燃技术领域的新型、清洁、高效阻燃剂及阻燃材料的重点发展方向是无卤阻燃剂和聚合物纳米复合材料。清洁阻燃技术在家具制造业和家用电器制造业等行业需求广泛,电子、电气、仪表、航空航天、交通等行业也在相当程度上采用了具有适当阻燃级别的材料。

4.4.4　隔烟挡烟技术

隔烟挡烟是控制烟气蔓延的基本方法之一,是指用一定的材料或介质形成一定大小的防火分区,将烟气阻挡在起火点所在的区域内,从而避免烟气对其他区域的影响。在实际应用中较多采用有挡烟垂壁、防火卷帘和风机加压挡烟。前两者可认为是被动隔烟技术,后一种可认为是主动挡烟技术。挡烟垂壁是用不燃烧材料制成的从顶棚下垂不小于 0.5m 的固定或活动的挡烟设施。其中,活动挡烟垂壁系指火灾时因感温、感烟或其他控制设备的作用,自动下垂的挡烟垂壁,主要用于高层或超高层大型商场、写字楼以及仓库等场合,能有效阻挡烟雾在建筑顶棚下横向流动,如图 4.7 所示。防火卷帘是在一定时间内连同框架均能满足耐火稳定性和完整性要求的卷帘,防火卷帘的帘面通过传动装置和控制系统达到卷帘的升降,起到防火、隔火作用,主要用于大型商场等公共场所的防火分隔,如图 4.7 所示。

图 4.7　挡烟垂壁(左)与防火卷帘(右)

(图片来源:百度图片网站 https://image.baidu.com/)

利用风机对某一区域加压,也可实现阻挡烟气向该区域蔓延的效果。通过风机送风,可以进行压差控制,例如疏散楼梯和避难区的前室,可以通过风管系统将空气送入这些区域,使得这些区域的气压高于其他区域,从而保证烟气无法进入这些区域,但需要注意的是,压差过高可能影响到人员推门进入这些区域,因此,一般将压差控制在 25—50Pa 为宜;通过风机送风,还可以进行高速空气流挡烟，这种方式主要用于铁路、公路隧道等狭长通道空间。

4.4.5　火灾风险评估

火灾风险评估是指对目标对象可能面临的火灾危险、被保护对象的脆弱性、控制风险措施的有效性、风险后果的严重度以及上述各因素综合作用下的消防安全性能进行评估的过程，涉及火灾监测、信息分析、火灾危险源辨识、危险评价、火灾预防与控制等多个方面。开展火灾风险评估可以客观、准确地认识火灾的危险性，为人们预防火灾、控制火灾提供依据和支持，例如，可以为建筑物的防火设计、保险行业的费率制定、安全法规和规范的论证提供科学依据。火灾风险评估的基本流程包括：前期准备，明确火灾风险评估的范围，收集所需的各种资料，重点收集与实际运行状况有关的各种资料与数据；火灾危险源的识别，针对评估对象的特点，采用科学、合理的评估方法，进行火灾危险源识别和危险性分析；定性、定量评估，根据评估对象的特点，确定消防评估的模式及采用的评估方法；消防管理现状评估，包括消防管理制度评估、火灾应急救援预案评估和消防演练计划评估；确定对策、措施及建议，根据火灾风险评估结果，提出相应的对策措施及建议，并按照火灾风险程度的高低进行解决方案的排序，列出存在的消防隐患及整改紧迫程度，针对消防隐患提出改进措施及改善火灾风险状态水平的建议；确定评估结论，根据评估结果明确指出生产经营单位当前的火灾风险状态水平，提出火灾风险可接受程度的意见；编制火灾风险评估报告，根据火灾风险评估的过程编制专门的技术报告。

4.4.6　惰化防爆技术

惰化防爆是指在具有爆炸性的气体或粉尘混合物中加入 N_2、CO_2 或 He 等惰性气体，使其氧浓度降低到不能支持爆炸的程度的防爆技术。惰化防爆的实质是减少助燃气含量，降低反应热和放热速率，消除可爆性。惰化防爆常用于煤化工、电力、钢铁、水泥等煤粉制备行业，也可用于石油化工、塑料、制药、农药等可燃粉尘、可燃气体或混合物爆炸性环境的气氛惰化保护。当前，我国正在组织专家组编制国家标准《惰化防爆指南》，将对于优化选择工业防火防爆惰化技术方法，确定可燃混合粉尘或气体最低氧含量，计算惰性气体的流量，以及惰性气体的储存、监测系统及联动控制的设计等具有指导意义。

4.4.7 爆炸阻隔技术

阻隔防爆技术是一项可以有效防止易燃易爆的气态和液态的危险化学品（如汽油、酒精、丙酮、丙烷等）在储藏、运输中因意外事故（静电、焊接、枪击、碰撞、错误操作等）引起爆炸的本质安全型防爆技术。阻隔防爆技术的载体是利用金属网热传导原理发明的阻隔防爆材料，根据热传导理论及燃烧、爆炸的基本条件，利用容器内的阻隔防爆材料的蜂窝结构，阻隔火焰的迅速传播与能量的瞬间释放，当火焰与网面接触，气体向网状材料散热，由于金属材料的热容和导热率远高于气体，当网状材料的孔径足够小时，散热的速度超过热量产生的速度，破坏了燃烧介质的爆炸条件，从而防止爆炸，保证了易燃易爆气态、液态危险化学品的储运安全。根据阻隔防爆原理，我国自主研发了容器阻隔防爆技术（简称 HAN 阻隔防爆技术），该技术可以有效防止容器在意外情况下发生爆炸，经过（HAN）改造的储油罐、运油罐车、液化石油气钢瓶等装有易燃易爆化学品的容器，即使遇到静电、明火、焊接、枪击、雷击、碰撞、误操作等情况也不会发生爆炸，从而极大地提高容器本质安全度，如图 4.8 所示。目前，该技术已被国家科技部列为国家科技成果重点推广计划项目。

图 4.8　我国自主研发的容器阻隔防爆技术

（图片来源：慧聪消防网 http://info.fire.hc360.com/2011/06/131513462127.shtml）

4.4.8　爆炸物探测技术

爆炸物探测技术主要用于探测空间未知的炸药或爆炸物品，通常要求在不打开检测对象外包装的情况下，就可探测对象内是否含有炸药、毒品及违禁的化学物品。爆炸物探测技术的主要用户是机场、海关、监狱、公安、车站等重要场所或部门。爆炸物探测技术有 X 射线检测法、中子检测法、γ 射线检测法、电磁检测法、电化学检测法、生物圈检测法、激光检测法等。在火车站、机场、码头使用的安全检测设备，大多采用了 X 射线检测法，其基本原理是根据射线强度在穿过物质时被吸收，强度衰减，而衰减强度与射线在某种物质中的衰减系数、被探测物质密度及厚度有关，射线穿过被检测物体后，在探测器上产生电信号，再通过相应转换和软件实时处理，可得到被检测物体的投影（密度和厚度乘积）图像，依据此投影图像来检测对象中是否含有爆炸物等危险品，如图 4.9 所示。这种透射检测法对于不同大小、厚度和密度的被检测物体，要求射线源的强度是不同的，对于机场、车站、码头，旅客携带的小型包裹、箱子、邮件等物品的检测，只需要低能射线源就可以，对于大型集装箱的检测则要求比较强的射线源，多采用放射源。X 射线检测法只能从投影图像中看到物体的基本形状，若发现可疑物品，还要进一步确定其物质成分，可以利用 CT 进行密度检测，分析确定是否是爆炸物品。CT 通过断层扫描可以给出各断层密度分布的精确数据，由于各种爆炸物的密度都是确定的，因此可以通过比较判断出可疑物品对应的爆炸物品类别。

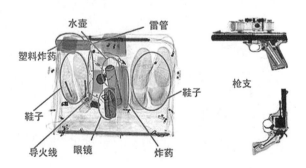

图 4.9　炸药等危险品的 X 射线检测图像

（图片来源：百度贴吧 https://tieba.baidu.com/p/4389520505）

考虑到微痕量炸药的准确、快速检测对安全排爆、反恐、防恐具有十分重要意义，相关技术的研发及应用受到世界各国的高度重视，在这一技术领域，我国经过探索研发，已经拥有多项具有自主知识产权的高新技术装备（如图

4.10 所示），打破了欧美国家对我国的技术垄断。中国科学院上海微系统与信息技术研究所研制的 SIM 系列爆炸物探测器可以通过检测聚合物的荧光强度来检测周围环境中是否有 TNT 等爆炸物分子出现，该探测器使用的荧光聚合物传感技术具有更高的灵敏度和更好的选择性，被认为是目前痕量检测、探测方面最好的技术之一。该技术可对 TNT 硝基类炸药、硝铵炸药、奥克托金、塑性炸药、乳化炸药、B 类炸药、铵锑炸药、PW0 炸药和 PW30 炸药等 9 种常见炸药实现痕量检测，检测下限达到 4ppt 量级，经反恐演习比对表明，其灵敏度远超过嗅爆犬，因此，特别适合用于城市公交、铁路、机场、体育场馆、政府部门、重要会议场所、重点建筑物、海关/关卡、港口/码头、信件/邮包等的防爆、安检。中物功能材料研究院有限公司也研制出新一代"SRED 爆炸物探测仪"，并在新疆展开试用，该探测仪使用专有的单分子层荧光传感薄膜从而可以检测千万亿分之一量级的微小爆炸物，可检测包括 TNT、DNT 等硝基类炸药、塑性炸药、乳化炸药等在内的 38 种炸药。

图 4.10　我国自主研发的爆炸物品探测装备

（图片来源：百度图片网站 https://image.baidu.com/）

4.5　本章小结

火灾、爆炸事故危害巨大，研究其辨识、分析、评价技术对于加强火灾、爆炸重大危险源的辨识和管理，预防火灾、爆炸事故的发生，减轻火灾、爆炸事故可能造成的损失,具有十分重要的意义。本章介绍了火灾爆炸的基础模型,包括建筑物火灾发展阶段模型、火灾烟气流动蔓延模型、烟气浓度能见度模型、池火热辐射伤害模型、蒸汽云爆炸伤害模型、压力容器爆炸伤害模型、固体爆炸伤害模型等。对火灾危险性的分析需要围绕烟气的蔓延和热辐射的影响展开,对爆炸危险性的分析需要围绕爆热和冲击波对人和物体的伤害效应展开。无论是火灾模型还是爆炸模型,在具体应用时都需要清晰模型中各物理参量的含义,只有获得各物理参量客观真实的数据,分析结果才具有价值和意义,这些结果都是火灾爆炸风险评估的重要组成部分和风险防控的重要依据。除了理论模型,本章还介绍了多种防火防爆技术及其技术原理,既包括传统的点式或线式火灾探测器,也包括自动灭火技术、清洁阻燃技术、阻隔防爆技术和爆炸物探测技术等最新的科学技术。随着火灾爆炸科学研究的不断深入,防火防爆的理论方法和技术将得到进一步丰富,火灾爆炸分析模型将更加精细完善,防火防爆系统装备也将更加先进智能。

第五章 泄漏扩散风险分析模型与方法

5.1 泄漏扩散现象及典型案例

泄漏，一般指物质或流体从装置或容器中流出或漏出，这种流出或漏出是计划安排之外的事件，往往会造成损失；扩散，是指物质从高浓度区域向低浓度区域迁移，直至均匀分布的过程；泄漏扩散，就是指泄漏出的物质或流体在空气、土壤、水等介质中传递迁移的过程和现象，如图 5.1 所示。在安全科学研究领域，泄漏扩散的研究对象主要是工业危险化学品①和能够对生命体、物、环境造成伤害的有毒有害物质（如核物质），泄漏扩散研究的重点在于分析泄漏物质分布范围和影响程度。危险化学品泄漏扩散事故，是指生产、经营危险化学品的单位由于意外情况，突然地发生危险化学品泄漏，使有毒有害的化学物质大量泄漏扩散，或伴随着火灾爆炸生成大量有害气体，造成大范围的严重污染，威胁人民群众生命安全的灾害性事故。

任何经济快速发展的工业化国家，都存在大量危险化学品的生产、经营单位，如化工厂、核电站等，而当前世界范围内经常使用的化学品就多达 700 万种，其中相当一部分属于危险化学品，因此，危险化学品泄漏扩散事故在世界

---

① 《危险化学品安全管理条例》所称危险化学品，是指具有毒害、腐蚀、爆炸、燃烧、助燃等性质，对人体、设施、环境具有危害的剧毒化学品和其他化学品。

图 5.1 化学物质(左)和原油(右)泄漏扩散现象

(图片来源:百度图片网站 https://image.baidu.com/)

范围内屡见不鲜,据我国公安部消防局的统计,近年来,我国公安消防部队处置危险化学品泄漏事故的年均次数多达千起,危险化学品泄漏扩散造成的破坏也十分严重。

危险化学品和有毒有害物质的泄漏扩散具有重大伤害效应,如若处置不及时,往往会造成大范围的人员中毒伤亡和环境污染,其损失难以估量。下面通过介绍几起典型的泄漏扩散事故案例,反映其危害后果的严重性:

案例 1:印度博帕尔毒气泄漏扩散事故。印度博帕尔毒气泄漏扩散事故堪称人类历史上最惨烈的化学工业泄漏事故,事故发生于 1984 年 12 月 3 日凌晨,位于印度博帕尔首府博帕尔的美国联合碳化公司农药厂发生毒气泄漏事故,近 30 吨剧毒的异氰酸甲酯(简称 MIC)及反应物在 2 小时内从反应装置中倾泄而出,高温且密度大于空气的 MIC 蒸汽迅速凝聚成毒雾,贴近地面层飘移,以 5 千米/小时的速度迅速向四处弥漫,覆盖了约 64.7 平方公里的市区面积,数千人在睡梦中就被悄然夺走了性命。博帕尔市顿时变成一座恐怖之城,一座座房屋完好无损,满街遍野却都是人、畜、飞鸟的尸体。本次事故造成了 2.5 万人直接死亡,55 万人间接致死,另外有 20 多万人永久残废的人间惨剧。

案例 2:切尔诺贝利核电站事故。切尔诺贝利核电站泄漏事故堪称人类历史上最惨烈的核工业泄漏事故。1986 年 4 月 26 日,位于乌克兰苏维埃共和国境普里皮亚季市的切尔诺贝利核电站第 4 发电机组发生爆炸,核反应堆全部炸毁,导致大量放射性物质泄漏。外泄的辐射尘随着大气飘散到前苏联的西部地区、东欧地区、北欧的斯堪的纳维亚半岛。因严重的辐射危害及其长期的影响，直接或间接死亡的人数难以估算，仅事故发生后 3 个月内就有 31 人死亡，之后 15 年内有 6 万—8 万人死亡，13.4 万人遭受各种程度的辐射疾病折磨，11.5 万多民众被迫疏散撤离家园。苏联政府把爆炸反应堆周围 30 公里半径范围划为最重污染隔离区，隔离区外的污染较重的撤离区平均照射度①约 60 毫伦琴②，再往外是轻度污染的准撤离区，平均照射度约 30 毫伦琴。

案例 3：美国墨西哥湾原油泄漏事故。2010 年 4 月 20 日晚 10 时左右，美国南部路易斯安那州沿海的石油钻井平台"深水地平线"爆炸起火，导致大量石油泄漏，堪称美国历史上最严重的漏油事故。当晚，该钻井平台发生爆炸并引发大火，大约 36 小时后沉没入墨西哥湾，11 名工作人员死亡，钻井平台底部油井于 4 月 24 日开始漏油不止，每天的漏油量达到 5000 桶，至 4 月 30 日，海面上的浮油面积就多达 9900 平方公里，至 5 月 27 日，调查显示，海面的原油漂浮带长达 200 公里，宽达 100 公里，并且还在进一步扩散。该事故致使美国政府不得不宣布对 33 个深水石油钻井项目的暂停期限延长到 6 个月。"深水地平线"钻井平台的租用公司英国石油公司仅为应对漏油事故的耗费就达到 9.3 亿美元，2015 年 10 月 5 日该公司又被美国联邦法院判决处以 208 亿美元的罚款。

案例 4：日本福岛核电站核泄漏事故。2011 年 3 月 11 日，日本东北部海域发生里氏 9.0 级地震并引发了海啸，造成重大人员伤亡和财产损失。受地震影响，位于日本福岛的第一核电站 1—4 号机组损毁严重，大量放射性物质泄漏到外部。日本政府把福岛第一核电站人员疏散范围由原来的方圆 10 公里上调至方圆 20 公里，把第二核电站附近疏散范围由 3 公里提升至 10 公里。29 日下午从福岛第一核电站 1—4 号机组排水口南 330 米处所采集的海水样本检测到放射性碘浓度达到了法定限值的 3355 倍，在 5—6 号机组排水口北

---

① 照射度表示射线空间分布的辐射剂量，即在离放射源一定距离的物质受照射线的多少。
② 伦琴是辐射照射量的单位。1R（伦琴）相当于 10mSv（豪西弗），1mSv = 1000μSv（微西弗）= 0.01Sv（西弗）= 1rem（雷姆）。

50 米处采集到的海水样本检测到放射性碘-131 的浓度也达到法定限值的 1262 倍。据相关经济研究部门估算,日本经济产业省用于清除污染、报废反应堆和赔偿的总费用可能高达 50 万亿至 70 万亿日元,日本政府也有可能因此而调整其核能政策。

案例5:上海翁牌冷藏实业有限公司氨泄漏事故。2013 年 8 月 31 日 10 时 50 分左右,位于宝山城市工业园区内的上海翁牌冷藏实业有限公司发生氨泄漏重大事故,造成 15 人死亡,7 人重伤,18 人轻伤,直接经济损失约 2510 万元。当日 8 时左右,翁牌公司员工陆续进入加工车间作业,至 10 时 40 分,约 24 人在单冻机生产线区域作业,38 人在水产加工整理车间作业,约 10 时 45 分,氨压缩机房操作工在氨调节站违规采用热氨融霜方式进行融霜作业,导致发生液锤现象,压力瞬间升高,致使存有严重焊接缺陷的单冻机回气集管管帽脱落,造成氨泄漏。事故发生后,翁牌公司员工立即报警并展开自救、互救、厂区其他工人也向事故区域喷水稀释开展救援,市和区消防、公安、安全监管、质量技监、环保等部门赶至现场后,立即展开现场处置和人员搜救工作,采取喷水稀释、破拆部分构筑物、加强空气流通等措施,同时安排专人进行大气监测。

案例6:上海南汇区液氨气瓶泄漏事故。2005 年 7 月 14 日 12 时 15 分,上海南汇区惠南镇惠路 148 号门前停放的一辆 2 吨卡车上一只液氨钢瓶突然发生爆炸,沿途惠东新村几百户居民家中受到氨气侵蚀,108 人中毒并被送往医院救治,其中 4 人病情严重。事故发生时,车上立着 9 只钢瓶,瓶体上没有覆盖任何东西,一只钢瓶突然发生爆炸蹿至空中,落下后就泛出浓浓的白雾,当时正刮西风,浓烈的氨气很快就向东蔓延了近 500 米,距事发点不到 5 米的一棵绿树在半小时内就变成了黄色。据调查,事故车辆上的液氨钢瓶为待灌装的空瓶,由于直接暴露在烈日下,没有采取任何防护措施,钢瓶内残留液氨膨胀发生爆裂。

案例7:宁夏捷美丰友化工有限公司氨泄漏事故。2014 年 9 月 7 日 15 时 45 分左右,宁夏捷美丰友化工有限公司东南角火炬装置区域,发生一起因氨气液混合物从主火炬筒顶部喷出并扩散,造成火炬装置周边约 200 米范围内

41人急性氨中毒。经宁夏捷美丰友公司"9·7"较大氨泄漏中毒事故调查组调查认定,事故的直接原因为:设备出口管线上的01E0507和01E0508安全阀均为气液两相,在氨蒸发器01E0507安全阀PRV-01E0507起跳后,液氨直接进入氨事故火炬管线,加之氨事故火炬未按国家强制性标准《石油化工企业设计防火规范》(GB50160-2008)要求在氨事故放空管网系统上设计、安装气液分离罐,致使液氨从事故火炬口喷出,气化后迅速扩散。

案例8:京沪高速公路淮安段液氯泄漏事故。2005年3月29日晚,京沪高速公路淮安段上一辆载有约35吨液氯的槽罐车与一货车相撞,导致槽罐车液氯大面积泄漏,事故发生后,货车驾驶员死亡,槽罐车驾驶员逃逸,延误了最佳抢险救援时机,对公路旁3个乡镇造成了严重影响。截至3月30日下午5时,中毒死亡者达27人,送医院治疗285人,组织疏散村民群众近1万人,京沪高速公路宿迁至宝应段被迫临时关闭20个小时。此外,受泄漏氯气污染,事故发生地的东北侧的麦田由翠绿色变成金黄色。

5.2　泄漏扩散相关基本概念

用于分析泄漏扩散危害或风险的相关概念包括:

(1)泄漏源

泄漏源是指以一定形式泄漏的物质,是泄漏的起点或泄漏物质的发散点。常见的泄漏源包括小孔泄漏①和大面积泄漏②两类,具体形式包括:液体经小孔(孔洞)泄漏,液体经管道流出,气体或蒸汽经小孔泄漏,闪蒸液体泄漏,易挥发液体蒸发等。

(2)泄漏源强度

泄漏源强度是指泄漏物质单位时间内的泄漏量,如小孔泄漏的泄漏流量。

---

①　通常为物料经较小的孔洞,长时间持续泄漏。如反应器、管道、阀门等出现小孔或密封失效。

②　在短时间内,经较大的孔洞泄漏大量物料。如管线断裂、爆破片爆裂等。

（3）ERPGs

由美国工业卫生协会 AHA 出版的应急反应指南（Emergency Response Planing Guidelines）划分的三个浓度范围:ERPG-1:人员暴露于有毒气体环境中约 1 小时,除了短暂的不良健康效应或不当的气味之外,不会有其他不良影响的有毒气体最大容许浓度;ERPG-2:人员暴露于有毒气体环境中约 1 小时,不会对身体造成不可恢复之伤害的有毒气体最大容许浓度;ERPG-3:人员暴露于有毒气体环境中约 1 小时,不会对生命造成威胁的有毒气体最大容许浓度。如无特别说明,ERPG 浓度均指 ppm 浓度①,表 5.1 给出了部分有毒化学物质的 ERPG 值。

表 5.1　部分有毒化学物质的 ERPG 浓度

化学物质	ERPG-1	ERPG-2	ERPG-3
氨	25	200	1000
氯气	1	3	20
氯化氢	3	20	100
硫化氢	0.1	30	100
氰化氢	NA	10	25
氟化氢	NA	20	50
光气	NA	0.2	1
二氧化氯	0.3	3	15
溴	0.2	1	5
四氯化钛	$5mg/m^3$	$20mg/m^3$	$100mg/m^3$
甲醛	1	10	25
乙醛	10	200	1000
甲醇	200	1000	5000
苯	50	150	1000

---

① ppm 浓度是用溶质质量占全部溶液质量的百万分比来表示的浓度,也称百万分比浓度。

化学物质	ERPG-1	ERPG-2	ERPG-3
氯苯	1	10	25
苯酚	10	50	200
甲苯	50	300	1000
甲硫醇	0.005	25	100
乙酸乙烯	5	75	500
苯乙烯	50	250	1000

（4）中毒极限

中毒极限指普通群众暴露于极度危险的物质环境中，在相对较短的时间内不会引起严重的不可逆的健康影响的最高浓度。表5.2给出了部分有毒化学物质的中毒极限值。

表5.2　部分有毒化学物质的中毒极限

化学物质	中毒极限（mg/L）	化学物质	中毒极限（mg/L）
氨（无水）	0.14	甲醛（无水）	0.012
氯气	0.0087	丙烯醛	0.0011
氯化氢（无水）	0.030	呋喃	0.0012
硫化氢	0.042	氯仿	0.49
一氧化氮	0.031	二硫化碳	0.16
二氧化氯	0.0028	甲基苯肼	0.0094
光气	0.00081	溴	0.0065
二氧化硫	0.0078	三氧化硫	0.010
氟	0.0039	环氧丙烷	0.59
四氯化钛	0.02	乙酸乙烯	0.26

（5）初始隔离区

泄漏事故发生时，公众生命可能受到威胁的区域，是以泄漏源为中心的一个圆周围域，围域的半径即为初始隔离距离，可根据ERPG-3确定，该区域主要任务是进行人员疏散,只允许受过正规训练和有特殊装备的消防特勤官兵和应急处置人员进入。

(6)防护区

泄漏发生后,下风向有毒有害气体、蒸汽、烟雾或粉尘可能影响的区域,是泄漏源下风向的正方形区域,区域的边长可根据 ERPG-2 或中毒极限确定,区域下风向距离为边长长度,横风向距离为下风向两侧各二分之一边长之和,该区域内可能使人致残或产生严重的或不可逆的健康危害,应疏散公众,禁止未防护人员进入或停留。

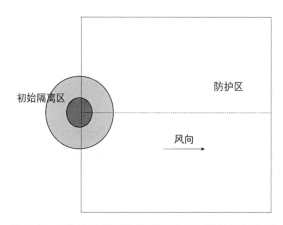

图 5.2　有毒物质泄漏扩散的隔离区与防护区示意图

(7)重气与重气扩散

重气是指气体密度大于其扩散所经过周围空气密度的气体。重气泄漏释放后,在重力影响下向地面沉降,高度减小、水平范围扩大,并随扩散不断被稀释,这种扩散称为重气扩散。

(8)中性浮力扩散

接近或小于空气密度的气体在浮力作用下,高度增加、水平范围扩大,这种扩散称为中性浮力扩散。中性浮力扩散主要包括两类,一类是连续泄漏源形成的烟羽扩散,一类是瞬时泄漏释放形成的烟团扩散。

(9)连续泄漏

物质从其存储装置中持续排出的泄漏过程,称连续泄漏。例如,输送管道破裂、连接在大型储罐上的管道穿孔、挠性连接器处出现的小孔或缝隙以及连续的烟囱排放等,如图5.3所示,都属于连续泄漏。

图5.3　管道连续泄漏(左)和烟囱连续排放(右)

(图片来源:百度图片网站 https://image.baidu.com/)

图5.4　储罐爆炸导致的瞬时泄漏

(图片来源:百度图片网站 https://image.baidu.com/)

(10)瞬时泄漏

物质从其存储装置中瞬间释放排出的过程,称瞬时泄漏。例如,储罐爆炸(如图5.4)、液化气体钢瓶破裂、压力容器安全阀异常启动、放空阀门的瞬间错误开启等都属于瞬间泄漏。

5.3　泄漏扩散的影响因素

泄漏物质的影响范围和影响程度取决于泄漏物质随空气等介质流动扩散的效果,而扩散过程又受到多方面因素的影响,为了能够全面、准确地分析泄漏扩散过程及其影响,需要考虑其影响因素。

影响泄漏扩散的主要因素包括以下几个方面:

(1)风

风对泄漏物质扩散的影响体现在风向和风速两个层面。风向是决定泄漏物质在空气中扩散方向的主要因素;风速则影响泄漏物质的蔓延速度和被空气稀释的速度,风速越大,输送能力就越强,空气稀释能力也越强,泄漏物质越容易扩散,蔓延速度也越快,一般情况下,风速在 1—5m/s 时,有利于泄漏物质扩散,危险区域较大,若风速再大,地面的泄漏物质浓度将会比较低。风的大小和方向可用风向图来表示,如图 5.5 所示。

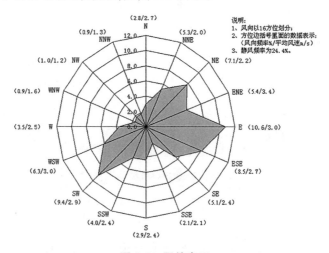

图 5.5　风的表示

(图片来源:百度百科"风向玫瑰图"https://baike.baidu.com/)

（2）大气稳定度

大气稳定度指近地层大气作垂直运动的强弱程度，是评价大气垂直对流程度的指标，对泄漏物质的扩散具有重要影响。大气越稳定，表明大气垂直对流越弱，泄漏物质越不容易向高空扩散，多在近地表面扩散；大气越不稳定，表明大气垂直对流越强，泄漏物质越容易向高空扩散，近地面的泄漏物消散越快。大气稳定度可分为 A、B、C、D、E、F 六个等级，分别表示强不稳定、不稳定、弱不稳定、中性、较稳定和稳定。确定大气稳定度等级的方法流程包括：首先确定太阳倾角①，根据泄漏发生时的日期，查表 5.3 获取太阳倾角 δ；然后结合泄漏地点的地理信息（经度 λ、纬度 φ）和时间②t，利用公式 5.1 和公式 5.2 计算太阳高度角③θ；再通过太阳高度角 θ 和泄漏地点天空云量，结合表 5.4 获取太阳辐射等级 T；最后综合泄漏地点的平均风速和太阳辐射等级，查表 5.5，确定大气稳定度等级。

表5.3　不同月份北半球的太阳倾角 δ 取值

月份	1	2	3	4	5	6	7	8	9	10	11	12
上旬	−22	−15	−5	6	17	22	22	17	7	−5	−15	−22
中旬	−21	−12	−2	10	19	23	21	14	3	−8	−18	−23
下旬	−19	−9	2	13	23	23	19	11	−1	−12	−21	−23

太阳高度角 θ 的计算公式：

$$\theta_r = \arcsin\left[\sin\varphi\sin\delta + \cos\varphi\cos\delta\cos(15t + \lambda - 300)\right] \tag{5.1}$$

$$\theta = \theta_r \cdot \frac{180}{\pi} \tag{5.2}$$

公式 5.1 中，φ, λ, δ 均使用弧度计算，特别是（$15t + \lambda - 300$）的值也应先转化为弧度后再进行计算，计算完成后再用公式 5.2 将太阳高度角 θ 转换成角度。

① 指地球赤道平面与太阳和地球中心的连线之间的夹角。
② 指泄漏地点的 24 小时制北京时间。
③ 指太阳光线与地面的夹角。

表 5.4 太阳辐射等级 T

总云量/低云量 （天空覆盖比）	夜间	太阳高度角 θ			
		θ≤15	15<θ≤35	35<θ≤65	θ>65
≤40%/≤40%	−2	−1	+1	+2	+3
50%~70%/≤40%	−1	0	+1	+2	+3
≥80%/≤40%	−1	0	0	+1	+1
≥50%/50%~70%	0	0	0	0	+1
≥80%/≥80%	0	0	0	0	0

表 5.5 大气稳定度等级

平均风速（m/s）	太阳辐射等级 T					
	+3	+2	+1	0	−1	−2
≤1.9	A	A,B	B	D	E	F
2~2.9	A,B	B	C	D	E	F
3~4.9	B	B,C	C	D	D	E
5~5.9	C	C,D	D	D	D	D
≥6	C	D	D	D	D	D

（3）气温和太阳辐射

气温和太阳辐射可以影响大气垂直对流，即影响大气稳定度，从而影响泄漏扩散。一般情况下，气温越高、太阳辐射越强，垂直对流也会越强，越有助于泄漏物扩散或消散，例如，我国北方的秋冬季节出现雾霾的几率远大于南方，大多是因气温偏低和太阳辐射较弱不利于污染物向高空消散所致。

（4）地理、地形

地理和地形会影响风的流动，从而影响泄漏物质的扩散。如图 5.6，我国京津冀地区冬季经常出现长时间重度雾霾现象，这与其地理和地形因素是密不可分的，京津冀地区地处我国华北平原地区，其北面有东西走向的阴山、燕山山脉，其西面有南北走向的贺兰山、六盘山山脉，其东面有南北走向的太行山、吕梁山山脉，这些山脉正好将华北平原地区包围在中间，阻挡了我国冬季主导的由西北向东南方向的空气流动，导致该地区的工业和生活污染物难以扩散,从而形成集聚。

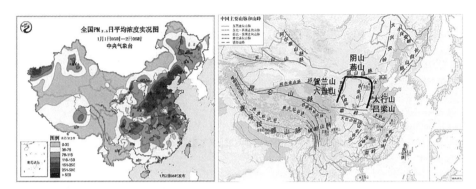

图5.6　我国京津冀地区冬季重度雾霾现象(左)与该地区的地理地形(右)

(图片来源:百度图片网站 https://image.baidu.com/)

（5）地物、地貌

地物是指地表的物体,比如建筑物、植被、道路等,地貌是指地表的形态,比如山地、平原、谷地。建筑、树木等地物会影响地表大气湍流,从而影响泄漏物质沿地表的扩散,而谷地、地势低洼的城市区域和低矮建筑群处,容易集聚泄漏物质。

（6）泄漏物质密度

泄漏物质密度较大时,主要受重力作用,沿近地表面扩散,且自然扩散速度较慢;泄漏物质密度较小时,主要受浮力作用,重点向高空随空气流动扩散,且扩散速度较快。一般划分重气和轻气的密度标准为 0.97kg/m³,密度大于 0.97kg/m³ 的气体为重气,密度小于 0.97kg/m³ 的气体为轻气。

（7）泄漏前的压强

泄漏物质泄漏前多储存于一定容器中,这些容器内部压强大多大于大气压,容器内部压强越大,内外压差越大,发生泄漏时,单位时间内泄漏物质就越多,因此,存放危险化学品的压力容器往往是重大的泄漏风险源。

（8）泄漏源的高度

泄漏源的高度决定了泄漏物质本身所具有的势能,泄漏源越高,其泄漏时的强度越大,但对于密度小于空气的气体物质,泄漏源越高,地面的泄漏物质浓度会越低。

(9)泄漏口的形状

对于小孔形式的连续泄漏源,泄漏口的形状会影响其泄漏效率。对于具有同等面积的泄漏口,圆形泄漏口的泄漏效率要高于三角形(如尖锐口),而三角形泄漏口的泄漏效率又要高于长方形(如裂缝)。

5.4 泄漏扩散分析模型

5.4.1 泄漏源模型

泄漏源模型主要用于计算泄漏量,是泄漏扩散分析的重要内容,下面分别介绍液体通过孔洞泄漏、液体通过储罐上的孔洞泄漏、液体通过管道泄漏、蒸汽通过孔洞泄漏、气体通过管道泄漏、闪蒸液体的泄漏和易挥发液体泄漏等形式的泄漏量计算模型。

(1)液体经过孔洞泄漏的泄漏量计算模型

液体在稳定的压力作用下,经小孔泄漏,如图5.7所示,容器内的液体压力为p_1,小孔直径为d,小孔面积为A,容器外为大气压力,考虑到因惯性引起的截面收缩以及摩擦引起的速度减低,引入孔流系数C_0,单位时间内流体流过小孔截面的质量流量Q可用如下公式计算:

$$Q = C_0 A \sqrt{2p_1\rho} \tag{5.3}$$

式中,Q为泄漏流量,kg/s;p_1为内部液体压力,Pa;A为泄漏孔面积,m²;ρ为液体密度,kg/m³;C_0为孔流系数。

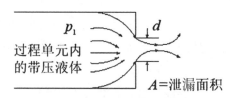

图5.7 液体经过孔洞泄漏示意图

对于孔流系数 C_0，如果小孔为修圆小孔，取 $C_0 = 1$；如果为薄壁小孔，即小孔壁厚小于孔径 d 的一半，当雷诺数 $Re > 10^5$ 时，取 $C_0 = 0.61$；如果为厚壁小孔，即小孔壁厚大于小孔孔径 d 的一半且不超过 $4d$ 时，或小孔外伸有一段短管时，取 $C_0 = 0.81$，如图 5.8 所示。

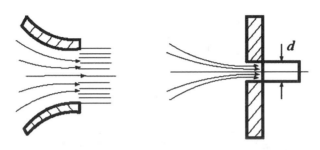

图 5.8 修圆小孔（左）和非修圆小孔（右）示意图

通过孔流系数的比较，可见厚壁小孔和短管泄漏在相同的截面积和压力差作用条件下，泄漏流量要比薄壁小孔高 1.33 倍，但在很多情况下，难以快速确定泄漏孔的孔流系数，为保证安全裕度，确保估算出量大的泄漏量，可取 $C_0 = 1$。

（2）液体经过储罐上的孔洞泄漏的泄漏量计算模型

液体储罐中，液位高度以下 z_0 处有一小孔，液体在静压能和势能的作用下经小孔泄漏，如图 5.9 所示。

忽略储罐内液体流速，储罐内部液体压力为 P_g，外部大气压的表压①$P = 0$，孔洞截面积为 A，储罐的横截面积为 A_0，则随时间 t 的发展，液体经该孔洞泄漏的质量流量 Q 可用如下公式计算：

$$Q = C_0 \rho A \sqrt{\frac{2P_g}{\rho} + 2gz_0} - \frac{\rho g C_0^2 A^2}{A_0} t \tag{5.4}$$

式中，Q 为泄漏流量，kg/s；P_g 为液体压力，Pa；z_0 为初始泄漏时液位和孔洞间的高度差，m；A 为泄漏孔面积，m^2；A_0 为储罐截面面积，m^2；ρ 为液体密

———————————

① 表压指总绝对压力超过周围大气压力之数或液体中某一点高出大气压力的那部分压力。

度,kg/m^3;C_0为孔流系数。

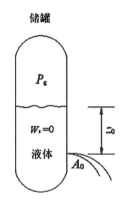

图 5.9　液体经过储罐上的孔洞泄漏示意图

(3)液体流经管道泄漏的泄漏量计算模型

经过管道输送的流体,如果发生管道爆裂、折断,会经管口泄漏。液体沿管道泄漏的驱动力主要是压力梯度,而液体与管壁之间的摩擦阻力则导致液体流速的下降、压力的降低以及热能的增加。液体流经管道泄漏可用如下公式描述:

$$\frac{\Delta P}{\rho} + \frac{u^2 - u_1^2}{2} + g(z - z_1) + F = 0 \tag{5.5}$$

$$Q = \rho u A \tag{5.6}$$

式中,Q 为泄漏流量,kg/s;ΔP 为内外压差,Pa;z 和 z_1 分别为泄漏口处和泄漏口前参考位置处的高度,m;u 和 u_1 分别为泄漏口处和泄漏口前参考位置处的流速,m/s;A 为泄漏孔面积,m^2;ρ 为液体密度,kg/m^3,F 表示管道中阻力损失。

对于管道泄漏,关键是求出泄漏口处的泄漏流速 u,而计算 u 的关键是求出管道阻力损失 F。管道阻力损失可用如下公式计算:

$$F = (\lambda \cdot \frac{l}{d} + \sum \xi) \cdot \frac{u^2}{2} \tag{5.7}$$

式中,λ 表示摩擦系数;ξ 表示局部阻力系数;l 表示管长,m;d 表示管径，m；u 表示流速，m/s。

摩擦系数 λ 与雷诺数 Re 有关，可根据表5.6进行计算：

表5.6　摩擦系数计算方法

雷诺数 Re		摩擦系数 λ
Re≤2000		$\lambda = 64/\text{Re}$
2000≤Re≤4000		$\lambda = 0.0025\,\text{Re}^{1/3}$
Re>4000		
4000<Re<10⁶	光滑管	$\lambda = 0.3164/\text{Re}^{1/4}$
2500<Re<10⁷	光滑管	$1/\lambda^{1/2} = 2\lg(\text{Re}\sqrt{\lambda}) - 0.8$
Re>2000	粗糙管	$1/\lambda^{1/2} = -2\lg[\varepsilon/(3.7d) + 2.51/(\text{Re}\sqrt{\lambda})]$
Re>10000	粗糙管	$\lambda = 0.11\,(\varepsilon/d)^{1/4}$

表5.6中的 ε 表示管材的粗糙度，常见工业管材的粗糙度如表5.7所示。

表5.7　常用工业管材的粗糙度

管材	粗糙度 ε（mm）	管材	粗糙度 ε（mm）
铜管、铝管	0.0015	新铸铁管	0.25
玻璃管、塑料管	0.001	普通铸铁管	0.5
橡胶软管	0.01~0.03	旧铸铁管	1~3
无缝钢管	0.04~0.17	沥青铁管	0.12
新钢管	0.12	镀锌铁管	0.15
普通钢管	0.2	混凝土管	0.33
旧钢管	0.5~1	木材管	0.25—1.25

局部阻力系数 ξ 与管件类型有关，可查表5.8。

表5.8　局部阻力系数表

管件名称		阻力系数							
闸阀	开度	1	3/4	1/2	1/4				
	ξ	0.17	0.9	4.5	24				

续表

管件名称	阻力系数							
旋塞	开度	5°	10°	15°	20°	25°	30°	40°	50°
	ξ	0.05	0.29	0.75	1.56	3.10	5.47	17.3	52.6
碟形阀	开度	5°	10°	15°	20°	25°	30°	40°	50°
	ξ	0.24	0.52	0.90	1.54	2.51	3.91	10.8	32.6
标准螺旋阀	全开(开度 1),$\xi = 2.9$							
标准弯头	开度	45°	90°					
	ξ	0.35	0.75					
90°方弯头	1.3							
180°回弯头	1.5							
活管接	0.4							

(4)气体或蒸汽经小孔泄漏的泄漏量计算模型

与液体不同,气体或蒸汽是可压缩的,工程上常将气体或蒸汽近似为理想气体,运用理想气体状态方程求取其压力、密度和温度等参数。气体或蒸汽在小孔内绝热流动,其压力和密度之间可用绝热方程或等熵方程描述。当气体或蒸汽经小孔向外泄漏时,可按下列公式计算其泄漏速度 u 和泄漏流量 Q :

$$u = C_0 \sqrt{\frac{2\gamma}{\gamma + 1} \cdot \frac{RT_0}{M}\left[1 - \left(\frac{p}{p_0}\right)^{(\gamma-1)/\gamma}\right]} \tag{5.8}$$

$$u_{max} = C_0 \sqrt{\frac{2\gamma}{\gamma + 1} \cdot \frac{RT_0}{M}} \tag{5.9}$$

$$Q = C_0 p_0 A \sqrt{\frac{M}{RT_0} \cdot \frac{2\gamma}{\gamma - 1}\left[\left(\frac{p}{p_0}\right)^{2/\gamma} - \left(\frac{p}{p_0}\right)^{(\gamma+1)/\gamma}\right]} \tag{5.10}$$

$$Q_{max} = C_0 p_0 A \sqrt{\frac{\gamma M}{RT_0}\left(\frac{2}{\gamma + 1}\right)^{(\gamma+1)/(\gamma-1)}} \tag{5.11}$$

式中,p_0 和 p 分别为初态和终态容器内气体压力,Pa;R 为理想气体常数,8.314(J/mol·K);T_0 表示容器内的绝对温度,K;M 为气体的摩尔质量,kg/mol;γ 为气体的绝热指数,常见气体的绝热指数如表5.9所示。

表 5.9　几种气体的绝热指数

气体种类	绝热指数 γ
空气、氢气、氧气、氮气	1.40
水蒸汽、油燃气	1.33
甲烷、过热蒸汽	1.30
单原子分子	1.67
双原子分子	1.40
三原子分子	1.32

使用上述模型计算气体的泄漏量时,需满足以下条件:

$$p_c = p_0 \left(\frac{2}{\gamma + 1} \right)^{\gamma/(\gamma-1)} > p_a \tag{5.12}$$

式中, p_c 表示临界压力,Pa; p_a 表示大气压,Pa。

(5)闪蒸液体泄漏的泄漏量计算模型

通常采用加压液化的方法来储存某些气体(如家庭用液化气),储存温度在其正常沸点之上,如此种气体泄漏,因压力的瞬间降低,一部分会迅速气化为气体,从高压下的气液平衡状态转变为常压下的气液平衡状态。气化时所需要的热由液体达到常压下的沸点所提供,液相部分的温度由储存时的温度降至常压下的沸点温度,这种现象称之为闪蒸。之后液体吸收环境热量,继续蒸发气化。由于闪蒸是在瞬间内完成,可看作是绝热过程。闪蒸的蒸发气量计算公式如下:

$$q = \frac{W(H_1 - H_2)}{r} \tag{5.13}$$

式中, q 表示蒸发气量,kg; W 表示泄漏量,kg; H_1 表示液体储存温度时的焓,kJ/kg; H_2 表示常压下液体沸点时的焓,kJ/kg; r 表示液体沸点温度时的蒸发潜热,kJ/kg。

蒸发气量 q 与液体泄漏量 Q 的比值称为闪蒸率,表5.10给出了部分液化气体泄漏至大气中的闪蒸率及相关参数。

表 5.10 部分液化气体的闪蒸率

气体名称	沸点(℃)	蒸发潜热 r	H_1	H_2	闪蒸率	气液体积比
氯	-34.05	288.16	299.72	239.44	0.209	445.3
氨	-33.4	1370.58	280.04	29.72	0.183	799.9
丙烷	-42.1	423.20	149.44	-4.73	0.364	253.8
丙烯	-47.7	438.27	778.60	626.64	0.346	272.6
丁烷	-0.5	385.74	-1755.19	-1802.91	0.124	224.3

从此表可以看出,液化气体一旦泄漏,会在瞬间蒸发,形成大量气体。若此气体为可燃气体,与空气混合后会形成爆炸性混合气,遇点火源即会发生火灾爆炸事故;若此气体为有毒气体,则会因扩散作用覆盖大范围面积,易被人员吸入,有可能造成大面积中毒。

(6)易挥发液体的泄漏量计算模型

在化工生产中往往使用到大量的易挥发液体,如大多数的有机溶剂、油品等,这些液体一旦发生泄漏,就会向大气蒸发。根据传质基本原理,蒸发过程的传质推动力为蒸发物质的气液界面与大气之间的浓度梯度,液体蒸发为气体的摩尔扩散通量计算公式如下:

$$N = k_c \cdot \Delta C \tag{5.14}$$

式中,N 表示气体的摩尔扩散通量,mol/(m^2·s);k_c 表示传质系数,m/s;ΔC 表示蒸发物质的气液界面与大气之间的浓度梯度,mol/m^3。

一般情况下,蒸发物质的气液界面与大气之间的浓度梯度 ΔC 可用如下公式计算:

$$\Delta C = \frac{p^{sat}}{RT} \tag{5.15}$$

式中,p^{sat} 为易挥发液体的饱和蒸汽压,Pa;R 为理想气体常数,8.314J/(mol·K);T 为大气的绝对温度,K。

易挥发液体蒸发的质量流率(泄漏量)可用如下公式计算:

$$Q = N \cdot A \cdot M = \frac{k_c A M p^{sat}}{RT} \tag{5.16}$$

式中,A 表示易挥发液体表面积,m^2;M 为蒸发液体的摩尔质量,kg/mol;其他变量的物理意义同前。

5.4.2 重气扩散模型

重气是指泄漏后与空气混合以气态或者气溶胶形式存在并且比空气重的气态物质,如氯气、硫化氢、丙烷等。重气发生泄漏后,其扩散过程受重力影响,使之主要沿地表聚集和扩散。重气扩散过程受多种因素的影响,包括泄漏物质的状态、压力、温度、比重、风速、风向、大气温度、地表坡度、地表粗糙度及障碍物尺寸等。重气扩散一直是安全科学研究的重要问题,经数十年的发展,重气扩散模型已经发展出以箱模型、CFD 模型、浅层模型和经验模型为代表的多种扩散模型。本书主要介绍两种结构简单、计算量小、结果输出快的重气扩散模型:箱模型和平板模型。

(1)重气泄漏扩散的箱模型

重气扩散的箱模型假设重气云团为正立的标准圆柱体,如图 5.10 所示,重气云团初始高度等于初始半径的一半,圆柱内部的温度、密度和危险气体浓度等参数均匀分布,云团的半径大小取决于云团的径向扩展速度,云团中心的移动速度等于风速,云团内浓度可以根据云团内有害气体的质量(泄漏量)和云团体积比计算求出,模型由质量守恒方程、能量守恒方程和水平扩展方程控制,基本方程如下:

$$\frac{\mathrm{d}R}{\mathrm{d}t} = u_f \qquad (5.17)$$

$$\frac{\mathrm{d}M_a}{\mathrm{d}t} = \rho_a \cdot \pi R^2 \cdot u_t + \rho_a \cdot 2\pi RH \cdot u_e \qquad (5.18)$$

$$M\frac{\mathrm{d}H_c}{\mathrm{d}t} = \frac{\mathrm{d}M_a}{\mathrm{d}t}(H_a - H_c) + E_f \cdot \pi R^2 \qquad (5.19)$$

$$u_f = c_1 \left[\frac{g(\rho_c - \rho_a)^H}{\rho_a} \right]^{1/2} \qquad (5.20)$$

$$u_e = c_2 u_f \qquad (5.21)$$

式中,R,H,M,H_c 分别表示云团半径、云团高度、云团质量和云团单位质量热焓；ρ_c,ρ_a,M_a,H_a 分别为云团密度、空气密度、空气质量和空气单位质量热焓；u_f 为云团径向扩展速度；u_t,u_e 分别为云团侧面和顶面卷吸速度；E_f 为云团底面单位面积热通量；c_1,c_2 为常数，其中 c_2 的取值范围为 $0.6 < c_2 < 0.9$。

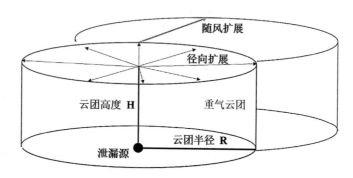

图 5.10 重气扩散箱模型示意图

根据箱模型的控制方程，可推导得出任意时刻重气云团半径公式：

$$R = \sqrt{R_0^2 + 2\left[\frac{g(\rho_0 - \rho_a)V_0}{\rho_a\pi}\right]^{1/2}t} \tag{5.22}$$

式中，R 为 t 时刻重气云团的半径，m；R_0 为重气云团初始半径，m；V_0 为重气云团初始体积，m^3；t 为初始云团的扩散时间，s；ρ_0,ρ_a 分别表示重气云团初始密度和空气密度，kg/m^3。

结合模型的基本假设可进一步导出重气云团中危险物质的浓度：

$$C = C_0\left(\frac{x}{V_0^{1/3}}\right)^{-3/2},x \geqslant V_0^{1/3} \tag{5.23}$$

式中，C 为重气云团在下风向 x 处的浓度，kg/m^3；C_0 为重气云团的初始浓度，kg/m^3；x 为下风向距离，m；V_0 为重气云团初始体积，m^3；v 为风速，m/s。

根据公式 5.22 和公式 5.23 可知，在选用箱模型进行重气扩散研究时，首先要确定初始状态，具体包括：泄漏物质进入云团的蒸汽质量，泄漏物质体积和重气云团夹带的干空气、水蒸汽体积，重气云团初始密度和泄漏物质在重气云团中的初始浓度等。例如，某氯气钢瓶瞬时泄漏，计算其初始状态结果，如表 5.11 所示。

表 5.11 某氯气钢瓶瞬时泄漏初始状态

初始状态参量	状态值
泄漏时进入云团的蒸汽质量	945.22kg
云团总质量	6134.93kg
水蒸汽含量	81.10kg
干燥空气的质量	5117.61kg
云团初始体积	4484.33m³
云团初始密度	1.37kg/m³
云团中泄漏物质初始浓度	0.21kg/m³
云团初始半径	14.19m
云团初始高度	7.09m

根据表中的初始状态信息,运用公式 5.23,结合氯气对人体的伤害效应,可以计算出下风向不同伤害效应对应伤害半径,如表 5.12 所示。

表 5.12 某氯气钢瓶瞬时泄漏后的伤害半径

氯气浓度 mg/m³	对人体的伤害效应	伤害半径
90	引起剧烈咳嗽	R_1
120—180	30—60min 严重损害	R_2
300	致命性损害	R_3
2500	吸入立即死亡	R_4

重气扩散的箱模型适用于瞬时泄漏的重气在平坦或斜坡等简单地形上扩散的快速预测和评估,而对近地面连续泄漏形成的重气云羽,则可利用平板扩散模型进行分析。

(2)重气泄漏扩散的平板模型

连续泄漏的重气云团扩散模型将重气云团假设为高度为 h、半宽为 b 的平板(重气云团的横截面为矩形,且初值 $b_0 = 2h_0$),平板内部的温度、密度、气体浓度等参数均匀分布,平板随风向前蔓延且蔓延速度等于风速,图 5.11 显示了平板扩散模型示意图。

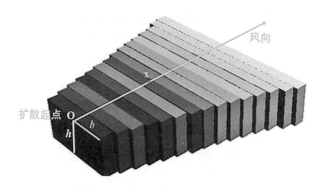

图 5.11 重气平板扩散模型示意图

扩散过程中,重气云团横截面半宽 b 随下风向距离 x 变化的计算公式如下:

$$b = b_0 \left\{ 1 + \frac{3}{2} \sqrt{\frac{gh_0(\rho_0 - \rho_a)}{\rho_a} \cdot \frac{x}{vb_0}} \right\}^{2/3} \qquad (5.24)$$

重气云团的高度 h 计算公式如下:

$$h = A \cdot \frac{v_m^2}{v} \cdot \frac{1}{B_0^{1/3}} \cdot x^{2/3} \qquad (5.25)$$

$$B_0 = \frac{g(\rho_0 - \rho_a)}{\rho_a} \cdot \frac{2b_0 h_0 v}{\pi} \qquad (5.26)$$

重气云团中泄漏物质浓度 C 的计算公式如下:

$$C = \frac{\rho_0 b_0 h_0}{bh} \qquad (5.27)$$

式中, b 为重气云团的横风向半宽,m; b_0 为泄漏源点重气云团的横风向半宽,m; h_0 为初始重气云团的高度,m; v 为重气云团轴向蔓延速度,m/s; ρ_0, ρ_a 分别表示重气云团的初始密度和空气的密度,kg/m³; h 为扩散时重气云团的高度,m; v_m 为摩擦风速,一般取高度 10m 处平均风速的 10%,m/s; B_0 为浮力通量,m⁴/s³。

研究表明,重气平板扩散模型适合用于液体石油气连续泄漏扩散分析,且在 1m/s 的静风条件下,模型准确性较高,随云羽扩散密度的降低,模型偏差会较大,宜采用适合中性气体扩散的模型进行分析。

5.4.3　高斯点源扩散模型

在实际工作中,大气污染物的扩散分析通常采用高斯扩散模型,模型适用于开阔平坦的下垫面①上的点源扩散模式,并有如下基本假设:风的平均流场稳定,风速均匀,风向平直;污染物的浓度在 Y、Z 轴方向符合正态分布;污染物在输送扩散中质量守恒;污染源的源强均匀、连续;泄漏扩散源的有效源点选定为原点 O,平均风向选定为 X 轴正向,平均风向的垂直方向(X 轴左侧)选定为 Y 轴正向,与 XOY 平面垂直向上的方向选定为 Z 轴正向。

(1)无界空间连续点源扩散模型

无界空间连续点源扩散模型用于描述连续点源在没有任何障碍物的空间扩散过程,不考虑下垫面的存在。如图 5.12 所示,在连续点源 O 下风向上任一点 (x,y,z) 的浓度 $c(x,y,z)$ 可用下列公式计算:

$$c(x,y,z) = \frac{Q}{2\pi v \sigma_y \sigma_z} \exp\left[-\frac{1}{2}\left(\frac{y^2}{\sigma_y^2} + \frac{z^2}{\sigma_z^2} \right) \right] \tag{5.28}$$

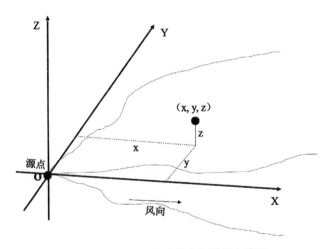

图 5.12　无界空间连续点源扩散示意图

式中,Q 为源强,即单位时间内泄漏的量,kg/s;v 为平均风速,m/s;y,z 分

---

① 下垫面是指与大气下层直接接触的地球表面。

别为目标点在高斯扩散坐标系中的位置,m; σ_y, σ_z 分别表示 y、z 方向的扩散参数,与大气稳定度和水平距离 x 有关,本章后续会给出扩散参数的确定方法。

根据模型公式,可以看出,当 $y = 0$, $z = 0$ 时,$c(x,0,0)$ 为 x 轴上的浓度,该浓度也是垂直于 x 轴截面上泄漏物的最大浓度,当 $x \to \infty$ 时,泄漏物在大气中完全扩散,此时 $c \to 0$。

(2)高架连续点源扩散模型

在连续点源的实际扩散中,泄漏物可能受到地面障碍物的阻挡,因此,应当考虑泄漏源的高度和地面对扩散的影响,采用高架点源扩散模型。

高架点源扩散模型中考虑点源高度为 H,将点源在地面的投影点 O 作为坐标原点,如图 5.13 所示。

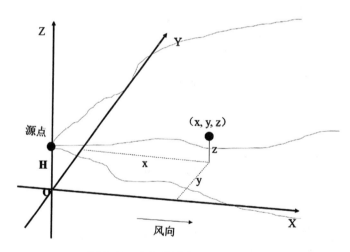

图 5.13 高架连续点源扩散示意图

为考虑地面的影响,一般采取两种处理方法,一种方法是假定泄漏物在到达地面时不发生沉降或化学反应而全部反射,另一种方法是假定泄漏物被地面全部吸收。

若假定泄漏物质在地面被全部反射,在连续点源 O 下风向上任一点 (x, y, z) 的浓度 $c(x, y, z)$ 可用以下公式计算:

$$c(x,y,z,H) = \frac{Q}{2\pi v \sigma_y \sigma_z} \exp\left(\frac{-y^2}{2\sigma_y^2}\right) \left\{ \exp\left[\frac{-(z-H)^2}{2\sigma_z^2}\right] + \exp\left[\frac{-(z+H)^2}{2\sigma_z^2}\right] \right\}$$

$$(5.29)$$

利用公式 5.29,可以计算地面全部反射时的地面最大浓度 $c_{\max}$:

$$c_{\max} = c(x,0,0,H) = \frac{Q}{\pi v \sigma_y \sigma_z} \exp\left(\frac{-H^2}{2\sigma_z^2}\right) \qquad (5.30)$$

若假定泄漏物质被地面全部吸收,在连续点源 O 下风向上任一点 (x,y,z) 的浓度 $c(x,y,z)$ 可用以下公式计算:

$$c(x,y,z,H) = \frac{Q}{2\pi v \sigma_y \sigma_z} \exp\left\{ -\frac{1}{2}\left[\frac{y^2}{\sigma_y^2} + \frac{(z-H)^2}{2\sigma_z^2}\right] \right\} \qquad (5.31)$$

(3)地面连续点源扩散模型

地面连续点源相当于公式 5.29 中 $H = 0$,当假定泄漏物在地面上无吸收或沉降时,下风向上任一点 (x,y,z) 的浓度 $c(x,y,z)$ 可用以下公式计算:

$$c(x,y,z) = \frac{Q}{\pi v \sigma_y \sigma_z} \exp\left[-\frac{1}{2}\left(\frac{y^2}{\sigma_y^2} + \frac{z^2}{\sigma_z^2}\right) \right] \qquad (5.32)$$

若泄漏物质到达地面后被完全吸收,则连续点源 O 下风向任一点的浓度可用无界空间连续点源扩散模型公式 5.28 计算。

高斯扩散模式适应大气湍流的性质,物理概念明确,估算污染浓度的结果基本上能与实验资料相吻合,且只需利用常规气象资料即可进行简单的数学运算,因此使用最为普遍。

5.4.4　连续线源扩散模型

当泄漏物质沿一水平方向连续排放时,可将其视为一线源,如图 5.14 所示,线源在横风向排放的污染物浓度相等,因此,可将点源扩散的高斯模式对变量 y 积分,即可获得线源的高斯扩散模式。但由于线源排放路径相对固定,具有方向性,若取平均风向为 x 轴,则线源与平均风向未必同向,当风向和线源的夹角 $\theta > 45°$ 时,对于无限长连续线源的下风向地面上任一点 $(x,y,0)$ 的浓度 $c(x,y,0)$ 可用如下公式计算:

$$c(x,y,0,H) = c(x,0,0,H) = \frac{\sqrt{2}Q}{\sqrt{\pi} v \sigma_z \sin\theta} \exp\left(-\frac{H^2}{2\sigma_z^2}\right) \qquad (5.33)$$

对于有限长的线源,线源末端引起的"边缘效应"将对污染物的浓度分布有很大影响。随着污染物接受点距线源的距离增加,"边源效应"将在横风向距离的更远处起作用。因此在估算有限长污染源形成的浓度分布时,"边源效应"不能忽视。对于横风向的有限长线源,应以污染物接受点的平均风向为 x 轴。若线源的范围是从 y_1 到 y_2,且 $y_1 < y_2$,则有限长线源地面浓度分布为:

$$c(x,y,0,H) = \frac{\sqrt{2}Q}{\sqrt{\pi}v\sigma_z\sin\theta}\exp\left(-\frac{H^2}{2\sigma_z^2}\right)\int_{y_1/\sigma_y}^{y_2/\sigma_y}\exp\left(-\frac{s^2}{2}\right)\mathrm{d}s \qquad (5.34)$$

当风向和线源的夹角 $\theta < 45°$ 时,上述模型不能使用。

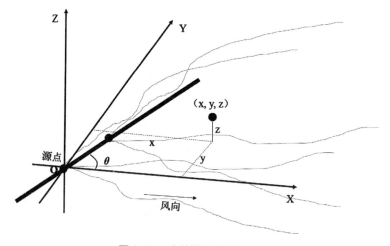

图 5.14 连续线源扩散示意图

5.4.5 扩散参数的估算方法

扩散参数 σ_y、σ_z 是表示扩散范围及速率大小的特征量,也即浓度计算公式中的正态分布函数标准差。为了能较符合实际地确定这些扩散参数,许多研究工作致力于把浓度场和气象条件结合起来,提出了各种符合实验条件的扩散参数估计方法,其中,应用较多的是由帕斯奎尔(Pasquill)和吉福特(Gifford)提出的扩散参数估算方法,也称为 P-G 扩散曲线,如图 5.15 所示。估算方法的步骤是:首先根据本章之前介绍的方法确定大气稳定度等级,其次结合下风向距离 x,最后查图 5.15 确定 σ_y 和 σ_z。

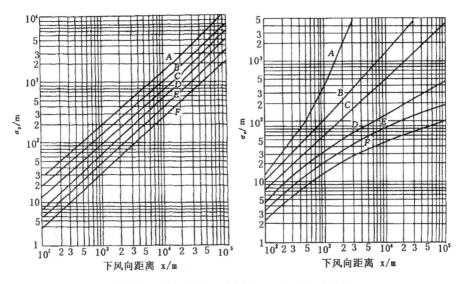

图 5.15　扩散参数 σ_y（左）和 σ_z（右）P-G 曲线

扩散参数 σ 具有如下规律：①随着下风向距离的增加而增大；②不稳定大气状态时的 σ 值大于稳定大气状态，因此大气湍流运动愈强，σ 值愈大；③以上两种条件相同时，粗糙地面上的 σ 值大于平坦地面。

我国国家标准《制定地方大气污染物排放标准的技术方法》（GB3840-91）采用如下经验公式确定扩散参数：

$$\sigma_y = \gamma_1 x^{\alpha_1} \tag{5.35}$$

$$\sigma_z = \gamma_2 x^{\alpha_2} \tag{5.36}$$

式中，扩散系数 γ_1、α_1、γ_2、α_2 的取值如表 5.13 和表 5.14 所示。在具体确定这些系数值时，如果是平原地区农村及城市远郊区的扩散参数选取，A、B 和 C 级稳定度由表 5.13 和表 5.14 直接查算，D、E 和 F 级稳定度则需向不稳定方向提半级后查算；如果是工业区或城区中点源的扩散参数选取，工业区 A 和 B 级不提级，C 级升到 B 级，D、E 和 F 级向不稳定方向提一级后，再按表 5.13 和表 5.14 查算；对丘陵山区的农村或城市，其扩散参数选取方法同城市工业区。

表 5.13　横向扩散参数 σ_y 幂指数表达式系数值

大气稳定度	α_1	γ_1	下风向距离 x, m
A	0.901074 0.850934	0.425809 0.602052	0~1000 >1000
B	0.914370 0.865014	0.281846 0.396353	0~1000 >1000
B~C	0.919325 0.875086	0.229500 0.314238	0~1000 >1000
C	0.924279 0.885157	0.177154 0.232123	1~1000 >1000
C~D	0.926849 0.886940	0.143940 0.189396	1~1000 >1000
D	0.929418 0.888723	0.110726 0.146669	1~1000 >1000
D~E	0.925118 0.892723	0.0985631 0.124308	1~1000 >1000
E	0.920818 0.896864	0.0864001 0.101947	1~1000 >1000
F	0.929418 0.888723	0.0553634 0.0733348	0~1000 >1000

表 5.14　垂直方向扩散参数 σ_z 幂指数表达式系数值

大气稳定度	α_2	γ_2	下风向距离 x, m
A	1.12154 1.51360 2.10881	0.0799904 0.00854771 0.000211545	0~300 300~500 >500
B	0.964435 1.09356	0.127190 0.057025	0~500 >500
B~C	0.941015 1.00770	0.941015 1.00770	0~500 >500
C	0.917595	0.106803	>0
C~D	0.838628 0.756410 0.815575	0.126152 0.235667 0.136659	0~2000 2000~10000 >10000
D	0.826212 0.632023 0.55536	0.104634 0.400167 0.810763	1~1000 1000~10000 >10000

大气稳定度	α_2	γ_2	下风向距离 x,m
D~E	0.776864 0.572347 0.499149	0.111771 0.5289922 1.03810	0~2000 2000~10000 >10000
E	0.788370 0.565188 0.414743	0.0927529 0.433384 1.73421	0~1000 1000~10000 >10000
F	0.784400 0.525969 0.322659	0.0620765 0.370015 2.40691	0~1000 1000~10000 >10000

5.5　泄漏扩散分析软件

危险化学品泄漏后,为了能够第一时间快速并准确地估算泄漏物质在大气中的扩散范围和浓度,往往难以通过前几节介绍的泄漏扩散模型进行人工推导计算,而是将这些模型封装成计算机程序,将模型的输入参数以一定形式的接口留出,将计算公式转换成程序语言,输出结果为影响区域形状、面积和浓度等。可用于泄漏扩散分析的软件有很多,本节主要介绍用专业软件ALOHA分析泄漏扩散的一个案例,使读者能够掌握泄漏扩散分析的必要数据信息和结果输出形式。

ALOHA(危险环境区域定位)是一款由美国国家海洋与大气管理局(NO-AA)和环保署(EPA)联合开发的专业泄漏扩散分析软件,其化学品库包含了大约1000种常见危险化学品的物理特性的信息,可以在考虑日照强度、风向、风速、大气温度、湿度、危化品性质、释放量、泄漏状态等诸多因素的影响后,计算得出扩散结果,并通过可视化的图形形象地表示扩散浓度、影响范围和其他信息,能够为应急指挥人员有效组织救援和疏散提供重要帮助。

案例:容器中苯的泄漏扩散[①]

[①]　该案例来源于软件 ALOHA 软件使用说明书案例部分(原文为英文)。

某地 A 城外一个小型工业园区中,有一个容积为 500-gallon、直径为4-foot 的垂直储罐,储罐存储的物质为液态苯,基本存满容量。当地时间 2006年 8 月 20 日 10:30PM,一名安全检查员发现液苯从一个直径 6-inch 的圆孔中泄漏,圆孔位于储罐底部以上 10-inch 的位置。泄漏区域地形平坦、开阔,地面为混凝土,当时温度是 80°F,西南风向,10m 高风速测量仪测得平均风速为 7miles/h,天空半数以上被云覆盖,空气湿度为 75%,当地的应急计划委员会要求现场处置人员采用 ERPG-2 浓度确定有毒苯蒸汽的边界范围。

现场人员应用 ALOHA 软件进行快速计算分析:

(1)在软件中选择位置 A 地(BATON ROUGE,LOUISIANA)和化学物质(BENZENE),如图 5.16 所示。

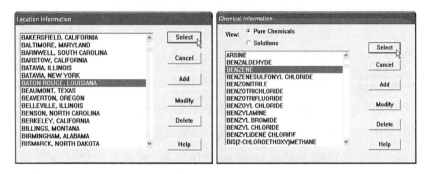

图 5.16　地点选取(左)和化学物质选取(右)

(2)在软件中设置时间(2006 年 8 月 20 日 10:30PM),如图 5.17 所示。

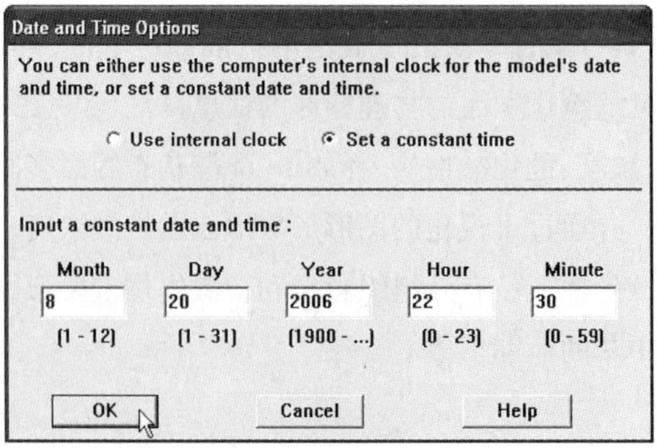

图 5.17　时间设定

（3）在软件中输入环境和天气信息（地形平坦、开阔，温度 80°F，西南风向，风速 7miles/h，云覆盖率 50%以上，空气湿度 75%），如图 5.18 所示。

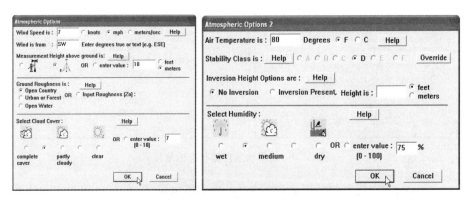

图 5.18　环境和天气信息输入

（4）设置容器尺寸和方向（立式储罐，容积 500-gallon、直径 4-foot），如图 5.19 所示。

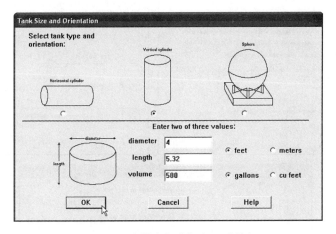

图 5.19　容器方向选择和尺寸输入

（5）确定化学物质存储状态和温度（液态，存满，以环境温度储存），如图 5.20 所示。

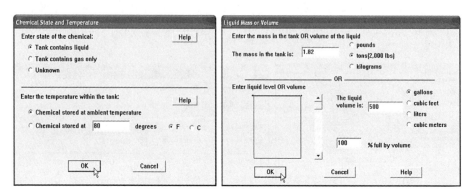

图 5.20 化学物质存储状态信息输入

(6)确定容器失效的形式(苯的沸点高于环境温度,小孔泄漏时未发生沸腾气化),以及泄漏口的信息(直径 6-inch 的圆孔,圆孔位于储罐底部以上 10-inch 的位置),如图 5.21 所示。

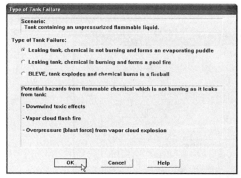

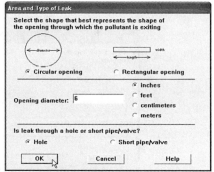

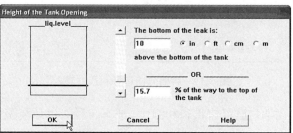

图 5.21 容器失效形式确认和泄漏口信息输入

（7）确定地面信息（混凝土地面，地面温度为环境温度），如图 5.22 所示。

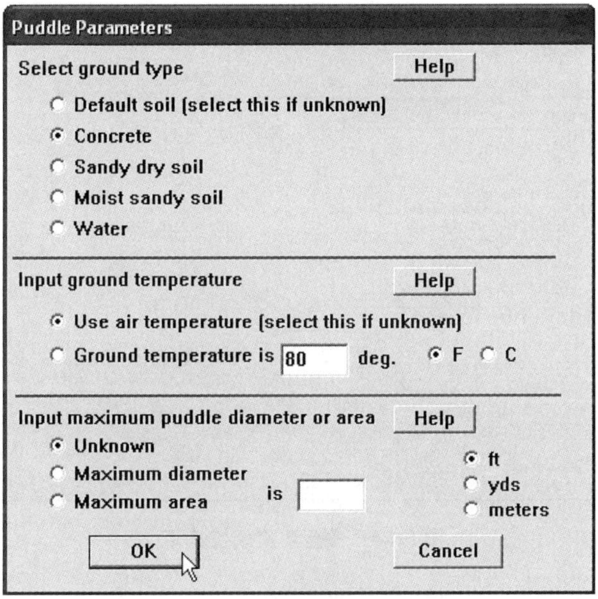

图 5.22 地面信息输入

（8）选取危险分析的类型（考虑液苯泄漏后的蒸汽云扩散），如图 5.23 所示。

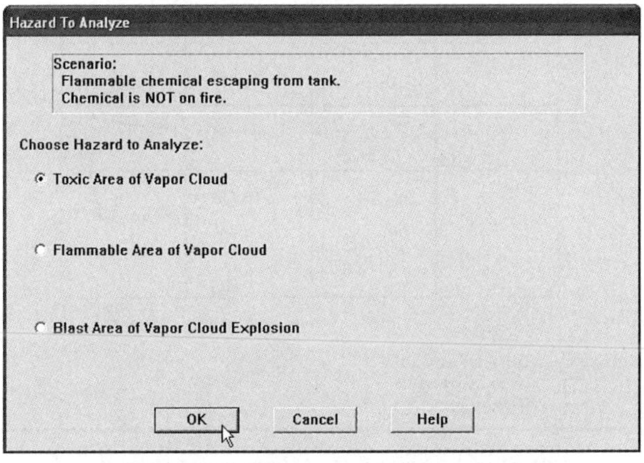

图 5.23 危险分析类型为蒸汽云扩散的危险区域

(9)选取安全浓度阈值(ERPGs 浓度),如图 5.24。

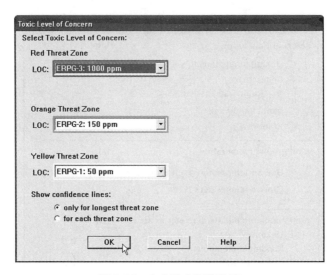

图 5.24 安全浓度阈值选取

(10)绘制危险区域边界图,如图 5.25。

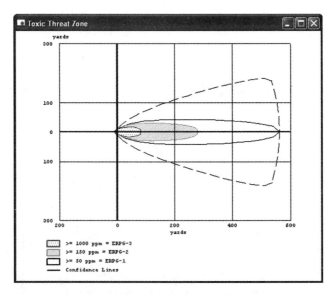

图 5.25 ALOHA 绘制的危险区域边界图

需要指出,本案例中的单位使用的是英制单位,也可将英制转换成国际单位制形式,在输入数据信息时,选取对应的单位即可。

5.6　本章小结

泄漏扩散事故,特别是危险化学品的泄漏扩散事故,不同于火灾、爆炸事故,往往难以察觉,且一旦发生即有可能造成大面积的环境污染和人员中毒,对危险化学品区域进行预先泄漏扩散风险评估是预防事故影响的重要手段,而评估的关键在于运用科学准确的泄漏扩散分析模型。本章从泄漏和扩散两个方面分别介绍了泄漏源模型、重气扩散模型、高斯点源扩散模型和连续线源扩散模型,其中泄漏源模型是扩散分析的基础,泄漏扩散分析的准度和精度就取决于泄漏源的信息精准程度。由于泄漏扩散需考虑的因素多且复杂,从实践的角度,本章还介绍了专业分析软件 ALOHA 对液苯储罐泄漏后苯蒸汽云扩散的模拟分析。将扩散浓度、影响范围通过图的形式呈现,有助于快速确定危险区域、有效组织救援和疏散。

第六章 传染病传播风险分析模型与方法

6.1 传染病现象及典型案例

传染病是指由各种病原体引起的能在人与人、动物与动物或人与动物之间相互传播的一类疾病,例如 SARS(严重急性呼吸综合征)、埃博拉病毒疫情、H7N9 禽流感,等等。传染病是人类健康的大敌,每一次传染病的爆发,都会给人类社会带来巨大灾难,造成上千万的感染者死于各种传染病,甚至人口规模的下降和经济恶化,据世界卫生组织 WHO 发表的世界卫生报告,仅 1995 年全世界就有 1700 万人死于各类传染病,急性呼吸道感染每年导致 400 万儿童死亡,疟疾等腹泻疾病每年导致 300 万人死亡[①]。传染病因其流行性,其影响范围往往不局限于爆发点附近的局部区域,而是覆盖多个地区或多个国家,如图 6.1—图 6.3 所示,全球艾滋病(AIDS)的感染者已经遍布世界 190 多个国家和地区,我国禽类流感疫情爆发后多个省份相继报告确诊病例,埃博拉病毒最早在几内亚小村庄被发现,随后蔓延到邻国塞拉利昂、利比里亚和尼日利亚等多个国家,这种传染病的传播蔓延往往将传染病的防控工作上升到国家乃至国际的层面。

---

① World Health Organization Report,1995.

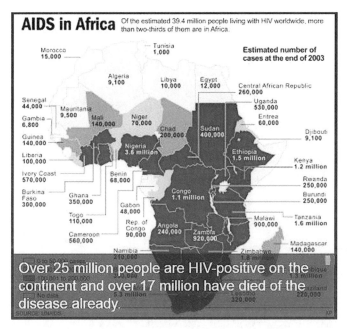

图 6.1　成人(15—49 岁)艾滋病感染者的非洲分布图

(图片来源:生物谷网站 http://www.bioon.com/figure/200407/56772.html)

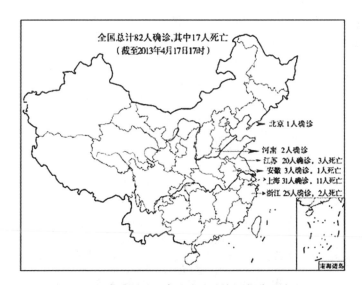

图 6.2　我国 H7N9 禽流感确诊案例报告分布图

(图片来源:东南网 http://www.fjsen.com/zhuanti/2013-05/06/content_11320938.htm#1)

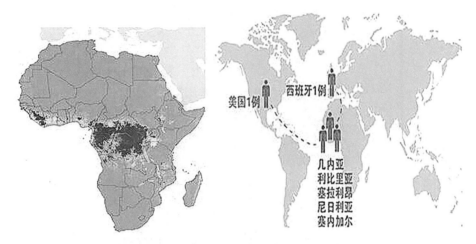

图 6.3　发现埃博拉病毒感染者及疑似病例的国家和地区

(图片来源:人民网 http://world.people.com.cn/n/2014/0731/c1002-25377892.html)

　　除了传播速度快、影响范围广,传染病的种类也无以计数,不同国家和地区,因其自然、生态、社会等环境条件的不同,往往会爆发和传播不同类型的传染病,为了有针对性地防治传染病和防控传染病的蔓延,世界各国都出台了相关的政策或措施。例如,在我国,为了预防、控制和消除传染病的发生与流行,保障人体健康和公共卫生,国家对传染病防治实行预防为主的方针,采取防治结合、分类管理、依靠科学、依靠群众的方式进行,《中华人民共和国传染病防治法》将我国重点防控的 39 种传染病分甲、乙、丙三类,如表 6.1 所示,针对不同类别的传染病,规定了从国家到地方各部门的职责和相关工作机制。

表 6.1　我国传染病分类

传染病分类	传染病名称
甲类(2 种)	鼠疫、霍乱。
乙类(26 种)	甲型 H1N1 流感、传染性非典型肺炎、艾滋病、病毒性肝炎、脊髓灰质炎、人感染高致病性禽流感、麻疹、流行性出血热、狂犬病、流行性乙型脑炎、登革热、炭疽、细菌性和阿米巴性痢疾、肺结核、伤寒和副伤寒、流行性脑脊髓膜炎、百日咳、白喉、新生儿破伤风、猩红热、布鲁氏菌病、淋病、梅毒、钩端螺旋体病、血吸虫病、疟疾。

续表

传染病分类	传染病名称
丙类(11种)	流行性感冒、流行性腮腺炎、风疹、急性出血性结膜炎、麻风病、流行性和地方性斑疹伤寒、黑热病、包虫病、丝虫病、除霍乱、细菌性和阿米巴性痢疾、伤寒和副伤寒以外的感染性腹泻病、手足口病。

人类与各种传染病已经进行了漫长而持久的斗争,人类历史上曾发生过多起恶性传染病大规模肆虐的事件,下面列举几例以反映该类事件的严重性:

案例一:黑死病。黑死病被认为是第一个真正意义上的大规模流行性传染病,1347年在西西里群岛爆发后,在3年内横扫欧洲,导致欧洲三分之一的人口死亡。黑死病沿着战争和贸易的路线不断传播,沿途的城市和乡村完全毁灭,全球的政治、经济受到致命性打击。此病在随后300年间多次在欧洲卷土重来,后世学者估计,共有多达2亿人死于这种瘟疫。

案例二:斑疹伤寒。公元2世纪中期,以斑疹伤寒为首的多种瘟疫一起袭击了安东尼统治下的罗马帝国,当时罗马一天就有2000人染病而死,相当于被传染人数的四分之一,最后,整场瘟疫导致罗马本土三分之一人口死亡,总死亡人数高达500万;1917年10月俄国"十月革命"前后,俄国斑疹伤寒严重流行,约300万人死亡。斑疹伤寒是由斑疹伤寒立克次体引起的一种急性传染病。鼠类是主要的传染源,以恙螨幼虫为媒介将斑疹伤寒传播给人。流行性斑疹伤寒的死亡率约为10%~40%。

案例三:西班牙流感。1918年,第一次世界大战结束后发生了人类有史以来最严重的瘟疫,造成全世界2500万—4000万人死亡,相当于第一次世界大战死亡人数的4倍,十分惊人,这场世纪大流感首先发生在美国堪萨斯州的堪萨斯芬斯顿军营,因其在西班牙造成800万人死亡,又以"西班牙流感"著称。引发这种流感的是一种新型流感病毒,被称为H1N1禽流感病毒,全球平均致死率为2.5%—5%。

案例五:黄热病。1648年,墨西哥的Yucatan半岛首次爆发大规模黄热病。1793年,美国费城黄热病大流行导致全市五分之一的人口死于黄热病;

1851—1883 年间,巴西里约热内卢黄热病流行,导致 23000 人死亡;1853—1900 年,古巴哈瓦那爆发黄热病,导致 35900 人死亡;1905 年,法国中部 Neworleans 发生 5000 病例,死亡 1000 人。黄热病的致死率约为 5%,目前是世界卫生组织唯一强制免疫的疾病。

案例六:SARS。SARS 是一种由 SARS 冠状病毒引起的急性呼吸道传染病,主要传播方式为近距离飞沫传播或接触患者呼吸道分泌物。该病最早于 2002 年 11 月在中国广东省佛山市顺德区爆发,随后迅速扩散至东南亚乃至全球。2002 年 11 月至 2003 年 8 月,全球 29 个国家报告临床诊断病例 8422 例,死亡 916 例,报告病例的平均死亡率为 9.3%。由于 SARS 的高度传染性,其爆发流行期,我国的教育、旅游、体育赛事、社会生产活动等多个方面都受到严重影响。

由此可见,大规模传染病一旦爆发流行,传播速度快,影响范围广,影响程度大,直接威胁人类生存,造成的灾难性后果也不亚于地震洪涝等自然灾害,因此,人类必须通过不断进步去掌握各类传染病的发病机理、传染规律和防治策略,以维护自身的生存与发展。

6.2　传染病传播相关基本概念

用于分析传染病传播规律的相关基本概念包括:

(1)易感者

易感者表示未染病但有可能被该类疾病传染的人,是健康人,其数量或比例用 S 表示。

(2)染病者

染病者表示已被感染成病人并且具有传染力的感染者,其数量或比例用 I 表示。

(3)移出者

移出者指染病被隔离或因病愈而具有免疫力的人,不再具有传染性,其数

量或比例用 R 表示。

（4）移出率

移出率指单位时间内染病者中移出者的比例，用符号 γ 表示。

（5）平均患病期

平均患病期是指染病者全部移出的平均时间，是移出率的倒数，即 $1/\gamma$。

（6）接触率

接触率指单位时间内一个染病者与他人接触的次数，用符号 U 表示，接触率与环境中的总人口数 N 有关，一般假定接触率与环境中的总人口数成正比，即 $U = kN$。

（7）传染概率

染病者与易感者单次接触使易感者染病的概率，用 β_0 表示。

（8）有效接触率

有效接触率指有传染概率的接触率，是接触率和传染概率的乘积，即 $\beta_0 U$。

（9）传染率

传染率指每一染病者平均对易感者的有效接触率，即 $\beta_0 US/N$。

（10）传染率系数

传染率系数指有效接触率在总人口数中所占的比例，用符号 β 表示，$\beta = \beta_0 U/N = k\beta_0$。

（11）传染病发生率

传染病发生率指单位时间内被所有染病者传染的人数，即 $\beta_0 USI/N$ 或 βSI。

（12）基本再生数

基本再生数指在发病初期，当所有人均为易感者时，一个染病者在平均患病期内所感染的人数，用 R_0 表示。若 $R_0 < 1$，即一个病人在平均患病期能传染的最大人数小于1，疾病会消亡；若 $R_0 > 1$，一个病人在平均患病期能传染的最大人数大于1，疾病会始终存在。

(13)无病平衡点

无病平衡点指系统中无论初始感染者有多少疾病都不会流行而是逐渐消失的点 $M_1(S_o, I_o)$。

(14)地方病平衡点

地方病平衡点指系统中只要存在染病者,疾病就会流行,而最终的易感者和染病者数量会达到稳定的点 $M_2(S_p, I_p)$。

(15)感染率

感染率是指调查时所检查的整个人群中某种传染病现有感染人数所占的比率,为感染者数量和全部受检者数量之比。

(16)发病率

发病率是指一定期间内在一定人群中某种传染病新病例发生的频率,是某人群某时期内某病新病例数与该人群同期平均人口数的比例,一般可用十万分率表示。

(17)罹患率

罹患率描述较短时间内某病的发病情况,是某人群观察期间新病例数与该人群同期暴露人口数的比例,观察期通常以月、周或日为单位。

(18)患病率

患病率指某特定时间内某传染病的新旧病例数与同期平均人口数之比。

(19)死亡率

死亡率是指某人群在一定期间的总死亡人数与该人群同期平均人口数之比。

(20)病死率

病死率是指因病死亡率,表示一定时期内患某病的人群中因该病而死亡的频率。

(21)传染病散发

传染病散发表示某传染病发病率呈历年来一般水平。

(22)传染病爆发

传染病在某一人群中短时间内发病数突然增多称为传染病爆发,标志流行强度的增大和病例的时空集中。

（23）传染病流行

一个地区某传染病的发病率显著超过当地该病发病的一般水平。

6.3　传染病传播的影响因素

（1）传染源

传染源是指体内有病原体生长、繁殖并且能排出病原体的人和动物，包括病人、病原携带者和受感染的动物，如图6.4所示。任何传染病的爆发，都是由传染源引起的，因此，必须加强对传染源的防控。对传染病患者必须及早发现和早期诊断，积极治疗并向卫生防疫部门报告，以便对患者所在地区进行隔离，制止传染病的蔓延；对与病人接触者和病原体携带者，应视具体情况进行医学观察、检疫或隔离；对动物性传染源，原则上采取消灭办法。

图6.4　不同形式的传染源（左：传染病患者；右：动物传染源）

（图片来源：百度图片网站 https://image.baidu.com/）

（2）环境因素

环境因素包括人们生活环境中的气候、地理、土壤、动植物等，如图6.5所示。环境因素中，气候和地理两个因素对动物宿主、生物媒介、人群活动以及外环境中病原体的存活有显著影响。例如，黄鼠多在春夏之交繁殖，秋季密度达到高峰，从而使黄鼠鼠疫流行的季节为4月—10月。此外，凡是能够影响其传播途径的环境因素,也都可能对传染病的蔓延产生影响,例如,空气环境会影响飞沫传播、飞沫核传播和尘埃传播三种传播方式;水环境则会影响饮用水传播、疫水传播等传播方式。

图 6.5　影响传染病传播的环境因素(左:水环境;右:动物媒介)

(图片来源:百度图片网站 https://image.baidu.com/)

(3)易感人群

人群作为一个整体对传染病病原体的易感程度称为人群易感性,易感人群是指总人口中容易感染疾病或对疾病免疫能力较弱的一类人群,如图 6.6所示。一般而言,群体免疫水平越高,人群易感性就越低,传染病的传播能力和流行性就越弱。影响人群易感性的主要因素包括:新生儿的数量,新生儿获得性免疫尚未形成,缺乏特异性免疫力,故对许多传染病易感;易感人口的流动,不具有免疫力的人口流向传染病流行区域时,会使得流行区人群易感性升

图 6.6　免疫能力较弱的易感人群(左:儿童;右:老人)

(图片来源:百度图片网站 https://image.baidu.com/)

高;免疫力的消退,免疫力消退的人群会成为新的易感者;免疫人口的死亡,人群中具有免疫力的人口发生死亡,会使人群易感性升高;病原体发生变异,通常导致人群对变异病原体缺乏免疫力而普遍易感。

(4)疫源地

疫源地是指传染源及其排出的病原体,向周围传播时所能波及的地区。范围较小的疫源地或单个传染源所构成的疫源地,称为疫点,范围较大的疫源地或多个疫源地连成片时,称为疫区,如图6.7所示。疫源地越大,传染病爆发流行的风险越大,需要采取防疫措施的范围也越大。疫源地的大小取决于传染源存在时间、活动范围、传播途径和人群免疫状况,自由活动的病原携带者造成的疫源地范围会大于隔离病人造成的疫源地范围,通过空气传播的传染病疫源地范围也会大于接触传播的传染病疫源地范围。

图6.7　疫源地(左:疫点;中和右:疫区)

(图片来源:百度图片网站 https://image.baidu.com/)

(5)社会因素

社会因素包括人类的一切活动,如社会制度、医疗卫生状况、文化水平、人口流动等。社会因素对传染源、传播途径和易感人群均有显著影响,如图6.8所示,卫生防疫机构和传染病医院的设立可以有效控制传染病的流行,严格的国境卫生检疫可以有效防止外来传染病入侵,对民众的定期健康检查有助于尽早了解传染病病原携带情况,社会人口密度越大的区域传染病流行性越强,卫生知识水平和风俗习惯也会影响传染病感染和传播的机会,高质量的预防接种则可以有效降低人群易感性,等等。

图 6.8　影响传染病传播的社会性因素
（左:卫生防疫机构;中:国境卫生检疫;右:预防接种疫苗）

（图片来源:百度图片网站 https://image.baidu.com/）

6.4　传染病传播分析模型

　　传染病传播分析模型可以用于描述传染病的传播过程,分析受感染人数的变化规律,以及预测传染病高潮的到来,因而备受医疗卫生领域专家学者的青睐。传染病的类型有很多,不同的传染病传播过程具有不同的特点,如果按照传染病类型建立针对每一种传染病的传播分析模型,无疑对传染病的防控具有重大意义,然而,实际尚无法做到这一点。目前,对传染病传播分析模型的构建,主要是按一般传播机理做出合理假设,建立传染病动力学模型,通过结果反馈,不断修正假设,改进模型。系统而深入的传染病动力学模型建模过程和分析可在相关专业书籍①中找到,本节则重点介绍几种经典的传染病传播分析模型。

6.4.1　SI 模型

　　SI 模型是最基本、最简单的传染病传播分析模型,模型不考虑种群因素（如出生、自然死亡等）,适宜描述传染病病程较短,在其流行期内种群出生和死亡可以忽略的传染病。模型的基本假设包括:

----

　　①　马知恩,周义仓,王稳地,靳祯.传染病动力学的数学建模与研究.科学出版社,2004 年第1 版。

（a）传染病传播期内分析区域总人数 N 不变；

（b）人群分为易感者和染病者两类，易感者和染病者占总人数比例分别为 S 和 I ；

（c）每个染病者单位时间内有效接触的人数与易感者总数 SN 成正比，比例系数为 k ；

（d）染病者与易感者单次有效接触使易感者染病的概率 $\beta_0 = 1$ ，接触即感染；

（e）染病者不可治愈，也不会死亡。

结合 SI 模型的示意图（图 6.9），SI 模型可以用如下微分方程表示：

$$\begin{cases} \dfrac{\mathrm{d}S}{\mathrm{d}t} = - \lambda \cdot S(t) \cdot I(t) \\[2mm] \dfrac{\mathrm{d}I}{\mathrm{d}t} = \lambda \cdot S(t) \cdot I(t) \\[2mm] I(0) = I_0 \end{cases} \tag{6.1}$$

式中，$S(t)$ ，$I(t)$ 分别表示 t 时刻易感者和染病者占总人口的比例，$S(t) + I(t) = 1$ ；I_0 表示初始染病者占总人口的比例；λ 为每个染病者在单位时间内接触感染的人数，$\lambda = k\beta_0 N$ 。

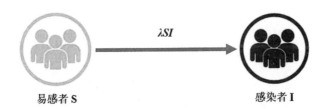

λSI

易感者 S　　　　感染者 I

图 6.9　SI 模型示意图

公式 6.1 的解为：

$$I(t) = \frac{1}{1 + \left(\dfrac{1}{I_0} - 1 \right) e^{-\lambda t}} \tag{6.2}$$

分析模型的解，当 $\mathrm{d}I / \mathrm{d}t$ 达到最大时，感染者增加量达到最大，即传染病

的高潮期,dI/dt 最大时对应的时刻 t_m 可以通过对公式 6.2 求二阶导数计算得出:

$$t_m = \frac{1}{\lambda}\ln\left(\frac{1}{I_0} - 1\right) \qquad (6.3)$$

假设一总人口约 10 万的地区爆发一种急性传染病,初始感染者有 35 人,每名感染者每天接触感染的人数平均为 2 人,对应 SI 模型参数为:$I_0 = 0.00035, \lambda = 2$,则利用 SI 模型,可计算得出该传染病高峰期到来时间在第 4 天,如图 6.10 所示,如果控制染病者的流动,使染病者每天接触感染的人数降低到 1 人,则利用 SI 模型计算出的传染病高峰期到来时间在第 8 天,如图 6.11 所示。此外,还可看出,最终区域内所有人口都将感染该疾病,这是因为 SI 模型未考虑感染者被治愈移出的情况,这与实际不符,但却反映了对传染病如果不加控制和治疗,将导致传染病大规模流行。

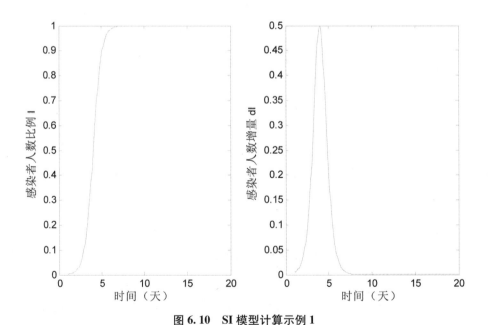

图 6.10　SI 模型计算示例 1

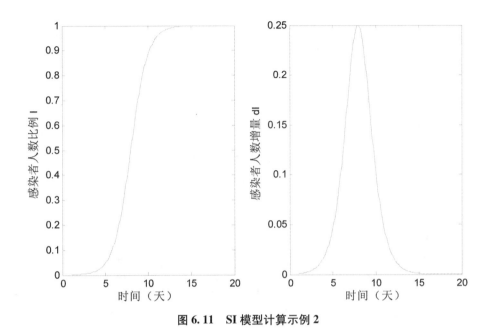

图 6.11　SI 模型计算示例 2

6.4.2　SIS 模型

由于 SI 模型假设染病者不会被治愈,最终将导致传染病不受控制,使系统中所有人口都被感染,然而现实中这种现象很少,实际情况中很多传染病是可以治愈的,染病者既有增量,也有移出,因此需要对 SI 模型进行改进。SIS 模型就是对 SI 模型的一种改进,考虑染病者的移出,其基本假设包括:

(a)传染病传播期内分析区域总人数 N 不变;

(b)人群分为易感者和染病者两类,易感者和染病者占总人数比例分别为 S 和 I ;

(c)每个染病者单位时间内有效接触的人数与易感者总数 SN 成正比,比例系数为 k ;

(d)染病者与易感者单次有效接触使易感者染病的概率 $\beta_0 = 1$,接触即感染;

(e)单位时间治愈的人数与染病者数量成正比,比例系数为 γ ,治愈者成为易感者。

结合 SIS 模型的示意图(图 6.12),SIS 模型可以用如下微分方程表示:

$$\begin{cases} \dfrac{dS}{dt} = -\lambda \cdot S(t) \cdot I(t) \\[2mm] \dfrac{dI}{dt} = \lambda \cdot S(t) \cdot I(t) - \gamma \cdot I(t) \\[2mm] I(0) = I_0 \end{cases} \tag{6.4}$$

式中, $S(t)$, $I(t)$ 分别表示 t 时刻易感者和染病者的数量占总人口的比例, $S(t) + I(t) = 1$; I_0 表示初始染病者数量占总人口的比例; λ 为每个染病者在单位时间内接触感染的人数, $\lambda = k\beta_0 N$; γ 为单位时间内染病者的移出率。

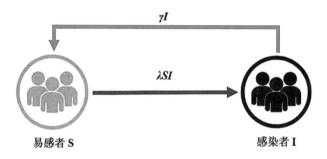

图 6.12 SIS 模型示意图

公式 6.4 的解为:

$$I(t) = \left[\frac{\lambda}{\lambda - \gamma} + \left(\frac{1}{I_0} - \frac{\lambda}{\lambda - \gamma} \right) e^{-(\lambda - \gamma)t} \right]^{-1} \tag{6.5}$$

如果令 $\sigma = \lambda / \gamma$, 则模型的解又可以写成如下形式:

$$I(t) = \left[\frac{\sigma}{\sigma - 1} + \left(\frac{1}{I_0} - \frac{\sigma}{\sigma - 1} \right) e^{-\gamma(\sigma - 1)t} \right]^{-1} \tag{6.6}$$

分析公式 6.6, 当 $\sigma > 1$ 时, 感染者多于移出者, 传染病将会蔓延, 随着 σ 值的增大, 染病者比例将不断增加, 最终将趋于极限值 $1 - 1/\sigma$; 当 $\sigma < 1$ 时, 染病者将不断减少, 染病者比例最终将趋于零, 传染病将逐渐消失; 当 $\sigma = 1$ 时, 染病者将稳定在初始比例 I_0, 传染病不会蔓延也不会消失。

利用 SIS 模型进行如下算例分析: 首先分析 $\sigma > 1$ 的情况, 假设某传染病的相关参数取值为 $I_0 = 0.02$, $\lambda = 1$, $\mu = 0.3$, 分别作出该传染病的 $I - t$ 关系图、

$dI - t$ 关系图和 $dI - I$ 关系图,如图 6.13—图 6.15 所示;再分析 $\sigma < 1$ 的情况,假设某传染病的相关参数取值为 $I_0 = 0.02, \lambda = 0.5, \mu = 0.6$,分别作出该传染病的 $I - t$ 关系图、$dI - t$ 关系图和 $dI - I$ 关系图,如图 6.16—图 6.18 所示。

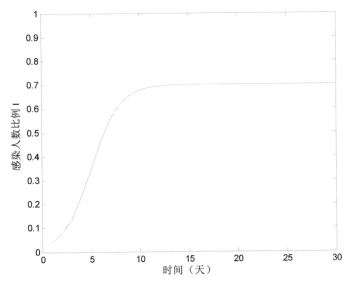

图 6.13　传染病 $I\text{-}t$ 关系图($I_0 = 0.02, \lambda = 1, \mu = 0.3$)

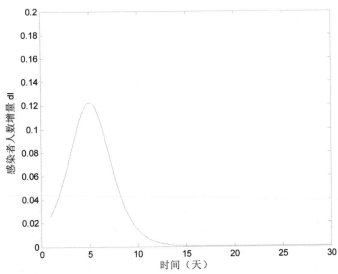

图 6.14　传染病 d$I\text{-}t$ 关系图($I_0 = 0.02, \lambda = 1, \mu = 0.3$)

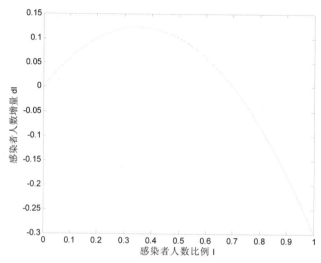

图 6.15　传染病 dI-I 关系图($I_0 = 0.02, \lambda = 1, \mu = 0.3$)

　　从图 6.13 可以看出,考虑感染者移出后,系统中感染者的比例不会像 SI 模型直接达到 1,即不会直接使总人口全部被感染,系统会达到一个稳定点 (S_*, I_*);图 6.14 则可以反映采用 SIS 模型计算得到的传染病高峰期到来时间;图 6.15 反映了当 $\sigma > 1$ 时,随着染病者人数比例 I 的增大,感染者人数增量会先增加再减小,甚至负增长,说明传染病染病人数超过一定量时,疾病传播将受到抑制。

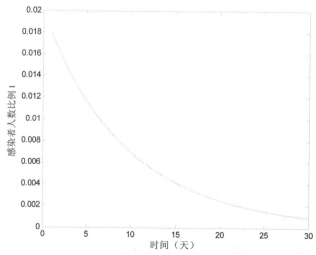

图 6.16　传染病 I-t 关系图($I_0 = 0.02, \lambda = 0.5, \mu = 0.6$)

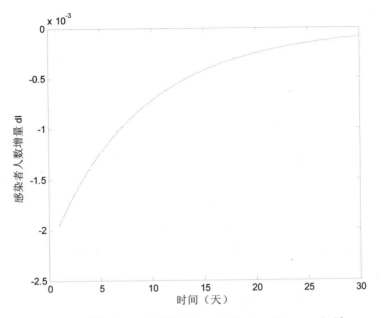

图 6.17 传染病 dI-t 关系图（ $I_0 = 0.02, \lambda = 0.5, \mu = 0.6$ ）

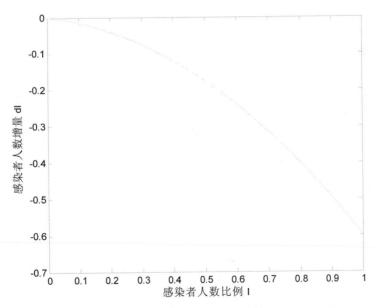

图 6.18 传染病 dI-I 关系图（ $I_0 = 0.02, \lambda = 0.5, \mu = 0.6$ ）

从图 6.16 可以看出,当 $\sigma < 1$ 时,单位时间内感染者移出量将大于感染者增量,感染者人数比例将逐渐下降,直到趋近于零,即全部染病者都被治愈;图 6.17 和图 6.18 也反映了染病者数量的持续负增长,表明传染病处于消退过程。

6.4.3 SIR 模型

SIS 模型较 SI 模型进一步考虑了染病者被治愈移出的情况,将移出者重新纳入易感者的范围,然而,现实中有些传染病(如麻疹等)的染病者一经治愈,就会拥有免疫力,而不会再成为新的易感者。考虑到这种现实情况的存在,可用 SIR 模型进行描述,SIR 模型的基本假设包括:

(a)传染病传播期内分析区域总人数 N 不变;

(b)人群分为易感者、染病者和免疫者三类,三者占总人数的比例分别为 S、I、R;

(c)每个染病者单位时间内有效接触的人数与易感者总数 SN 成正比,比例系数为 k;

(d)染病者与易感者单次有效接触使易感者染病的概率 $\beta_0 = 1$,接触即感染;

(e)单位时间治愈的人数与染病者数量成正比,比例系数为 γ,治愈者成为免疫者。

结合 SIR 模型的示意图(图 6.19),SIR 模型可以用如下微分方程表示:

$$\begin{cases} \dfrac{\mathrm{d}S}{\mathrm{d}t} = -\lambda \cdot S(t) \cdot I(t) \\[2mm] \dfrac{\mathrm{d}I}{\mathrm{d}t} = \lambda \cdot S(t) \cdot I(t) - \gamma \cdot I(t) \\[2mm] \dfrac{\mathrm{d}R}{\mathrm{d}t} = \gamma \cdot I(t) \\[2mm] S(0) = S_0 \\[2mm] I(0) = I_0 \\[2mm] R(0) = R_0 \end{cases} \qquad (6.7)$$

式中，$S(t)$，$I(t)$，$R(t)$ 分别表示 t 时刻易感者、染病者和免疫者的数量占总人口的比例，$S(t) + I(t) + R(t) = 1$；S_0，I_0，R_0 分别表示初始时刻易感者、染病者和免疫者的数量占总人口的比例；λ 为每个染病者在单位时间内接触感染的人数，$\lambda = k\beta_0 N$；γ 为单位时间内染病者的移出率。

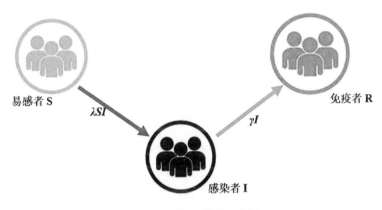

图 6.19 SIR 模型示意图

方程 6.7 无法求出 $S(t)$ 和 $I(t)$ 的解析解，但是可以用其相轨线①作定性分析。SIR 模型的相轨线方程为：

$$I = (S_0 + I_0) - S + \frac{\gamma}{\lambda}\ln\frac{S}{S_0} \tag{6.8}$$

进一步，画出 SIR 模型的相轨线曲线。考虑情况一：$S_0 = 0.98$，$I_0 = 0.02$，$\lambda = 1$，$\gamma = 0.3$；情况二：$S_0 = 0.9$，$I_0 = 0.1$，$\lambda = 1$，$\gamma = 0.3$；情况三：$S_0 = 0.5$，$I_0 = 0.5$，$\lambda = 1$，$\gamma = 0.3$，绘出三种情况的相轨线，如图 6.20 所示。

图 6.20 中，相轨线的箭头方向表示随着时间的增加 $S(t)$ 和 $I(t)$ 的变化趋向，从变化趋向上看，无论初值条件 S_0，I_0 如何，染病者终将消失，最终未被感染的易感者比例为 S_∞，可以看出 $S_\infty \in (0, \gamma/\lambda)$。若初始条件 $S_0 > \gamma/\lambda$，$I(t)$ 先增加，当 $S = \gamma/\lambda$ 时，$I(t)$ 达到最大，随后减少；若初始条件 $S_0 < \gamma/\lambda$，则 $I(t)$ 单调减少至零。令 $1/\sigma = \gamma/\lambda$，则可根据初始易感者比例判断传染病

---

① 若有两个函数变量 $x(t)$ 和 $y(t)$，绘出的 $y(x)$ 曲线就是相轨线。

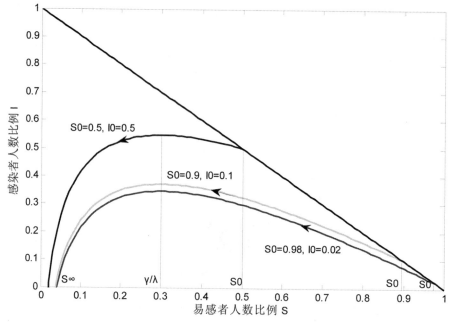

图 6.20   SIR 模型的相轨线图

的流行情况, $S_0 < 1/\sigma$ 时传染病不会大规模爆发, $S_0 > 1/\sigma$ 时传染病会出现一定程度的流行,因此,阈值 $1/\sigma$ 对控制传染病的蔓延具有十分重要的意义,提高卫生医疗水平使阈值变大,以及通过预防接种使群体得到免疫降低初始易感者数量,是控制传染病蔓延的重要途径。

对于微分方程 6.7,还可以通过数值求解分析其传染病高峰时间,假设某传染病初始条件为 $S_0 = 0.98, I_0 = 0.02$,同时知道 $\lambda = 1, \gamma = 0.3$,时间单位为天,则该传染病的数值解可通过图 6.21 表示,从图中感染者和易感者人数比例变化情况可以看出该传染病在第 8 天达到染病高峰,感染人数达到最大,在第 13 天以后传染人数基本稳定。

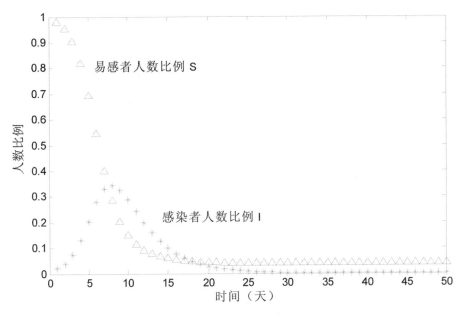

图 6.21　SIR 模型 $S\text{-}t$ 和 $I\text{-}t$ 变化

6.4.4　改进模型

SI、SIS 和 SIR 模型是传染病传播分析模型的三个基本模型,在这三个模型的基础上,可以进一步考虑更丰富的现实情况,对模型进行改进,本小节就简要介绍一些改进模型,不再对模型进行深入分析。

(1)SIRS 模型

SIRS 模型是在 SIR 模型的基础上,考虑部分免疫者丧失免疫力,重新成为易感者,模型的基本假设包括:

(a)传染病传播期内分析区域总人数 N 不变;

(b)人群分为易感者、染病者和免疫者三类,三者占总人数比例分别为 S、I、R;

(c)每个染病者单位时间内有效接触的人数与易感者总数 SN 成正比,比例系数为 k;

(d)染病者与易感者单次有效接触使易感者染病的概率 $\beta_0 = 1$,接触即感染;

(e)单位时间治愈的人数与染病者数量成正比,比例系数为 γ ,治愈者成为免疫者;

(f)单位时间失去免疫力的人数与免疫者数量成正比,比例系数为 δ ,失去免疫后成为易感者。

结合 SIRS 模型的示意图(图6.22),SIRS 模型可以用如下微分方程表示:

$$\begin{cases} \dfrac{\mathrm{d}S}{\mathrm{d}t} = -\lambda \cdot S(t) \cdot I(t) + \delta \cdot R(t) \\[2mm] \dfrac{\mathrm{d}I}{\mathrm{d}t} = \lambda \cdot S(t) \cdot I(t) - \gamma \cdot I(t) \\[2mm] \dfrac{\mathrm{d}R}{\mathrm{d}t} = \gamma \cdot I(t) - \delta \cdot R(t) \\[2mm] S(0) = S_0 \\[1mm] I(0) = I_0 \\[1mm] R(0) = R_0 \end{cases} \tag{6.9}$$

式中, $S(t)$, $I(t)$, $R(t)$ 分别表示 t 时刻易感者、染病者和免疫者的数量占总人口的比例, $S(t) + I(t) + R(t) = 1$; S_0 , I_0 , R_0 分别表示初始时刻易感者、染病者和免疫者的数量占总人口的比例; λ 为每个染病者在单位时间内接触感染的人数, $\lambda = k\beta_0 N$; γ 为单位时间内染病者的移出率; δ 为单位时间内免疫者的免疫力丧失率。

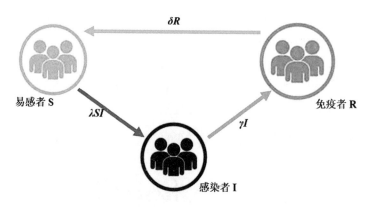

图 6.22   SIRS 模型示意图

（2）SEIRS 模型

SEIRS 模型是在 SIRS 模型的基础上，考虑易感者在被感染后成为染病者之间有一段病菌潜伏期，称为携带潜伏者，模型的基本假设包括：

（a）传染病传播期内分析区域总人数 N 不变；

（b）人群分为易感者、携带潜伏者、染病者和免疫者四类，四者占总人数比例分别为 S、E、I、R；

（c）每个染病者单位时间内有效接触的人数与易感者总数 SN 成正比，比例系数为 k；

（d）染病者与易感者单次有效接触使易感者携带病菌的概率 $\beta_0 = 1$，接触即感染；

（e）单位时间携带潜伏者患病的数量与带潜伏者数量成正比，比例系数为 ω，携带潜伏者患病成为染病者；

（f）单位时间治愈的人数与染病者数量成正比，比例系数为 γ，治愈者成为免疫者；

（g）单位时间失去免疫力的人数与免疫者数量成正比，比例系数为 δ，失去免疫后成为易感者。

结合 SEIRS 模型的示意图（图 6.23），SEIRS 模型可以用如下微分方程表示：

$$
\begin{cases}
\dfrac{\mathrm{d}S}{\mathrm{d}t} = -\lambda \cdot S(t) \cdot I(t) + \delta \cdot R(t) \\[2mm]
\dfrac{\mathrm{d}E}{\mathrm{d}t} = \lambda \cdot S(t) \cdot I(t) - \omega \cdot E(t) \\[2mm]
\dfrac{\mathrm{d}I}{\mathrm{d}t} = \omega \cdot E(t) - \gamma \cdot I(t) \\[2mm]
\dfrac{\mathrm{d}R}{\mathrm{d}t} = \gamma \cdot I(t) - \delta \cdot R(t) \\[2mm]
S(0) = S_0 \\[1mm]
E(0) = E_0 \\[1mm]
I(0) = I_0 \\[1mm]
R(0) = R_0
\end{cases}
\tag{6.10}
$$

式中,ω 为携带潜伏者的患病率,其倒数即为传染病的平均携带潜伏期;其他参数含义同 SIRS 模型。

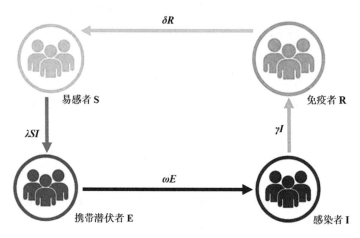

图 6.23　SEIRS 模型示意图

(3)考虑自然出生和自然死亡的 SIRS 模型

在 SIRS 模型中,进一步考虑人口的出生率和死亡率,可建立考虑出生和死亡的 SIRS 模型,模型的基本假设包括:

(a)传染病传播期内分析区域总人数 N 不变;

(b)人群分为易感者、染病者和免疫者三类,三者占总人数比例分别为 S、I、R;

(c)每个染病者单位时间内有效接触的人数与易感者总数 SN 成正比,比例系数为 k;

(d)染病者与易感者单次有效接触使易感者染病的概率 $\beta_0 = 1$,接触即感染;

(e)单位时间治愈的人数与染病者数量成正比,比例系数为 γ,治愈者成为免疫者;

(f)单位时间失去免疫力的人数与免疫者数量成正比,比例系数为 δ,失去免疫后成为易感者;

(g)单位时间出生的人数与总人口数量成比例,比例系数为 a,即出生率为 a;

(h)单位时间死亡的人数与易感者、染病者和免疫者的数量成正比,比例系数为 b ,即死亡率为 b ,死亡指自然死亡,不考虑因病死亡;

(i)出生率和死亡率相等,即 $a = b$ 。

结合该模型的示意图(图6.24),模型可以用如下微分方程表示:

$$\begin{cases} \dfrac{\mathrm{d}S}{\mathrm{d}t} = a \cdot N - b \cdot S(t) - \lambda \cdot S(t) \cdot I(t) + \delta \cdot R(t) \\[2mm] \dfrac{\mathrm{d}I}{\mathrm{d}t} = \lambda \cdot S(t) \cdot I(t) - b \cdot I(t) - \gamma \cdot I(t) \\[2mm] \dfrac{\mathrm{d}R}{\mathrm{d}t} = \gamma \cdot I(t) - b \cdot R(t) - \delta \cdot R(t) \\[2mm] S(0) = S_0 \\[2mm] I(0) = I_0 \\[2mm] R(0) = R_0 \end{cases} \qquad (6.11)$$

式中, a,b 分别为出生率和死亡率;其他参数含义同 SIRS 模型。

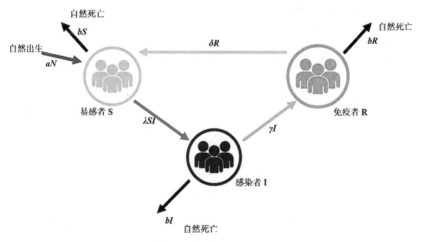

图 6.24 考虑出生和自然死亡的 SIRS 模型示意图

(4)考虑出生及因病死亡的 SIRS 模型

考虑染病者的因病死亡,还可对 SIRS 模型进行进一步改进,模型假设如下:

(a)传染病传播期内分析区域总人数 N 因出生和死亡而发生变化;

（b）人群分为易感者、染病者和免疫者三类，三者占总人数比例分别为 S、I、R；

（c）每个染病者单位时间内有效接触的人数与易感者总数 SN 成正比，比例系数为 k；

（d）染病者与易感者单次有效接触使易感者染病的概率 $\beta_0 = 1$，接触即感染；

（e）单位时间治愈的人数与染病者数量成正比，比例系数为 γ，治愈者成为免疫者；

（f）单位时间失去免疫力的人数与免疫者数量成正比，比例系数为 δ，失去免疫后成为易感者；

（g）单位时间出生的人数与总人口数量成正比，比例系数为 a，即出生率为 a；

（h）单位时间自然死亡的人数与易感者、染病者和免疫者的数量成正比，比例系数为 b，即自然死亡率为 b；

（i）单位时间内因病死亡人数与染病者数量成正比，比例系数为 d，即因病死亡率为 d。

结合该模型的示意图（图 6.25），模型可以用如下微分方程表示：

$$\begin{cases} \dfrac{\mathrm{d}S}{\mathrm{d}t} = a \cdot N(t) - b \cdot S(t) - \lambda \cdot S(t) \cdot I(t) + \delta \cdot R(t) \\[2mm] \dfrac{\mathrm{d}I}{\mathrm{d}t} = \lambda \cdot S(t) \cdot I(t) - (b + d) \cdot I(t) - \gamma \cdot I(t) \\[2mm] \dfrac{\mathrm{d}R}{\mathrm{d}t} = \gamma \cdot I(t) - b \cdot R(t) - \delta \cdot R(t) \\[2mm] \dfrac{\mathrm{d}N}{\mathrm{d}t} = a \cdot N(t) - b \cdot S(t) - (b + d) \cdot I(t) - b \cdot R(t) \\[2mm] N(0) = N_0 \\[2mm] S(0) = S_0 \\[2mm] I(0) = I_0 \\[2mm] R(0) = R_0 \end{cases} \qquad (6.12)$$

式中，a,b,d 分别为出生率、自然死亡率和因病死亡率；其他参数含义同 SIRS 模型。

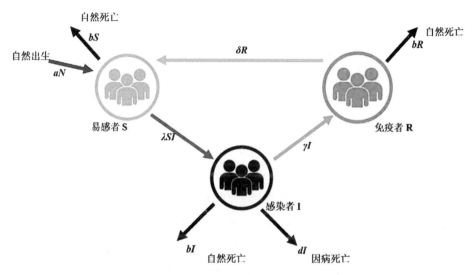

图 6.25　考虑出生及因病死亡的 SIRS 模型示意图

6.5　传染病防控技术及方法

传染病的流行，必须具备三个条件：传染源、传播途径和易感人群。因此，防控传染病的基本思想要围绕控制传染源、切断传染途径和保护易感人群三个方面展开，对传染源早发现、早诊断、早报告、早隔离、早治疗，对不同的传播途径采取针对性的预防措施，对易感人群要改善营养、接种预防、提高机体免疫力，尽可能切断图 6.26 所示的传染病三角形。

图 6.26　传染病三角形

6.5.1 传染病的监测

传染病的监测是指连续、系统地收集、分析传染病相关资料,进行有序的汇总和评价,并快速地将传染病的人群、时间、地区分布及流行强度信息分发给相关人员,传染病的监测是传染病防控的基础。最早的传染病监测始于 17 世纪中期,主要用于对天花、霍乱和黄热病的监测,美国在 20 世纪 40 年代开始对疟疾、流行性感冒和肝炎等传染病进行系统性的监测工作,我国于 20 世纪 70 年代末开始提出并建立综合疾病监测点。传染病监测直接指标包括:发病数、死亡数、发病率、死亡率等,这些指标体现在时间维度和空间维度上则可以反映出传染病疫情的基本趋势。传染病监测的内容一般包括:收集地区卫生信息,对传染病在人、时、地三个方面的动态分布进行监测,对人群易感性进行监测(血清监测、抗体监测),对传染源、宿主、传播媒介进行监测(环境监测),对传染病病原体的型别、毒力及耐药性进行监测,评价防疫措施效果等。为了实现监测防控传染病的目的,使监测结果得到充分利用,往往还需要建立完善的监测系统,例如,我国在全国组建综合性疾病监测点,并建立了全国法定传染病报告系统、全国 HIV 感染哨点监测系统等重要的传染病监测系统。传染病监测的基础是疫情报告,因此,又被称之为法定传染病报告系统。我国的疫情报告有法定传染病报告卡(如图 6.27 所示)和疫情登记册,对三大类共计 39 种传染病开展法定报告和登记,国家卫生计生委疾病预防控制局在其官方网站上(http://www.nhfpc.gov.cn)按月公布全国法定传染病疫情概况(如图 6.28 所示)。国际上,世界卫生组织在其网站(http://www.who.int/wer/en/)按周提供传染病信息(如图 6.29 所示),世界各国的疾病预防控制部门也大多建立了传染病信息发布窗口(如表 6.2 所示),通过信息共享,实现传染病疫情的全球动态监测。

中华人民共和国传染病报告卡

卡片编号：_____　　报卡类别：　1、初次报告　　2、订正报告

患者姓名*：_____（14岁及14岁以下患儿家长姓名*：_____）

身份证号：☐☐☐☐☐☐☐☐☐☐☐☐☐☐☐☐☐☐　性别*：☐ 男　☐ 女

出生日期*：_____年____月____日（如出生日期不详，实足年龄：_____　年龄单位：☐岁☐月☐天）

工作单位：_____　　联系电话*：_____

病人属于*：☐本县区　☐本市其他县区　☐本省其它地市　☐外省　☐港澳台　☐外籍

现住址（详填）*：_____省_____市_____县（区）_____乡（镇、街道）_____村_____（门牌号）

患者职业*：☐幼托儿童、☐散居儿童、☐学生（大中小学）、☐教师、☐保育员及保姆、☐餐饮食品业、☐商业服务、
☐公共场所服务员、☐医务人员、☐工人、☐民工、☐农民、☐牧民、☐渔（船）民、☐海员及长途驾驶员、
☐干部职员、☐离退人员、☐家务及待业、☐其他（　　　）、☐不详

病例分类*：（1）☐疑似病例、☐临床诊断病例、☐实验室确诊病例、☐病原携带者
　　　　　　（2）☐急性、☐慢性（乙型肝炎、血吸虫病填写）

发病日期*：_____年____月____日（病原携带者填初检日期或就诊时间）

诊断日期*：_____年____月____日____时

死亡日期：_____年____月____日

甲类传染病*：

☐鼠疫、☐霍乱

乙类传染病*：

☐传染性非典型肺炎、☐艾滋病、　病毒性肝炎（☐甲型　☐乙型　☐丙型　☐戊型　☐未分型）、☐脊髓灰质炎、
☐人感染高致病性禽流感、　☐人感染H7N9禽流感、　☐麻疹、☐流行性出血热、☐狂犬病、☐流行性乙型脑炎、
☐登革热、　炭疽（☐肺炭疽　☐皮肤炭疽　☐未分型）、　肺结核（☐涂阳　☐仅培阳　☐菌阴　☐未痰检）、
☐流行性脑脊髓膜炎、☐痢疾（☐细菌性　☐阿米巴性）、　伤寒（☐伤寒　☐副伤寒）、☐百日咳、☐白喉、
☐新生儿破伤风、☐猩红热、☐布鲁氏菌病、☐淋病、梅毒（☐Ⅰ期　☐Ⅱ期　☐Ⅲ期　☐胎传　☐隐性）、
☐钩端螺旋体病、☐血吸虫病、☐疟疾（☐间日疟　☐恶性疟　☐未分型）

丙类传染病*：

☐流行性感冒、☐流行性腮腺炎、☐风疹、☐急性出血性结膜炎、☐麻风病、☐流行性和地方性斑疹伤寒、☐黑热病、
☐包虫病、☐丝虫病、☐除霍乱、细菌性和阿米巴性痢疾、伤寒和副伤寒以外的感染性腹泻病、☐手足口病

其他法定管理以及重点监测传染病：

☐水痘、☐生殖道沙眼衣原体感染、☐尖锐湿疣、☐生殖器疱疹、☐不明原因肺炎、☐不明原因传染病_____

订正病名：_____　　　退卡原因：_____

报告单位：_____　　　联系电话：_____

报告医生*：_____　　　填卡日期*：_____年____月____日

备注：

图6.27　我国传染病报告卡

图 6.28   我国的传染病疫情公告

(图片来源:国家卫生计生委疾病预防控制局网站 http://www.nhfpc.gov.cn/)

图 6.29   世界卫生组织的传染病公告

(图片来源:WHO 网站 http://www.who.int/wer/en/)

表 6.2　国际上传染病信息发布的部分窗口①

机构	发布窗口	发布内容
美国疾病控制中心	www.cdc.gov	传染病控制与预防信息
英国传染病监测中心	www.open.gov/uk/cdsc	英国传染病监测信息
欧洲监测周刊	www.open.gov.uk/cdsc/	欧洲传染病监测信息
加拿大传染病报道	www. hwc. ca/hpb/lcdc/publicat/ccdr/index.html	加拿大传染病流行情况
美国科学家联合会	www.fas.org/promed/	疾病报道、动植物疾病信息
新出现传染病杂志	www.cdc.gov/ncidod/eid/eid.htm	传染病论文以及最新动态

6.5.2　国境口岸传染病检疫

为有效防止传染源流入或流出引发跨境传播,世界各国一般都会在其国境口岸进行传染病的检疫与监测,对进出国境的人员和交通工具、行李、货物实施医学检查、卫生检查和必要的处理。国境口岸传染病检疫依赖先进的技术及装备,常用的检疫检验仪器装备包括:生物显微镜、分析天平、分光光度计、原子吸收分光光度计、荧光光度计、荧光分光光度计、火焰光度计、pH 计、色谱分析仪、电泳仪、光密度计、离心机、灭菌器、恒温培养器、水浴箱、低温冰箱、血细胞计数自动化仪器、原液自动化分析仪、细菌自动化鉴定系统、免疫诊断系统等;在技术方面,TTM 技术(热断层扫描成像系统技术)是近十年来迅速发展起来的一门医学影像技术,是一种通过对人体不同部位、不同深度进行温度精确测量,经断层技术推算得出体内热源的深度、强度和形状(如图6.30),总结不同传染性疾病使细胞代谢热发生特有变化规律后进行定位、定性和定量分析的技术方法,该技术应用在口岸上(如图 6.31),只需 3—5 秒,就可以监测到人体细胞代谢热,并根据人体热辐射模型重建细胞相对强度图像,根据数据库图像数据比对,以特有变化规律作为参考,精确筛查入境人员是否可能感染传染病,并区分出不同传染病种类和染病程度,既可避免不如实

---

① 传染病流行病监测分析与预防控制诊疗技术手册,中科多媒体电子出版社,2003 年。

申报的局限性,又可避免因人口密集和拥堵造成交叉感染,从而降低传染病传播范围和速率,做到对国外输入性传染病的科学防控和依法处置,维护口岸的秩序和安全。

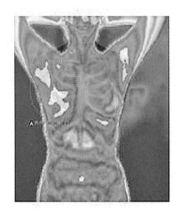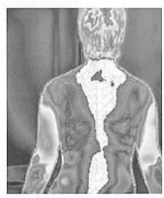

图 6. 30　TTM 热断层扫描技术

(图片来源:新浪博客 http://blog.sina.com.cn/s/blog_6e5fc731010106eb.html)

图 6. 31　TTM 技术在首都机场 T3 航站楼的应用

(图片来源:国家质检总局 http://www.aqsiq.gov.cn/zjxw/dfzjxw/dfftpxw/201311/t20131114_387133.htm)

6.5.3 传染病消杀

传染病消杀包括消毒和消杀两个方面。传染病消毒是用物理或化学方法消灭停留在不同传播媒介物上的病原体,以切断传播途径,阻止和控制传染的发生;消杀主要是针对病媒生物,例如鼠疫、流行性出血热、疟疾等传染病,需要及时杀灭携带细菌或病毒的鼠、蚊、蝇、蟑螂等媒介生物,以切断传播途径,阻止和控制传染的发生。常用的消毒方法有物理消毒法和化学消毒法两类,物理消毒法包括自然净化、机械除菌、热力灭菌、辐射灭菌、超声波灭菌和微波灭菌等方式;化学消毒法则主要是应用化学消毒剂作用于微生物,使其蛋白质变性而杀灭病原体,常用方式包括煮沸消毒法、溶液浸泡消毒法、溶液擦拭消毒法、溶液喷雾消毒法等。消毒的重点是疫点和疫区等疫源地,从发现患者时即开始,直至隔离期终止。针对传染病病媒生物,要开展病媒生物监测,掌握其生态习性和种群数量随时间的变动规律,并根据其对人类的危害及生物学特性,以安全、有效、经济和简便等为原则,制定相应的防治策略,将病媒生物的种群数量降低到不足以传播疾病的程度,常用的方法包括改变病媒生物的生存环境、清除孳生地、化学杀灭、毒杀、诱捕等。图 6.32 中展示了一些常用的消毒和消杀措施。

图 6.32 传染病消杀措施(左:化学消毒;中:诱捕;右:物理消毒)

(图片来源:百度图片网站 http://image.baidu.com/)

6.6　本章小结

随着科学技术水平的提高,新技术、新药物不断问世,许多传染性疾病有了预防疫苗,人类经过长期的努力也消灭了诸如天花等多种传染病,但传染病的细菌和病毒会发生变异,这就意味着人类同传染病斗争仍然将会是长期的过程,做好传染病的预防和控制工作,是阻断疾病传播的重要手段。要同传染病做斗争,必须了解传染病的发病时间、地域分布和传播规律,而传染病传播分析模型则可对这些方面进行描述和预测分析,本章介绍并分析了经典的SI、SIS、SIR、SIRS 模型,简要列举了相关的改进模型,模型考虑的因素越实际,模型结构也越复杂,对现实的描述也就越客观。针对传染病防控,本章从传染病的监测、国境口岸传染病检疫和传染病消杀三个方面进行了介绍,传染病的快速传播需要具备三个必要的条件:易感者、传染源和传播途径,故防控传染病的关键就是要采取有效的措施控制传染源、切断传播途径、减少易感人群规模,从而破坏传染病传播条件,同时,还要根据各种传染病的特点,找出致病菌的弱点,采取科学的治疗方法,将感染者尽快治愈,将传染病的时空影响范围限制在最小。

第七章　人员疏散风险分析模型与方法

7.1　人员疏散现象及典型案例

人员疏散,是指人在面临灾害或威胁时,从其面临灾害或威胁时所处的位置向灾害未影响的区域或威胁消除的区域撤离的行动过程。其中,灾害或威胁包括各种自然灾害、事故灾难和社会安全事件等,图7.1—图7.5展示了各种人员疏散的现象及场景,可以看出,人员疏散在人类活动的各种场合(如建筑、地铁、飞机、汽车、车站、广场)均有发生,人类活动的许多场所都有可能面临安全疏散问题。

图7.1　美国9·11恐怖袭击后世贸大楼倒塌时现场
人群的逃离(左)和逃离城市的人群(右)

(图片来源:新浪环球地理 http://slide.geo.sina.com.cn/slide_29_16805_10735.html)

图 7.2　韩国大丘地铁火灾现场(左)和我国地铁中的人员疏散演习(右)

(图片来源:百度图片网站 https://image.baidu.com/)

图 7.3　飞机航班故障时乘客紧急疏散

(图片来源:百度图片网站 https://image.baidu.com/)

图 7.4　地震疏散演习(左)和飓风来临前人们逃离城市(右)

(图片来源:百度图片网站 https://image.baidu.com/)

图 7.5 密集人群(左)和大客流(右)的疏散

(图片来源:百度图片网站 https://image.baidu.com/)

疏散是减少灾害或重大事故下人员伤亡的最直接途径,成功的疏散不仅可以保证人员的生命安全,还可以有效避免大范围的人心恐慌及其造成的社会不稳定,反之,不疏散或失败的疏散往往造成重大人员伤亡和恶劣的社会影响,这些都可以在以下案例中集中体现:

案例 1:加拿大米西索加疏散行动。1979 年 11 月 10 日,加拿大米西索加市,一运输剧毒化学品的火车同另一火车相撞,导致该车 9 节车厢破裂,泄漏约 90 吨剧毒氯气。事故发生后,1 名警员和 1 名押解员在 17 分钟内将说明书上的警告内容汇报上级,15 分钟后安大略省下令疏散所有市民并封堵货罐,24 小时内有 25 万市民安全撤离,无一人伤亡。

案例 2:加拿大麦克默里堡疏散行动。2016 年 5 月 2 日,加拿大西部艾伯塔省北部石油重镇麦克默里堡市西南部发生大火,5 月 3 日下午,大风突然将火势引向城里,5 月 4 日,大火继续蔓延,火势迅猛,将该市 100 多平方公里内 1600 多座建筑物烧毁,艾伯塔省宣布进入急救状态,并紧急疏散近 9 万人,没有居民伤亡报告。

案例 3:桑枣中学疏散行动。2008 年 5 月 12 日,中国汶川发生里氏 8.0 级大地震,地震造成了重大人员伤亡和财产损失,然而,位于四川绵阳安县的一所初级中学——桑枣中学却创造了零伤亡的纪录。地震发生后,该校 2200 多名学生和上百名教师,仅仅用时 1 分 36 秒,就全部成功地从不同的教学楼和教室中疏散到操场,而教学楼有 8 栋部分坍塌,其他全部成为危楼。

案例 4:深圳舞王俱乐部特大火灾。2008 年 9 月 20 日 23 时许,深圳市龙岗区龙岗街道龙东社区舞王俱乐部发生一起特大火灾,事发时,俱乐部内有数百人正在喝酒看歌舞表演,舞台上燃放烟火引发了火灾,人员在逃生时,灯光已经全灭,10 米长的狭窄过道上十分拥挤,人群相互践踏,最终造成 43 人死亡、88 人受伤的惨剧。

案例 5:德国杜伊斯堡踩踏事件。2010 年 7 月 24 日,德国在举行"爱的大游行"电子音乐狂欢节时发生严重的踩踏事故,造成 19 人死亡、342 人受伤的悲剧。据媒体披露,音乐节原计划入场人数为 25 万人,而当天有 140 万人到场,场地严重不足,狂欢节人流通过的地下通道封闭并且狭窄,人流量过大且双向混行,巨大的人流和无序的状态引发了恐慌和踩踏。

案例 6:沙特朝觐者踩踏事件。2015 年 9 月 24 日,沙特阿拉伯圣城麦加举行年度朝觐活动。大批朝觐者从距离麦加数公里的米纳帐篷城步行向射石驱鬼仪式地杰马拉特进发,快到目的地时,人群发生拥挤并引发严重踩踏。尽管当局出动了大批救护力量到场救援,分散人潮,并指引朝觐者从其他通道前往圣城,仍有至少 1300 余人在此次事故中死亡。

案例 7:新疆克拉玛依特大火灾。1994 年 12 月 8 日,新疆克拉玛依市 7 所中学、8 所小学的师生及有关领导共 796 人在克拉玛依市友谊馆观看文艺演出活动,演出过程中,舞台纱幕被光柱灯烤燃引发大火,火势迅速蔓延,由于友谊馆内大部分安全门锁闭,导致有限的疏散通道发生拥堵,从而严重限制了疏散效率,最终造成 325 人死亡、132 人受伤的惨剧。

案例 8:厦门 BRT 火灾事故。2013 年 6 月 7 日,厦门一辆 BRT 公交车因人为纵火发生火灾,造成 47 死、36 伤的惨剧,成功疏散者不足半数,据逃生者回忆,火灾发生时,人群因受到惊吓而大呼"救命"、"快开门"的尖叫哭喊声不断,救生锤成为人群的抢夺对象,灭火器因人群拥挤涌动而无法使用,人群向外逃生十分困难,并有人在逃生过程中双膝被踩裂。

从上述案例中可以看出,人员疏散的成功与否对人员的安全至关重要,从保障生命安全的角度,任何场所、任何活动都应该充分考虑安全疏散这一主题,以评估、改善并提升其安全疏散保障能力。

7.2　人员疏散相关基本概念

（1）疏散时间

疏散时间（ET,Evacuation Time）是指疏散行动从开始到结束所用的时间。对于个体而言,其疏散时间即其疏散行动时间,对于群体而言,疏散时间为群体中第一个个体疏散行动开始到群体中最后一个个体疏散行动结束所用的时间。

（2）必需安全疏散时间 RSET

人员疏散时不仅仅要考虑人员疏散行动的时间,人员对灾害的感知时间和感知到灾害后疏散行动准备的时间也至关重要,必需安全疏散时间（RSET,Required Safety Egress Time）是指人员安全受威胁时刻到人员疏散到安全区域所需要花费的时间,包括感知时间、准备时间和疏散行动时间。

（3）可用安全疏散时间 ASET

灾害从发生到实际威胁人的生命往往需要经过一定过程,这个过程持续的时间称为可用安全疏散时间（ASET,Available Safety Egress Time）,例如,火灾发生后,要经过起火、火灾增大、充分发展、火势减弱、熄灭等阶段,当火灾发展到影响人员生命时,疏散将难以维持,从火灾发生到此时刻所用的时间即为可用安全疏散时间。

（4）安全疏散时间准则

确保人员安全疏散的时间准则为:可用安全疏散时间 ASET>必需安全疏散时间 RSET,即所有人员要在灾害威胁到生命之前完成疏散行动,如图 7.6 所示。

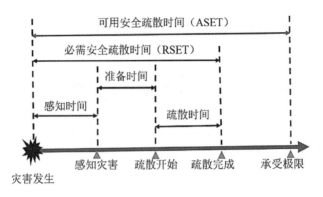

图 7.6　安全疏散时间准则

（5）人群密度

人群密度反映一定空间内人员的密集程度,通常用单位面积上分布的人员数量表示,如图 7.7 所示的 3m×5m 的房间中有 20 个人,则该房间的人群密度为 1.33p/㎡(人/平方米)。

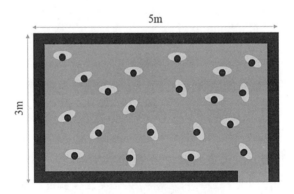

图 7.7　房间中的人群密度示意图

（6）人流密度

人流密度反映人群运动过程的拥挤程度,一般用人群的实际面积与流动人群总面积的比值表示。如图 7.8 所示的一队人群共有 15 人,平均每个个体的水平投影为 0.25㎡,人流宽度为 2m,人流长度为 5m,人流密度为 0.375。

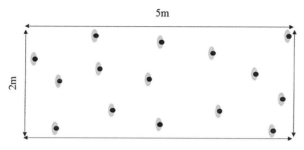

图 7.8　人流密度示意图

（7）人群流量

人群流量指单位时间内通过某一安全出口或疏散通道截面的人群数量，单位为 p/s（人/秒）或 p/min（人/分钟）。

（8）人群流率

人群流率指单位时间、单位宽度截面上通过的人群数量，是人群流量和宽度的比值，单位为 $p \cdot s^{-1} \cdot m^{-1}$（人/（秒·米））或 $p \cdot min^{-1} \cdot m^{-1}$（人/（分钟·米））。

（9）通行能力

通行能力是指单位时间内疏散出口或疏散通道截面上能够通过的最大人群数量，反映疏散出口或疏散通道的疏通能力大小，单位为 p/s（人/秒）或 p/min（人/分钟）。

（10）基本图

基本图是指人员疏散的速度与密度、流量与密度之间的关系图，反映人群密度或人流密度对疏散速度和流量的影响。图 7.9 展示了国内外学者通过实验或模拟方法得到的人群运动的基本图。

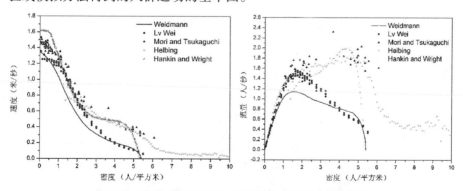

图 7.9　速度-密度关系（左）和流量-密度（右）基本图

7.3 人员疏散的基本理论

7.3.1 心理行为理论

心理学认为,人的行为受其内心心理状态支配,是心理活动的结果。当人的生命安全受到威胁时,其疏散行为与心理状态密切相关,最典型的就是心理恐慌和恐慌心理下的非适应性行为。由于突发的灾害或事故超出了人们的预期,人们会突然感觉特别害怕和恐惧,心理产生恐慌,进而表现出不知所措的非适应性行为。心理恐慌的诱发因素很多,例如火灾爆炸等意外事故、黑暗密闭的空间环境、高度聚集的人群、谣言、幻想,等等。非适应性行为的具体表现主要包括乱跑、从众、推挤以及相互践踏等。2010 年 11 月 22 日晚上 9 点,柬埔寨金边钻石桥上人群拥挤,有人放出谣言谎称桥不稳并即将坍塌,随后消息在人群中迅速传开,导致群体恐慌,众人争相奔逃,一些人被挤入河中,一些人则被迫跳入河中,一些人则跌倒到桥面上遭人反复踩踏,最终造成 378 人死亡和 755 人受伤,这是由谣言引发恐慌进而导致人群非适应性行为的典型案例。一项对真实地震中人员反应的观测实验研究发现:当地震发生前,人的正常步频约为 2Hz(即 1 秒中迈腿两步),当地震发生时的十几秒中,人的步频陡然上升至 5Hz 左右,这一发现表明,地震诱发了人乱跑这种非适应性行为。从群体疏散的角度来看,心理会影响人的疏散行为,疏散行为又会影响疏散势态,例如安全出口和疏散通道使用、疏散路径选择等,而疏散势态又会反作用于人的心理,例如某出口的密集人群会引发其他疏散者的"羊群效应"①(如图 7.10),三者构成一个心理—行为—势态三角形(如图 7.11),共同影响整体疏散过程。

---

① "羊群效应"也叫"从众效应",是指个人的观念或行为由于真实的或想象的群体的影响或压力,而向与多数人相一致的方向变化的现象。

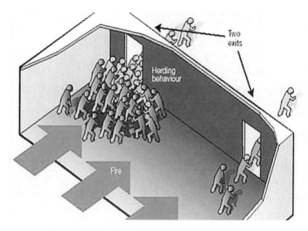

图 7.10　疏散者"羊群效应"

图 7.11　心理-行为-势态三角形

7.3.2　相互作用理论

人员疏散相互作用理论认为,疏散过程中个体之间、个体与环境之间存在相互作用,这些相互作用能影响人的决策,使疏散过程变得十分复杂。在个体之间的相互作用方面,当个体之间距离较大时,两者之间作用不明显,可忽略个体之间的相互作用,随着距离的靠近,个体之间有接触或冲撞的可能,个体为避免肢体接触或冲撞,会改变自身运动速度或运动方向,当个体之间距离再近时,相互之间会产生挤压和摩擦,这种挤压和摩擦会导致群体中产生推力和力的传播,在出口处形成"拱形堵塞"和"间歇流"(如图 7.12),进而制约疏散效率,严重时还会导致疏散者因过度拥挤而发生伤亡,日本东京大学的一项实验表明,当人群密度达到 7.5p/m² 时,人体所受平均作用力为 400N,当人群密度达到 10.5p/m² 时,人体所受平均作用力为 1100N。此外,对于相互熟悉的个体之间,往往还存在相互吸引的作用,这种吸引作用在一定范围内随距离的增大而增大,体现出熟悉群体抱团疏散的特性。在个体与环境的相互作用方面,个体的运动速度和方向会受制于空间环境特征,个体会尽早地主动避开障碍物并与环境实体(如墙、楼梯扶手等)保持适当的间距,如无法避开,障碍或实体会对人产生反向排斥力。

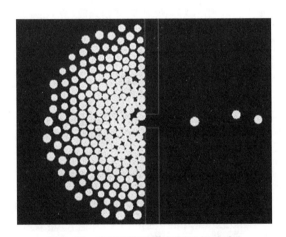

图 7.12　出口"拱形堵塞"和"间歇流"

7.3.3　个体运动机制

群体是由个体组成的,因此,个体的运动将决定整体的行动。疏散个体的运动机制包括两个方面,一是速度变化的行为过程,一是方向变化的行为过程,两者共同决定了疏散个体在空间中的疏散过程。在速度变化机制方面,一般认为个体都不受影响下的运动速度为期望速度,重点考虑个体与个体之间的相互作用,修正个体期望速度,进而实现个体运动速度的调整,经验上,个体的运动速度也可根据图 7.9 中的速度-密度关系来确定。在方向变化机制上,需要考虑个体与个体之间、个体与环境之间的相互作用,个体方向变化的行为过程可概括为 4 个阶段:需求产生、环境评价、决策触发和方案执行,如图 7.13 所示。在需求产生阶段,个体自身的期望(如超越、趋光)会使其主动改变方向,环境干扰(如障碍物阻挡)也会迫使个体产生改变方向的意向,这一阶段解释了个体方向变化的主客观原因;在环境评价阶段,个体会评价周围一定范围内环境的优劣,并进一步判断改变方向的可行性,即环境是否允许其安全改变方向,这一阶段解释了个体方向变化的必要条件;在决策触发阶段,个体会根据自身需求和环境条件做出是否改变方向的决定,是否做出决定或何时做出决定完全取决于个体,这一阶段决定了改变方向行为的起点;在方案执行阶段,个体按照一定方案进行换向,换向方案一般包含两个关键因素:速度和角度,即个体以多大的速度和角度去改变方向,反映了个体改变方向的快慢,这一阶段解释了个体如何改变方向的具体行为过程。

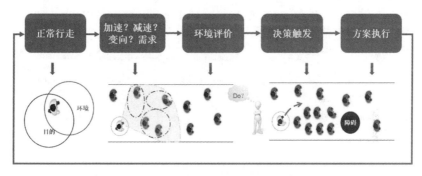

图 7.13　个体方向变化机制示意图

7.4　人员疏散风险分析模型

人员疏散风险分析模型是随计算机技术的发展而逐步诞生的一种计算机分析方法,通过计算机模拟人员的移动过程,得出疏散时间、疏散效率等数据结果,进而评估疏散风险、优化疏散方案。由于疏散模型可以辅助建筑设计、风险评估、方案制定,并且能够代替代价高昂的疏散演习,因而得到了迅速的发展,截至目前,世界各国研究人员已经开发了数十种可用于分析人员疏散的模型或软件。根据不同的标准,人员疏散模型可以分成不同的类型,若按模化方法划分,可分为离散化模型和连续性模型;若按对象尺度划分,可分为宏观模型和微观模型;若按基本思想划分,可分为网络疏散模型、网格疏散模型和Multi-Agent疏散模型。本章按第三类分类方法介绍几种典型的人员疏散分析模型。

7.4.1 基于网络的疏散模型

基于网络的疏散模型是一类高效的计算模型,其基本思想是将疏散空间简化成拓扑网络图,网络图由"节点"和"边"组成,"节点"表示疏散过程中的结构单元①,"边"表示连接不同结构单元的疏散通道,疏散起点到疏散终点(安全区域代表的结构单元)的"节点"和"边"的集合表示疏散路径,其中,疏散空间既可以是小尺度的建筑空间环境,也可以是大尺度的开放空间环境,如图7.14所示。

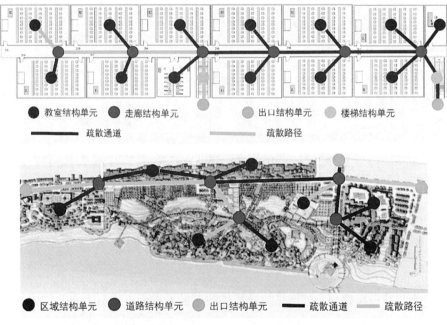

图7.14 教学楼单层疏散网络(上)和城市疏散网络(下)示意图

---

① 结构单元是指疏散空间中具有人员容纳功能的组成部分,如建筑房间、走廊、楼梯、电梯、大厅和具有人员容量的固定区域。

基于网络的疏散模型能够比较清楚地反映疏散空间中的疏散路线,是一种形象、快捷、简便的计算方法,这类模型的基本假设如下:

(a)疏散人员具有相同的特征,并且都具有足够的身体条件疏散到安全地点。一般说来,由于疏散人员的性别、年龄、身体条件等不同,疏散能力也各不相同,但是该类模型中不考虑这些参数对疏散时间的影响;

(b)人员在疏散时会主动选择最近的出口撤离,并且按照设定的疏散路径进行疏散;

(c)疏散人员在疏散开始的时刻能一起开始疏散,并且人员在疏散过程中不会中途退回选择其他路径;

(d)模型不考虑人员的行为及其在疏散过程中的反应;

(e)模型是一个线性模拟系统,疏散在某一段路径上的流量与人员行走速度一经计算者设定后,在整个模拟时间内将不会改变;

(f)模型在分析人员所需的行走时间,不包含火灾探测时间及人员在开始疏散之前的反应时间。

基于网络的疏散模型的另一个关键问题是:如何描述人员在疏散网络中从一个结构单元到另一个结构单元的流动过程,进而计算出疏散网络的整体疏散时间。疏散时间的计算方法一般可以通过"节点"的状态来描述,疏散经过一定时间后,当所有"节点"中容纳的人员数量降到零时,表示疏散网络已清空,疏散过程结束,疏散网络清空的时间即为疏散时间。

如图 7.15,对于节点 N,最大容量为 C_N,时间 t 时节点的实际容量为 $c_N(t)$,经过节点 N 的疏散路径包括两条进入节点 N 的疏散通道 a、疏散通道 b 和一条从节点 N 出发的疏散通道 c,疏散通道在时段 t 时人流量分别为 $q_a(t)$,$q_b(t)$,$q_c(t)$,则时间 $t+\Delta t$ 时节点 N 的实际容量可用如下公式计算:

$$c_N(t+\Delta t)=\begin{cases}q_a(t)+q_b(t)+c_N(t)-q_c(t), & q_a(t)+q_b(t)-q_c(t)<C_N-c_N(t)\\ C, & q_a(t)+q_b(t)-q_c(t)\geqslant C_N-c_N(t)\end{cases}$$

$$(7.1)$$

式中,Δt 表示一定的时间间隔,可根据需要设定,如 5s,1min,1h 等。

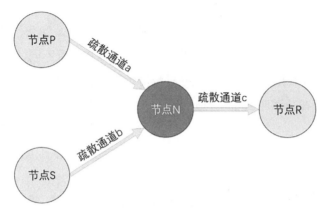

图 7.15 节点示意图

对于疏散通道,例如 a,最大容量为 C_a ,穿行时间为 t_a ,则时间 t 时疏散通道 a 的人流量 $q_a(t)$ 为:

$$q_a(t) = \begin{cases} C_a \cdot \dfrac{\Delta t}{t_d}, & c_P(t) \geqslant C_a \\ c_P(t) \cdot \dfrac{\Delta t}{t_d}, & c_P(t) < C_a \end{cases} \tag{7.2}$$

式中,穿行时间 t_a 可利用通道实际长度 l_a 和平均穿行速度 v_a 计算求出:

$$t_a = \frac{l_a}{v_a} \tag{7.3}$$

平均穿行速度 v_a 又是通道中人员密度的函数 $v_a(\rho)$,可用图 7.9 中的速度-密度关系表示。

基于网络的疏散模型的典型代表是 EVACNET,它是由美国 Florida 大学的 Kisko 等人开发的一种模拟建筑火灾中人员逃生的网络疏散模型,模型中的"节点"表示建筑物的分隔间(如房间、楼梯、走廊、门厅和大厅等),"边"表示连接分隔间的通道,对于每个"节点",用户需要定义其承载能力,即最多可容纳的人员数量,对于每条通道,需要确定人员通过所需的时间和通道的通行能力。模型的思路如下:

1.设定"节点"内人均面积 APAO,即人员密度信息;

2.根据 APAO 的大小和疏散服务等级 LOS 来确定"节点"内人员平均速度 AS 以及单位时间、单位宽度的人员流量 AFV;

3.根据"节点"的有效出口宽度 WR、平均速度 AS 和人员流量 AFV 来确定通过该"节点"单元出口的人员流量。

模型的工作界面和结果界面如图 7.16 所示。

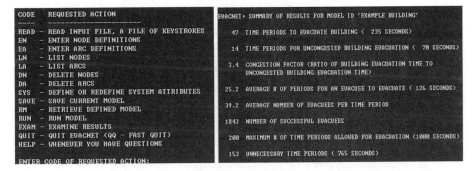

图 7.16　网络疏散模型 EVACNET 的工作界面(左)和计算结果界面(右)

EVACNET 模型在具体使用时,需要结合建筑结构将模型划分成不同的逻辑单元,每一种逻辑单元对应一类"节点",如表 7.1 所示,其中,DS 表示目标节点,包括安全出口、空地以及其他任何安全的区域。

表 7.1　EVACNET 的逻辑单元与对应"节点"类型

逻辑单元	房间	通道	楼梯	楼梯平台	电梯	门厅	目标
定义	WP	HA	SW	LA	EL	LO	DS

在进行"节点"划分时,一般根据建筑物内部的结构布局进行,例如可以将一个房间、一条走道分别划分为单独的"节点",但在某些特殊情况下,还需要合并或拆分"节点"。划分"节点"后,要对其进行参数设定,每个"节点"需要确定的参数包括:可用面积 UA、排队级别 LOS、人均面积 APRO、节点容量 NC、初始容量 IC,表示方法为 NODE.NC.IC,例如,"WP1.3,211,36"表示一层的第三个房间,该房间最大容量为 211 人,当前 36 人。设置完所

有"节点"的参数后,就可以进行疏散网络的计算分析,例如,对图 7.17 所示的一个三层建筑疏散网络进行计算,结果如图 7.18 所示,可以得到结论:该三层建筑中 212 人的整体疏散时间约为 170 秒,非拥堵疏散时间约为 110秒,排队拥挤时间约为 60 秒,平均每个时间间隔(时间间隔为 5 秒)疏散6.2 人。

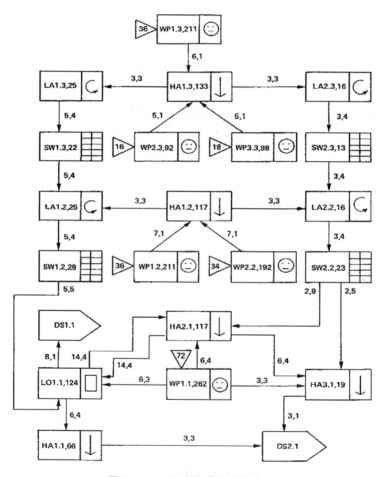

图 7.17　三层建筑模型疏散简图

(图片来源:Kisko T,Francis R,Nobel C.EVACNET4 user's guide[R].University of Florida,1998)

EVACNET+ SUMMARY OF RESULTS FOR MODEL ID 'USER GUIDE THREE STORY'

34　TIME PERIODS TO EVACUATE BUILDING (**170 SECONDS**)

22　TIME PERIODS FOR UNCONGESTED BUILDING EVACUATION (**110 SECONDS**)

1.5　CONGESTION FACTOR (RATIO OF BUILDING EVACUATION TIME TO UNCONGESTED BUILDING EVACUATION TIME)

18.9　AVERAGE # OF PERIODS FOR AN EVACUEE TO EVACUATE (　95 SECONDS)

6.2　AVERAGE NUMBER OF EVACUEES PER TIME PERIOD

212　NUMBER OF SUCCESSFUL EVACUEES

35　MAXIMUM # OF TIME PERIODS ALLOWED FOR EVACUATION (175 SECONDS)

1　UNNECESSARY TIME PERIODS (5 SECONDS)

图 7.18　三层建筑模型疏散结果图

7.4.2　基于网格的疏散模型

基于网格的疏散模型是一类空间离散化模型,其基本思想是将疏散平面空间离散化成很多相邻的小区域(类似网格或网点),通过网格或网点的状态属性变化来描述平面空间上的人员流动,例如图 7.19 所示,图中有且仅有两个相邻的网格 A 和 B,如果每个网格的容量为 1(最多可容纳 1 人),那么网格的状态属性为 1 或 0,分别表征该网格有人占据或为空。若 t 时刻两个网格的状态属性分别为 A(1)、B(0),而 $t+1$ 时刻两个网格的状态属性变为 A(0)、B(1),这种变化就表征了从 A 到 B 的一次人员流动,基于网格的疏散模型大多采用这种建模思格,只是对于不同的网格疏散模型,网格的精细程度、状态属性、转移流动及考虑的影响因素会有所不同。

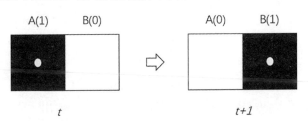

图 7.19　网格状态变化表征人员流动的思想

与网络模型相比,网格模型可以更加准确地表示疏散空间的几何形状及其内部障碍物的位置,也可以考虑更加丰富的相互作用和空间环境影响因素,因此,受到国内外学者的广泛关注。网格模型中,最为经典的当属元胞自动机(Cellular Automaton,CA)模型,这是一种按预定规则改变系统状态的时空离散模型,很多基于网格的疏散模型都是在元胞自动机模型的基础上改进并建立的,具有代表性的有:日本静冈大学 Muramatsu 等人提出的有偏无后退随机行走模型,德国科隆大学 Burstedde 等人提出的"场域"(Floor-Field,FF)模型,中国科学技术大学宋卫国教授团队提出的多作用力(Cellular Automata with Force Essentials,CAFE)模型、多格子(Multi-Grid,MG)模型和 k 近邻(k-Nearest-Neighbor,kNN)模型等,下面对这些模型进行简要介绍。

(1)有偏无后退随机行走模型

有偏无后退随机行走模型是最早利用元胞自动机研究行人运动的工作,由日本冈大学 Muramatsu 等人提出。模型中,空间被离散为二维网格,行人在网格格点上根据特定规则迁移,如图 7.20 所示,行人的运动方向包括前、左、右,向前的运动有一个偏向性 D,具体朝哪个方向运动取决于三个方向的迁移概率 p,而 p 的取值由行人相邻格点的占据情况确定,如果某方向相邻格点被其他行人占据,则行人只能在剩余的方向中进行选择。对应图 7.20 中自左至右的情况,具体的迁移概率如下:

$$p_{t,x} = D + (1 - D)/3, \quad p_{t,y} = p_{t,-y} = (1 - D)/3 \tag{7.4}$$

$$p_{t,x} = D + (1 - D)/2, \quad p_{t,y} = 0, \quad p_{t,-y} = (1 - D)/2 \tag{7.5}$$

$$p_{t,x} = D + (1 - D)/2, \quad p_{t,y} = (1 - D)/2, \quad p_{t,-y} = 0 \tag{7.6}$$

$$p_{t,x} = 0, \quad p_{t,y} = 1/2, \quad p_{t,-y} = 1/2 \tag{7.7}$$

$$p_{t,x} = 1, \quad p_{t,y} = 0, \quad p_{t,-y} = 0 \tag{7.8}$$

$$p_{t,x} = 0, \quad p_{t,y} = 0, \quad p_{t,-y} = 1 \tag{7.9}$$

$$p_{t,x} = 0, \quad p_{t,y} = 0, \quad p_{t,-y} = 0 \tag{7.10}$$

需要注意的是,D 表示的是一种方向偏好概率,一般用于表示人员朝安全出口的偏好,如果偏好方向和行走方向不同向,此时需要将 D 分解为行走方向及垂直方向上的偏好 D_x, D_y。

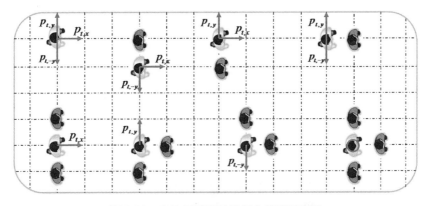

图 7.20　有偏无后退随机行走模型示意图

（2）FF 模型

"场域"（FF）模型是一类可考虑环境影响的元胞自动机模型,由德国科隆大学 Burstedde 等人开发,模型通过"静态场"考虑系统结构或建筑构形对行人的影响,通过"动态场"考虑来自其他行人的影响。

"场域"模型中,"静态场"是一个确定的、不随时间变化的场,场值 S_{ij} 可以作为元胞的静态属性,该属性通常与元胞 (i,j) 距出口 (x_{exit}, y_{exit}) 的距离 d_{ij} 成反比（公式 7.11）,距出口越近则场值越大（如图 7.21）,这样,行人朝向出口的倾向就可以通过从场值低的元胞向场值高的元胞的转移来体现。

$$S_{ij} = \max \ d_{ij} - \sqrt{(x_{ij} - x_{exit})^2 + (y_{ij} - y_{exit})^2} \tag{7.11}$$

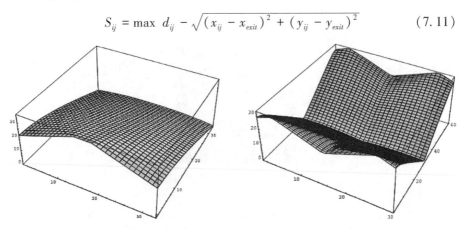

图 7.21　"场域"模型的"静态场"示意图（左：前端中央单出口；右：顶点旁四出口）

（图片来源：期刊文献 Physica A：Statistical Mechanics and its Applications 312（2002）260-276）

"场域"模型中,"动态场"是一种具有扩散和衰退特性的虚拟行人轨迹场,场值 D_{ij} 可以作为元胞的动态属性,元胞上有行人时,场值 $D_{ij} \rightarrow D_{ij} + 1$,元胞上没有行人时,场值 D_{ij} 以概率 δ 衰减,因此,行人的跟随倾向就可以通过从场值低的元胞向场值高的元胞的转移来体现,而"动态场"也体现了系统中的速度分布,图7.22展示了行人朝出口移动过程不同阶段的"动态场"变化示意图。

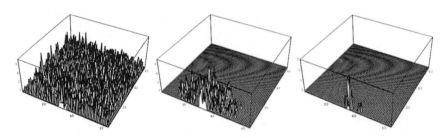

图7.22 "场域"模型的"动态场"示意图(左:初始阶段,中:中间阶段,右:后期阶段)

(图片来源:期刊文献 Physica A:Statistical Mechanics and its Applications 312(2002)260-276)

"场域"模型将行人的方向决策问题转化为求解系统"静态场"和"动态场",进而计算行人在两个场的影响下的方向转移概率 p_{ij} ,如图7.23,较好地体现了人与人、人与环境间的影响。德国学者 Kirchner 等人[1]给出了"场域"模型的转移概率计算方法:

$$p_{ij} = \left(\sum_{ij} p_{ij} \right)^{-1} \exp(k_D D_{ij}) \exp(k_S S_{ij})(1 - n_{ij})\xi_{ij} \tag{7.12}$$

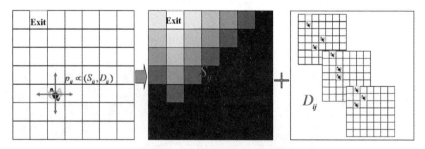

图7.23 "场域"模型示意图

---

[1] A. Kirchner, A. Schadschneider, Simulation of evacuation processes using a bionics-inspired cellular automaton model for pedestrian dynamics, Physica A:Statistical Mechanics and its Applications 312(2002)260-276。

（3）CAFE 模型

多作用力（CAFE）模型是一种综合考虑人与人之间、人与环境（如建筑物）之间相互作用的元胞自动机模型，由中国科学技术大学宋卫国教授团队的于彦飞博士研发[①]。模型将吸引力、排斥力和摩擦力三种力对人员疏散的影响量化为对人员转移概率的影响，并引入"作用半径" R_i 来考虑环境对人员转移概率的影响，如图7.24所示，人员会考虑其周围8个区域（上、下、左、右、左上、右上、左下、右下）内的 $[(2R_i+1)^2-1]$ 个元胞格点，根据公式7.13和公式7.14计算行人 (i,j) 对当前行人 (i_0,j_0) 的作用 s_{ij} 和每个区域对当前行人的影响 $S_t\{t=u,d,l,r,ul,ur,dl,dr\}$，然后将左上（下）方和右上（下）方区域影响分别计入上（下）方区域影响（公式7.15），最后求出行人向上下左右四个方向的转移概率（公式7.16），行人则按照此概率改变方向。

$$s_{ij} = L_{ij}O_{ij}, \ S_t = \sum_{(i,j)\in t} s_{ij} \tag{7.13}$$

$$L_{ij} = \begin{cases} 1, & l < l_{critical} \\ 1/l, & l \geqslant l_{critical} \end{cases}, O_{ij} = \begin{cases} 0, & (i,j)\,empty \\ 1, & (i,j)\,occupied \end{cases} \tag{7.14}$$

$$S_u = S_u^0 + 0.5(S_{ul} + S_{ur}), \ S_d = S_d^0 + 0.5(S_{dl} + S_{dr}), \ S_l = S_l^0, \ S_r = S_r^0 \tag{7.15}$$

$$p_m = \left(\sum_m p_m\right)^{-1} \frac{1}{n} \frac{1}{1+S_m} \quad (m = l, r, u, d) \tag{7.16}$$

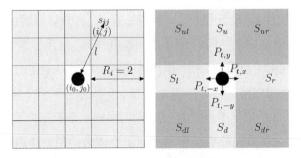

图7.24 考虑"作用半径"的多作用力模型示意图

① 于彦飞.人员疏散的多作用力元胞自动机模型研究[D].中国科学技术大学,2008。

(4)MG 模型

多格子(Multi-Grid)模型是一种更加精细化的元胞自动机模型,由中国科学技术大学宋卫国教授团队的胥旋博士研发①。这种模型解决了传统元胞自动机模型网格划分粗糙和运行规则过于简单的缺点,可以描述人员非整齐排列情况和高密度下人员的细微运动,因而具有精度高的优势。与传统的单格子不同,多格子模型中每个个体将占据 $n \times n$ 个网格,并且允许不同个体所占据的网格发生部分重叠以刻画强相互作用,如图 7.25 所示。

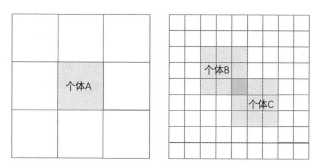

图 7.25　单格子(左)和多格子模型(右)中的网格划分

多格子模型中,人员的运动由其自驱动作用力、个体间的相互作用力以及个体与环境间的相互作用力共同决定,这些力最终都被量化成个体的转移概率 p_{ij}。模型中的自驱动作用表示人员运动的目的性或期望,用 $D(0 \leqslant D \leqslant 1)$ 表征人员的自驱动作用,其大小表示概率,其方向始终指向出口,采用力的分解方法,将 D 投影到其最近邻的 3 个网格方向上,将分解值增加到这 3 个方向的转移概率中;模型中个体间的相互作用包括挤压、排斥和摩擦,当不同个体所占据的网格发生重叠时,每个个体都将受到来自另一个体的压力和摩擦,压力的方向由重叠的网格指向个体中心网格,压力大小等于个体质量和加速度的乘积,摩擦力的方向与压力垂直,摩擦力的大小等于压力和摩擦系数的乘积;模型中个体与环境间的相互作用类似于个体间的相互作用;综合三种因素后,个体的转移概率 p_{ij} 可用如下公式计算:

$$p_{ij} = \xi \delta_{ij} I_{ij} \left(\frac{1-D}{\sum \delta_{ij}} + D_{ij} + \sum_P f_{ij} + \sum_W f_{ij} \right) \tag{7.17}$$

式中,ξ 为规一化指数;δ_{ij} 为体积排斥指数,当个体的运动未违反体积排斥原则[①]时,取 $\delta_{ij} = 1$,否则为 0;I_{ij} 为惯性因子,表示个体维持上一步运动的惯性;D 表示偏向概率;D_{ij} 为 D 投影到 (i,j) 方向上的投影值。

由于多格子模型将网格划分得更加精细,因此,使用该模型不仅可以重现传统模型得到的出口处"拱形分布"现象,还可以刻画出口拥塞的局部微观特征,如图 7.26 所示。

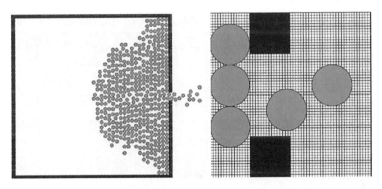

图 7.26 多格子模型模拟的出口"拱形分布"(左)和局部微观特征(右)

(图片来源:期刊文献 Physica A,2008,387(22):5567-5574)

(5)kNN 模型

k 近邻模型是一种可用于分析相向流的元胞自动机模型,由中国科学技术大学宋卫国教授团队的马剑博士研发[②]。模型基本思想和考虑"作用半径"的多作用力模型相似,但是模型中,人员运动转移概率不仅受到与其直接相邻的三个行人的影响,还取决于与其相向的 k 个邻近行人,如图 7.27 所示,行人按照图中的标号顺序由小到大、由中间到两侧依次查找(以体现距离和角度的影响),直至找满 k 个相向运动的行人,然后统计这 k 个行人在行人前(R)、

---

① 体积排斥原则指人员不会向已经被其他人员占据的位置运动。

② 马剑.相向行人流自组织行为机理研究[D].中国科学技术大学,2010。

左(U)、右(D)三个区域分布的个数 $T_r\{r=U,D,R\}$,进而计算行人向前、左、右三个方向的转移概率,计算公式如下:

$$p_r = \left(\sum_r p_r \right)^{-1} \frac{1}{n} \frac{1}{1+T_r} \quad (r=U,D,R) \tag{7.18}$$

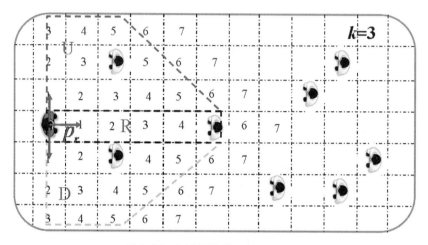

图 7.27　k 近邻模型示意图($k=3$)

7.4.3　基于 Multi-Agent 的疏散模型

基于 Multi-Agent 的疏散模型是一类微观疏散模型,其基本思想是将疏散者定义为具有一定属性、相互作用的个体 Agent,Agent 与 Agent 之间可以相互通信、制约和协调,每个 Agent 都可以拥有自身独特的特征(如性别、年龄、身高、体重、职业、速度、性格等),在疏散过程中,每个疏散个体 Agent 可以根据其周围其他 Agent 和环境因素调整自己的行为属性和空间位置。在基于Multi-Agent 的疏散模型中,疏散者直接在疏散空间中运动,不需要对疏散空间进行离散化,也不需要使用类似网格模型的网格状态变化表征个体移动,因而相较网格模型,该类模型更加形象、直观。本节介绍两种基于 Mutli-Agent的疏散模型,一种是经典的社会力(Social Force,SF)模型,另一种是笔者自主研发提出的"视野场阻"(Visual Hindrance Field,VHF)模型。

(1)社会力模型

社会力模型是一种连续性多粒子自驱动人员疏散模型,由德国科学家

Helbing 提出①。模型将个体的主观期望和环境对人的影响分别量化为自驱动力和作用力,通过力的合成将行人之间、行人与环境间心理的、物理的相互作用综合考虑,进而引起行人速度矢量变化,如图 7.28 所示。Helbing 利用此模型模拟出了行人动力学中的典型现象,如出口拥塞、恐慌跟随、"快即是慢"等②,使得该模型得到了广泛的认同。

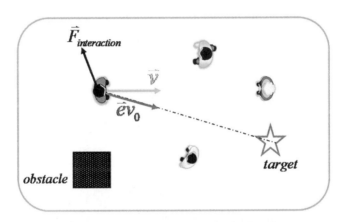

图 7.28　社会力模型中的力和速度矢量示意图

在社会力模型中,行人有朝向目标的期望方向 $\vec{e}$ 和期望速度 v_0,则期望速度矢量为 $v_0\vec{e}$,行人的实际速度矢量 $\vec{v}$ 会倾向 $\vec{e}v_0$ 变化,这种倾向被量化为自驱动力 $\vec{F}_{self-drive}$ 来表示:

$$\vec{F}_{self-drive} = \frac{1}{\tau}(v_0\vec{e} - \vec{v}) \tag{7.19}$$

然而,行人在实际行走过程中会受到一定范围内其他行人和障碍物(如墙)的影响,这种影响则被量化为相互作用力 $\vec{F}_{interaction}$,包括行人作用力 $\vec{F}_{person}$ 和障碍物作用力 $\vec{F}_{obstacle}$,这种相互作用的力会使行人实际速度方向偏离其期

① 　D.Helbing, P.Molnar, Social Force Model for Pedestrian Dynamics, Phys Rev E 51 (1995) 4282-4286。

② 　D.Helbing, I.Farkas, T.Vicsek, Simulating dynamical features of escape panic, Nature 407 (2000)487-490。

望运动方向:

$$\vec{F}_{interaction} = \vec{F}_{person} + \vec{F}_{obstacle} \tag{7.20}$$

$$\vec{F}_{person} = \{A_i \cdot \exp[(r_{ij} - d_{ij})/B_i] + k \cdot g(r_{ij} - d_{ij})\}n_{ij} +$$
$$\kappa \cdot g(r_{ij} - d_{ij}) \cdot \Delta v_{ji}^t \cdot t_{ij} \tag{7.21}$$

$$\vec{F}_{obstacle} = \{A_i \cdot \exp[(r_i - d_{iw})/B_i] + k \cdot g(r_i - d_{iw})\}n_{iw} -$$
$$\kappa \cdot g(r_i - d_{iw}) \cdot (v_i \cdot t_{iw})t_{iw} \tag{7.22}$$

其中,当 $x > 0$ 时,函数 $g(x) = 1$;否则, $g(x) = 0$。

进而,模型根据综合社会力 $\vec{F}_{social-force}$ 更新行人的实际速度矢量 $\vec{v}$,行人在实际速度方向上更新位置:

$$m\frac{d\vec{v}}{dt} = \vec{F}_{social-force} = \vec{F}_{self-drive} + \vec{F}_{interaction} \tag{7.23}$$

$$\vec{x}_{new} = \vec{x}_{old} + \vec{v} \cdot \Delta t \tag{7.24}$$

社会力模型在解决行人速度和方向更新时,运用经典的牛顿力学规律建立受力平衡方程来模拟求解,将问题的本质归为更新行人的速度矢量,在理论上是一种科学合理的方法,后续的研究人员也对社会力模型做了各种改进。

(2)"视野场阻"模型

"视野场阻"模型是一种考虑人员视觉对决策影响的连续性人员疏散模型,由中国科学技术大学宋卫国教授团队的吕伟博士研发[①]。模型采用的人员速度调整机制为:当其前向距离足够大时,行人以其最舒适的自由速度 v_{free} 行走;当其前向距离小于一定值 d_c 时,行人的运动将受到前方行人的影响,其行走速度随前向距离 d 的减少而单调下降直至停止;当行人的运动受到前方行人影响时,其行走速度和前方行人行走速度变化方向一致;当行人与其前方行人间存在速度差时,会在一定程度上采取加速或减速行为。模型采用的人

---

① 吕伟.基于运动方向变化机制的车辆及行人微观交通模型研究[D].中国科学技术大学,2014。

员方向变化机制为:当行人行走自由、未遇阻挡时,其运动方向依其意愿自由确定,一般情况会保持确定的方向不变;当行人在遭遇"障碍物"、与障碍物的距离为 L 时,会以概率 $P(L)$ 做出改变方向的决定,且在离障碍物越近的位置改变方向的期望越大,即 L 越小 $P(L)$ 越大;当行人做出换向决定后,会根据视觉信息判断环境优劣并选择行走空间较宽裕的方向换向,行人倾向于向"视野场阻"较小的方向发生侧向移动,但如果行人"视野场阻"没有区别,行人按其行走偏向选择方向。

根据人员的速度调整机制,模型采用如下公式描述人员的疏散速度:

$$\begin{cases} \dfrac{dv_n(t)}{dt} = \kappa\left[v(d) - v_n(t)\right] + \lambda\Delta v_n \\ v(d) = v_{\max}/2 \cdot \left\{\tanh\left[C(d - s_0) + \tan(Cs_0)\right]\right\} \end{cases} \quad (7.25)$$

式中, κ 是反映行人敏感性的参数,一般为弛豫时间 τ 的倒数; d 是行人的前向距离; $v_n(t)$ 是行人 n 的速度, Δv_n 是行人 n 与其前方相邻行人的速度差, $v_n(t) = v_{n+1}(t) - v_n(t)$; λ 是速度差的影响强度系数; $v(d)$ 为优化速度函数; $v_{\max}$ 为行人最大速度; $C, s_0 > 0$ 为模型优化参数。

根据人员的方向变化机制,模型采用如下公式描述人员的方向决策:

$$P(L) = \begin{cases} \dfrac{1}{exp\left[0.8348(L - 1.099)\right]}, & L \geqslant 1.099 \\ 1, & L < 1.099 \end{cases} \quad (7.26)$$

式中, L 为人员的前向距离,m; $P(L)$ 表示人员在前向距离 L 时选择改变方向的概率。

如果人员选择改变方向,则会向"视野场阻"小的方向移动,模型将行人视野中的其他行人或障碍物均看作对行人视觉信息中的一种"阻碍",并定义这种"阻碍"为行人的"视野场阻",行人的"视野场阻"具有近大远小的特征。

为了准确地将行人的方向选择机制耦合入模型,需要进一步对"视野场阻"进行量化。以行人 i 为研究对象,规定其视野场中行人 j 对其产生的"视野场阻"为 $R_{i,j}$,行人 j 与行人 i 的距离为 $L_{i,j}$,行人 j 所在横截面上行人 i 的可视

范围为 $S_{j,L}$,行人 j 的身体横截面积为 S_j,则行人 j 对行人 i 的"视野场阻" $R_{i,j}$ 可表示为:

$$R_{i,j} = \frac{S_j}{S_{j,L}} / \sum_j \frac{S_j}{S_{j,L}} \qquad (7.27)$$

参考平视情况下的人眼视野视角信息,双眼在水平面内的视区大约在左右 60 度范围内,在垂直平面内的视区大约在视平线以上 50 度、视平线以下 70 度的范围内,可规定行人的水平方向视角范围 α 和垂直方向视角范围 β 分别为 $\alpha = \beta = 120$ 度,且视角范围呈左右、上下对称,依据立体几何知识,可知:

$$S_{j,L} \propto L^2 \qquad (7.28)$$

再给定行人 i 的最大视野距离 L_m、行人 j 的身高 h_j 和身宽 w_j,"视野场阻"可以进一步表示为:

$$R_{i,j} \propto \frac{h_j w_j}{L_{i,j}^2} / \sum_j \frac{h_j w_j}{L_{i,j}^2} \quad \{\forall j \mid 0 < L_{i,j} < L_m\} \qquad (7.29)$$

图 7.29 所示为行人"视野场阻"的示例,行人 2 对行人 1 的"视野场阻"为 $R_{1,2} \propto (h_2 w_2 / L_{1,2}^2) / (h_2 w_2 / L_{1,2}^2 + h_3 w_3 / L_2 1,3)$,行人 3 对行人 1 的"视野场

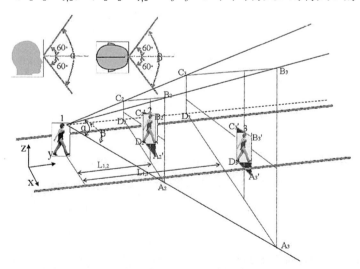

图 7.29 行人运动过程中的"视野场阻"示例图

(图片来源:期刊文献 IEEE transactions on Intelligent Transportation Systems,99(2013)1—11)

阻"为 $R_{1,3} \propto (h_3 w_3 / L_{1,3}^2) / (h_2 w_2 / L_{1,2}^2 + h_3 w_3 / L_{1,3}^2)$，显然行人 3 离行人 1 更远（ $L_{1,3} > L_{1,2}$ ），行人 3 对行人 1 的"视野场阻"就较小（ $R_{1,3} < R_{1,2}$ ），反映了行人 3 对行人 1 的影响小于行人 2 对行人 1 的影响这样的现实现象。

结合图 7.30 所示的流程图，模型对人员在二维平面上的运动过程描述如下：

1) 个体在自己的"轨迹通道"上（在某一方向上）以自由速度或期望速度行走；

2) 当前向距离 L 减小，个体运动受到周围其他个体或环境中的障碍影响时：以 $P(L)$ 的概率向"视觉场阻"分布较小的方向发生侧向位移；以 $1 - P(L)$ 的概率保持在原方向上继续行走，但速度将发生改变。

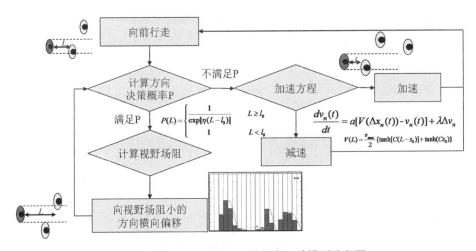

图 7.30　考虑"视野场阻"的行人运动模型流程图

采用"视野场阻"模型模拟行人运动基本图、通道流动性、"走走停停"现象、瓶颈流量流率、行人分层现象与瓶颈临界宽度、出口疏散时间、出口疏散流率等，并对比国内外实验研究，结果发现，模型能够很好地重现实验中出现的典型现象，并能够得到和实验数据相吻合的模拟结果。值得一提的是，"视野场阻"模型是在人类视觉感知逻辑基础上建立的 Mutli-Aagent 疏散模型，这种建模方式在一定程度上也丰富了人员疏散模型的建模思路。

7.5　人员疏散风险分析案例[①]

在人员疏散风险研究领域，国内外许多学者运用本章介绍的三大类疏散模型对大型建筑、体育场馆、交通枢纽、地下空间等公共场所开展了大量疏散风险分析或评估研究，相关内容见诸研究论文。本书以公交车为例，运用人员疏散基本理论和软件 Pathfinder 对其进行疏散风险分析，考虑到公交车内部空间狭窄密闭、乘客量大密集，一旦发生自燃、违禁物品燃爆或人为纵火，如果不能及时有效地疏散车上乘客，极易造成严重的人员伤亡，因此，对公交车乘客疏散进行风险分析则对公交车安全运行具有重要意义。

7.5.1　公交车疏散时间风险

从乘客个体疏散安全角度，对于满载拥挤的公交车，不同位置处的个体疏散的风险不同。图 7.31 显示了 3 种不同内部布局场景下不同位置处乘客的必需疏散时间 RSET（RSET 越小，个体的疏散越快，面临的疏散风险越小），可以看出：车厢后部乘客 RSET 最大，甚至超过中部车门附近乘客 RSET 的 8—10 倍，是公交车最危险的位置；座位区乘客 RSET 大于站立区乘客；中部区域座椅的数量和分布形式对疏散有重要影响，座椅越多、站立空间越少越不利于乘客安全疏散。

从整车疏散风险的角度，公交车乘客疏散的时间风险可表示为：$f_T = P \cdot L$，其中，P 表示乘客因疏散失败而受到伤害的可能性，L 表示乘客受伤害后果的严重性和损失。记 α（$\alpha = ASET - RSET$）为剩余疏散时间，则 α 具有性质：当 $\alpha > 0$ 时，$L = 0$，即乘客能够安全疏散而不会受到伤害；当 $\alpha \leqslant 0$ 时，$L > 0$，且 $|\alpha|$ 越大，L 越大，即乘客滞留时间越长，受到伤害就越大。因此，可以用剩余疏散时间 α 来表征乘客受伤害后果的严重性和损失 L：

[①]　吕伟，宋英华，王喆，房志明.城市单层大型公交车乘客疏散风险分析[J].中国安全科学学报，2014，(10)：151-156。

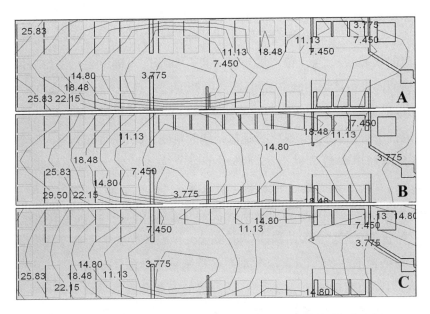

图 7.31　满载拥挤公交车上不同位置处乘客疏散所需时间分布图

$$L = \begin{cases} \exp(-k\alpha) & \alpha \leqslant 0 \\ 0 & \alpha > 0 \end{cases} \tag{7.30}$$

假定所有乘客暴露在危险环境中相同的时间受到伤害的阈值相同,则疏散风险公式中的伤害概率 P 可近似为一常数 p_c,则当危险环境中的乘客数量为 N 时,公交车疏散的时间风险可表示为:

$$f_T = N \cdot p_c \cdot L \tag{7.31}$$

基于上述安全疏散理论,讨论不同人员密度、不同出口宽度场景下公交车整车的疏散时间风险 f_T,通过模型计算,结果表明:人员密度 ρ 和车门宽度 w 均是影响公交车乘客疏散的重要因素,人员密度越小、车门宽度越宽,疏散风险越小;在高密度时,减小车上乘客密度对降低疏散风险作用更显著,增大车门宽度在一定范围内也可降低疏散风险,而在中低密度时,人员密度的降低和车门宽度的增加对降低疏散风险的作用不明显。

7.5.2　公交车人员密度风险

人员密度过高是人群踩踏事故发生的重要诱因,城市公交车因其公共交通的承载属性,特别是在客流高峰时期,往往满载而且拥挤,是典型的人群密集场所。研究表明:人群流量最大时对应的人群密度为 2.8 人/m²,此密度下人群疏散效果最好;当人群密度超过 4.0 人/m²时,人群中会产生压力波,人员因受力而失稳摔倒的概率增加;当人群密度超过 5.6 人/m²时,人群将无法运动,极易发生事故;当人群密度达到 9.0 人/m²时,人的忍受能力达到极限,会造成挤压窒息事故[①]。从人员疏散干预的角度,人员密度在 5.0 人/m²以下时,采取增加出口数量或宽度等措施可以改善疏散效率,而密度超过 5.6 人/m²时,常规干预措施已无效果。如果将 $\rho_s = 2.8$ 人/m²、$\rho_c = 5.0$ 人/m² 和 $\rho_d = 5.6$ 人/m² 分别作为公交车乘客密度的安全临界值、可控临界值和危险临界值,结合公交车站立区面积,可以得到公交车载客数量风险轴,如图 7.32 所示,三种结构形式的公交车应分别严格控制乘客数量不超过 99 人、109 人、104 人,以降低拥挤踩踏事故风险,而理想的安全载客数量应分别不超过 71 人、75 人、70 人。为方便预警,进一步构建公交车拥挤风险系数 γ 和阈值 γ_0,当 $\gamma \geqslant \gamma_0$ 时,必须警示驾驶员采取措施防止人员密度继续增加。

$$\gamma = \frac{n - N_s}{N_d - N_s} \cdot \delta(n - N_s) \tag{7.32}$$

$$\gamma_0 = \frac{N_c - N_s}{N_d - N_s} \tag{7.33}$$

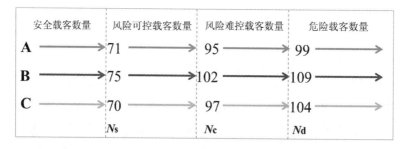

图 7.32　公交车载客数量风险轴

①　WANG Jing-hong,LO Siu-ming,WANG Qing-song,et al.Risk of the large-scale evacuation based on the effectiveness of rescue strategies under different crowd densities[J].Risk Analysis,2013, 33(8):1553-1563。

式中，n 为当前实际载客数量，n 等于当前累计上车人数与累计下车人数之差；当 $n > N_s$ 时，$\delta = 1$，否则 $\delta = 0$；N_s, N_c, N_d 分别表示针对公交车乘客密度风险的安全载客临界量、可控载客临界量和危险载客临界量。

7.5.3　公交车乘客流动风险

公交车乘客的紧急疏散过程是一种拥挤空间的密集人群流动过程，除人员密度外，流动性也是公交疏散需要考虑的因素，公交车上不同区域的流动性不同，面临的疏散风险也不一样，人员密度和流动性对疏散的影响如图 7.33 所示，人员密度小、流动性强的区域疏散风险较小，而人员密度高、流动性差的区域疏散风险大。定义某个区域的流动性为乘客在此区域的停留时间，进一步分析考虑乘客流动性的公交车的人员密度风险分布，图 7.34 显示了公交车上的人员密度与流动性分布图，可以看出：车厢后部疏散通道人员密度高、流动性差，疏散风险巨大；与前部车门相比，中部车门人员密度更高、流动性相对较差，承担了绝大部分乘客疏散的压力。

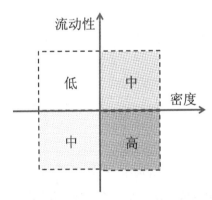

图 7.33　人员密度和流动性对公交车乘客疏散风险的影响

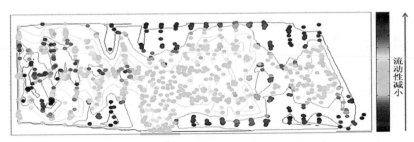

图 7.34　公交车人员密度与流动性分布图

通过上述分析,可以知道:公交车车厢后部区域的两侧多排双列座椅、窄通道的结构严重制约疏散效率,使得该区域乘客疏散所需时间超过中部车门附近乘客8—10倍,因此,应采取更换单列座椅、减少座椅的排数、减少后部座椅区纵深、增设后部车门等措施降低后部区域乘客的疏散风险;人员密度和车门宽度都是影响公交车乘客疏散的重要因素,中低密度情况下,降低人员密度和增加车门宽度均可降低疏散风险,高密度情况下,减小车上乘客密度对降低疏散风险的作用更显著,因此,应该从技术和管理层面建立乘客密度预警系统和机制,将车上乘客数量控制在安全范围;与前部车门相比,中部车门人员密度更高、流动性相对较差,但却承担了主要的乘客疏散压力,主要原因是连接前部车门的通道的瓶颈式结构限制了前车门的疏散能力,因此,应该重视前车门的疏散作用,增加瓶颈的宽度。

类似地,我们还可以运用各种人员疏散模型对涉及人群聚集、人群流动的场所进行预先危险性风险分析,做好相应的防范和管控措施,防止类似德国"爱的大游行"音乐节踩踏事件的发生及造成重大人员伤亡。

7.5 人员疏散技术及方法

在人员疏散技术应用方面,目前,人员疏散智能诱导指示技术是值得大力发展和推广的疏散技术,这种技术在常态下和紧急状态下可以为人员提供安全的疏散路径指示,提高疏散效率。人员疏散诱导指示往往是通过集成化的系统方案来实现,系统一般要具备灾害和人员监测、智能报警、动态指示等多种功能,甚至还要兼顾救援指示功能,图7.35为一个智能疏散诱导与救援指示系统的结构图,可以看出,该智能诱导指示系统的组成是比较全面的,但也是比较复杂的。

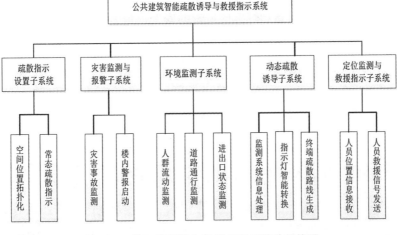

图 7.35　某智能诱导与救援指示系统的结构图

以某商场的一层为例,其平面结构图如图 7.36 所示,商场一层共有 4 个安全出口,分别位于商场四个方向的中央,灰色区域为商场的内部商业店面,

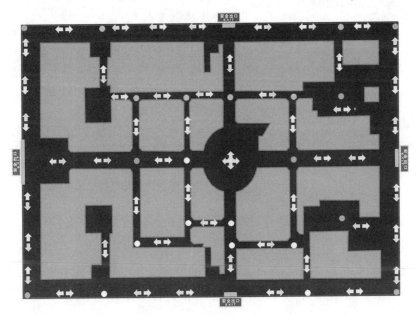

图 7.36　某商场一层平面布局及常态下疏散指示示意图

黑色区域表示公共区域和通道。在常态(安全出口打开、通道畅通无阻、无灾害威胁)下,商场的疏散指示灯指向最近的安全出口,保证人员按疏散指示可以从最近的安全出口离开;在非常态(安全出口或通道堵塞、发生火灾等)下,商场的疏散诱导指示系统通过监测分析、异常定位、通信控制等程序的协同联动,对商场中的疏散指示进行动态调整,诱导人员改变疏散路径,防止人员再进入异常区域范围,如图 7.37 所示。

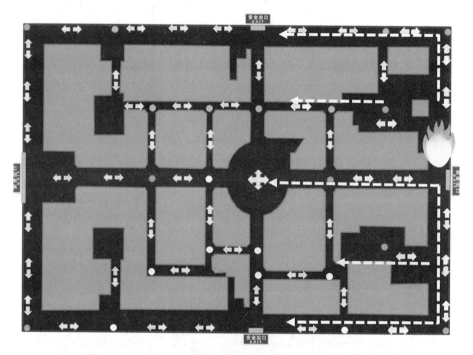

图 7.37　某商场一层出口发生火灾时疏散指示动态调整示意图

　　总体而言,人员疏散的理论模型及应用软件研发发展很快,可以对公共场所的疏散风险进行评估分析,但是从安全保障实践的角度,类似智能疏散诱导指示的实用技术还不够多,集成化的监测分析与预警技术也还有待研发,人员安全疏散相关的先进科学技术和装备水平还有待进一步发展和提升。

7.6 本章小结

安全疏散是保障灾害或重大事故下人员生命安全的最直接途径,虽然疏散逃生是人类在面对灾害时的本能行为,但是这种行为也有其自身的规律,掌握人类自身的行为规律对人类认识自我、克服自身缺点具有重要的意义。本章的主题是人员疏散的风险分析模型,然而这个主题并不是独立存在的,它与本书中所有其他章节的灾害风险分析模型都可以进行耦合分析。本章介绍了人员疏散的各种场景,通过成功的疏散案例和失败的疏散案例对比,展现了疏散过程中人员生命保障的重要性。在模型方面,本章重点从建模思想的角度介绍了三类人员疏散模型:基于网络的疏散模型、基于网格的疏散模型和基于Multi-Agent 的疏散模型,这三类模型各有特色,代表了人员疏散模型研究的重要方向。本章结合风险理论和疏散模型对公共交通汽车的疏散风险进行案例分析,可供读者借鉴,以分析其他类似的公共场所或交通工具设施。

第八章　犯罪热点分析模型与方法

8.1　犯罪热点的概念与作用

从事社会治安管理的人一般都知道,城市中犯罪活动发生的时间和地点是不均匀的,不同的犯罪活动在时间和空间上往往呈现出一定程度的聚集现象,例如,盗窃多集中于午后的居民社区,而酒后闹事则多集中于午夜的酒吧区域,这种犯罪活动聚集频发的时间或空间域,即犯罪热点。不同的犯罪活动在一天中各个时间段的不同的聚集性,可以形成时间维度的犯罪热点,而不均匀的人口、财富、建筑等分布对罪犯的不同的吸引性,则可以形成空间维度的犯罪热点。一般而言,犯罪热点更多用于描述不同空间尺度上的犯罪聚集状态。

犯罪热点可以准确地描述、预测不同类型犯罪的高发区域、高发时段,利用犯罪热点,警方可以更加有针对性地调配警力在热点区域和时域对犯罪进行精确打击,实现警力科学部署,同时也可根据犯罪热点的变化检验防控措施的效果,此外,警方还可以利用犯罪热点进行犯罪预警,提高当地民众或旅游者的警惕性,警示人们尽量避免各类犯罪频发的时段和地区,以减轻犯罪对社会公众造成的损失或伤害。当然,对犯罪热点的预警发布,也会为犯罪分子选择作案地点和方式以规避打击提供参考,不利于对犯罪的打击,这就需要警方根据实际需要,采取合适的对策,适时适当地向特定人群发布根据犯罪热点研判的预警信息。

8.2　犯罪热点的应用及案例

目前,犯罪热点在国际上最典型的应用就是与地理信息结合,制作犯罪热点地图。犯罪热点制图是一种在实际地图上呈现犯罪空间分布的可视化方法,是犯罪分析的重要组成,可以辅助警方科学分析犯罪的模式,快速识别犯罪的高发区域,预测可能的趋势等。

案例1:美国纽约犯罪热点地图。目前,美国纽约市警方通过其官方网站(https://maps.nyc.gov/crime/)持续发布最新的犯罪地图,如图8.1所示。

图8.1　纽约警方官方网站公布的犯罪热点地图

(图片来源:美国纽约市警方网站 https://maps.nyc.gov/crime/)

在这个网站上,犯罪热点地图可以显示上一年度至查询年度当月纽约地区的犯罪纪录,犯罪类型(Crime Type)包括七种:入室盗窃(Burglary)、严重攻击重罪(Felony Assault)、重大盗窃罪(Grand Larceny)、盗车罪(Grand Larceny of Motor Vehicle)、谋杀罪(Murder)、强奸(Rape)和抢劫(Robbery),如图8.2—图8.6分别显示了纽约地区2016年四个季度和2017年第一个季度的入室盗窃罪(Burglary)的热点地图,图8.7和图8.8分别显示了2016年全年纽约地区盗车和抢劫罪的热点地图,从这些图中可以看出,曼哈顿时代广场附近犯罪率最高,

而皇后区法拉盛的治安较好,抢劫相较盗车显得更加严重,进一步结合纽约市
人口普查信息,警方发现严重攻击和谋杀犯罪率高的地区贫困人口较多。

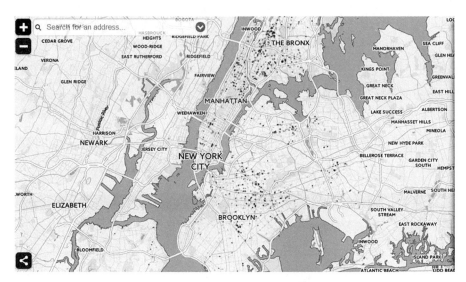

图 8.2 纽约 2016 年第一季度入室盗窃罪的热点地图

(图片来源:美国纽约市警方网站 https://maps.nyc.gov/crime/)

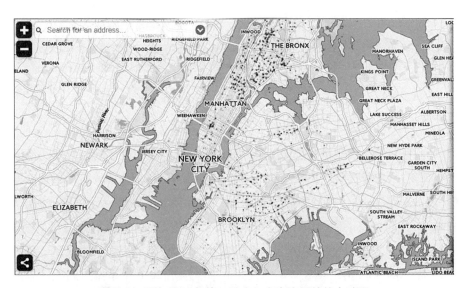

图 8.3 纽约 2016 年第二季度入室盗窃罪的热点地图

(图片来源:美国纽约市警方网站 https://maps.nyc.gov/crime/)

图 8.4　纽约 2016 年第三季度入室盗窃罪的热点地图

（图片来源：美国纽约市警方网站 https://maps.nyc.gov/crime/）

图 8.5　纽约 2016 年第四季度入室盗窃罪的热点地图

（图片来源：美国纽约市警方网站 https://maps.nyc.gov/crime/）

图 8.6　纽约 2017 年第一季度入室盗窃罪的热点地图

(图片来源:美国纽约市警方网站 https://maps.nyc.gov/crime/)

图 8.7　纽约 2016 年全年盗车罪的热点地图

(图片来源:美国纽约市警方网站 https://maps.nyc.gov/crime/)

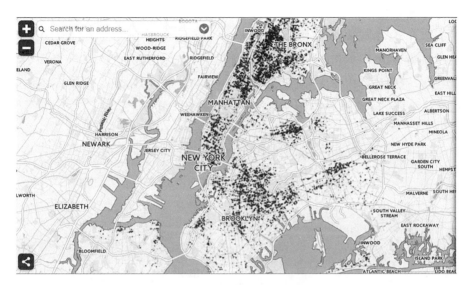

图 8.8　纽约 2016 年全年抢劫罪的热点地图

（图片来源：美国纽约市警方网站 https://maps.nyc.gov/crime/）

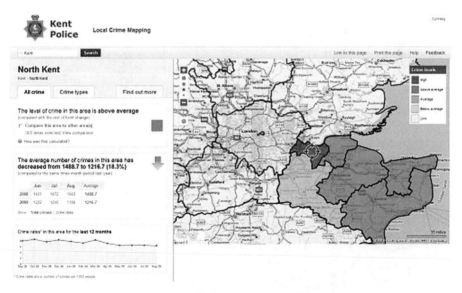

图 8.9　英国犯罪热点地图网站

（图片来源：新浪博客 http://blog.sina.com.cn/s/blog_56eccef30100fu33.html）

案例 2：英国犯罪热点地图。英国政府通过汇总英格兰与威尔斯警方最新犯罪资料，在网站（http://maps.police.uk/）上推出了英格兰与威尔斯犯罪热点地图，如图 8.9 和图 8.10 所示。罪犯热点地图提供包括盗窃、抢劫、暴力、汽车犯罪及反社会行为等资料，让民众掌握地区犯罪情况，民众还可根据邮递区号或市镇名称查询、比较各个地方的治安及其变化情况。

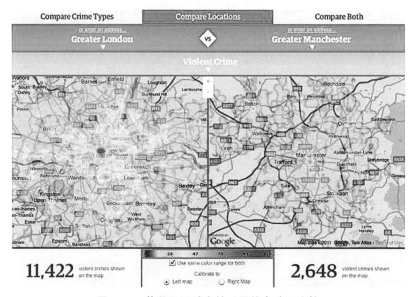

图 8.10 英国不同城市的犯罪热点地图比较

（图片来源：新浪博客 http://blog.sina.com.cn/s/blog_73249b5f0100phld.html）

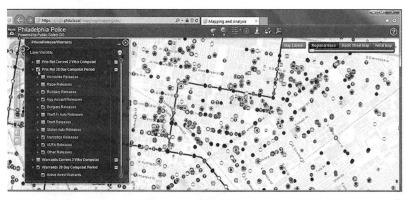

图 8.11 警情事件汇总

（图片来源：CSDN 博客 http://blog.csdn.net/arcgis_all/article/details/9426009）

案例3:美国费城警察局警用 GIS 系统。拥有6000多警员和侦探的费城警察局意识到数据和信息对于更好地开展警务工作至关重要,因此实施了一项耗时3年、耗资35万美元的工程,搭建了费城警用 GIS 系统。该系统最重要的功能就是对每天发生的警情事件进行汇总(如图 8.11 所示),并进行犯罪热点动态分析(如图 8.12 所示),例如,通过入室盗窃的案件信息,识别、统计和分析入室盗窃的行为模式、地点和时间,确定入室盗窃案件的高发区域,进而更好更快地做出响应。此外,费城警察局正在尝试通过使用该系统解决工作中所存在的运营和财务问题,帮助他们降低时间、金钱和人力成本,提高工作效率。

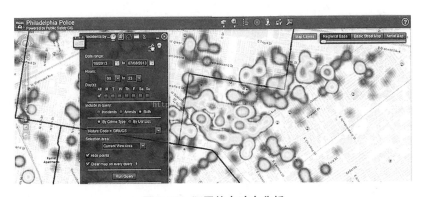

图 8.12 犯罪热点动态分析

(图片来源:CSDN 博客 http://blog.csdn.net/arcgis_all/article/details/9426009)

案例4:韩国国民生活安全地图。为打压犯罪高发态势并推动信息公开,2013 年韩国行政安全部提出制作并公开标记有犯罪、事故频发地区等内容的"国民生活安全地图",地图中将标出交通事故多发地段、各类犯罪频发区域、浸水和泥石流等自然灾害多发地段,而社会各界和地方政府可以根据这些信息自发参与提高地区安全的活动。行政安全部也考虑到了在公开安全地图的过程中可能产生的问题,所以其立场是在与专家们进行彻底的讨论后再出台能够将副作用最小化的方案。实际上韩国警察厅在 2009 年 4 月就已经建成了反映各个地区犯罪发生情况的内部地图,但是并未对外公开①。

① 来源:法制网-法制日报(北京),标题:韩将推出"国民生活安全地图",2013-04-16。

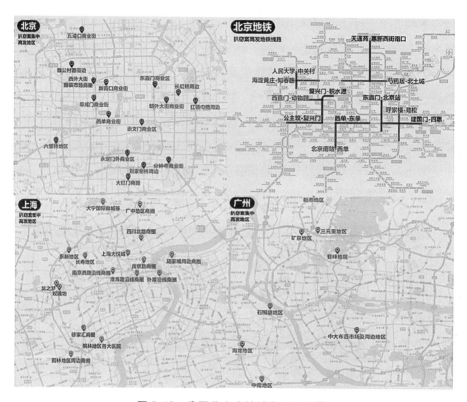

图 8.13　我国北上广的城市反扒地图

(图片来源:新华网 http://news.xinhuanet.com/video/sjxw/2015-07/24/c_128054481.htm)

案例 5:我国的反扒地图。近年来,我国的不少城市的公安及检察机关采用将扒窃案多发区域绘制在地图上的方法,提示民众提高警惕,防止个人财产损失。例如,新华网结合 2015 年各地打击扒窃等多发性侵财犯罪情况,发布了北京、上海、广州等人口密度及人员流动性大的城市的反扒地图,如图 8.13 所示;常州市公安局为保障清明祭扫高峰期市民的出行乘车安全,绘制了一幅"清明扫墓反扒"地图,如图 8.14 所示,列出了 13 条重点防扒公交线路,提醒市民注意防范;佛山警方根据市民提供的意见和线索,绘制了禅城区 12 个派出所辖区内公园广场、商业卖场、医院门诊、超市菜场、公交线路等 20 个"扒窃热点"图,如图 8.15 所示,以期提高市民的防范意识,避免受到扒窃犯罪的侵害。

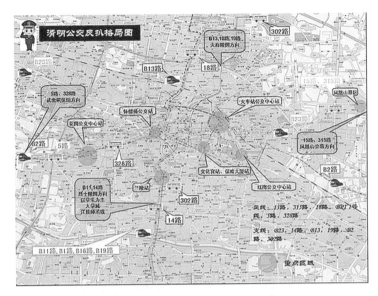

图 8.14　常州公安局绘制的反扒地图

（图片来源：新浪博客 http://blog.sina.com.cn/s/blog_5342bdb80102dyuk.html）

图 8.15　佛山警方公布的反扒热点图

（图片来源：腾讯网 http://gd.qq.com/a/20141202/048502.htm？pgv_ref=aio2012&ptlang=2052）

8.3　犯罪热点分析模型与方法

犯罪活动的空间分布一般可用两种拓扑形态来表达,一种是点分布,一种是面分布。点分布是指犯罪嫌疑人对某一场所、设施实施反复侵害,作案地表现为点状的犯罪热点分布形态;面分布是指当犯罪嫌疑人作案地的分布较点形态更为分散,但又在某区域内表现出明显的集中分布态势时,便形成区域面形态的犯罪热点分布。但无论是哪一种分布形态,对犯罪热点的分析主要包括两个过程:确定犯罪活动的聚类状态和识别犯罪热点位置,犯罪活动聚集是犯罪热点存在的必要条件。对于点分布形态,确定犯罪活动聚类状态的主要方法为最近邻指标法和 Ripley's K 法,识别犯罪热点的主要方法为核密度估计法;对于面分布形态,确定犯罪活动聚类状态的主要方法为全局 Moran's I 指数法,识别犯罪热点的主要方法为局部 Moran's I 指数法和 Gi*法。

8.3.1　犯罪活动空间聚类状态分析方法

(1)最近邻指标法

最近邻指标法的基本原理是通过估计每一个点到其最近邻点之间的距离是否服从随机分布来判断点的分布是否为随机分布,随机分布的点不具有均匀性。

假定某类犯罪在一定时间内发生的起数为 N,第 i 起犯罪的案发位置为 (x_i, y_i),与该起犯罪空间距离最近的第 j 起犯罪案发位置为 (x_j, y_j),则这 N 起犯罪的平均最短距离 $\bar{d}$ 为:

$$\bar{d} = \sum_{i=1, i \neq j}^{N} \frac{d_{ij}}{N} = \sum_{i=1, i \neq j}^{N} \frac{\sqrt{(x_i - x_j)^2 + (y_i - y_j)^2}}{N} \qquad (8.1)$$

若犯罪地点覆盖的区域面积为 A,则这些犯罪地点服从随机分布或均匀分布的期望平均距离 $E(\bar{d})$ 为:

$$E(\bar{d}) = \frac{1}{2} \sqrt{\frac{A}{N}} \qquad (8.2)$$

定义平均最短距离 $\bar{d}$ 和期望平均距离 $E(\bar{d})$ 的比值为最近邻系数 $R(NNI)$：

$$R(NNI) = \bar{d}/E(\bar{d}) \tag{8.3}$$

当 $R(NNI) < 1$ 时，表示这些犯罪案发地点的空间分布呈现聚集状态，当 $R(NNI) \geqslant 1$ 时，表示这些犯罪案发地点的空间分布呈现均匀分布或随机分布状态。如图 8.16 所示，呈现明显聚集状态的左图最近邻系数为 0.056，而呈随机分布状态的右图最近邻系数为 1.19。

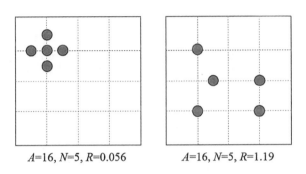

A=16, N=5, R=0.056　　　　A=16, N=5, R=1.19

图 8.16　最近邻指标算例图

（2）Ripley's K 法

Ripley's K 法是 Ripley 在 1976 年提出的一种用于分析离散点空间分布模式的方法，又称 Ripley's K 函数法。

假定某类犯罪在一定时间内发生的起数为 N，研究区域面积为 A，以一定的距离 d 作为搜索半径（空间分析尺度），第 i 起犯罪和第 j 起犯罪之间的距离为 h_{ij}，I_k 为指示函数，若 $h_{ij} < d$，则 $I_k = 1$，否则 $I_k = 0$。

Ripley's K 函数表示如下：

$$k(d) = \frac{A}{N^2} \sum_i^N \sum_j^N I_k h_{ij} \tag{8.4}$$

当该类犯罪的案发地点空间分布为随机分布时，$k(d)$ 的理论期望值 $E[k(d)] = \pi d^2$，如果该类犯罪的 Ripley's K 函数值 $k(d) > E[k(d)]$，则表示犯罪活动为聚集分布，反之，则为离散分布。

（3）全局 Moran's I 指数法

全局 Moran's I 指数法是澳大利亚统计学家帕克·莫兰在 1950 年提出的一种用于分析空间变量在各区域之间是否存在显著空间相关关系的方法,该方法可以指出区域属性值的分布是否是聚集或随机分布的模式。

假设某类犯罪活动发生的区域总数为 N,区域 i 中某犯罪活动的属性和该犯罪的区域平均属性分别为 x_i 和 $\bar{x}$,全局 Moran's I 指数定义如下:

$$I = \frac{\sum_{i=1}^{N} \sum_{j=1}^{N} w_{ij} \cdot (x_i - \bar{x}) \cdot (x_j - \bar{x})}{\left(\frac{1}{N} \sum_{i=1}^{N} (x_i - \bar{x})^2\right) \cdot \left(\sum_{i=1}^{N} \sum_{j=1}^{N} w_{ij}\right)} \qquad (8.5)$$

式中,w_{ij} 表示区域间邻接关系标准,若区域 i 和区域 j 相邻,则 $w_{ij} = 1$,否则,$w_{ij} = 0$。

全局 Moran's I 指数的取值范围为 $[-1,1]$,$I > 0$ 表示结果呈现正的空间自相关,$I < 0$ 表示结果呈现负的空间自相关,正相关表明某犯罪的属性值变化与其相邻区域犯罪具有相同的变化趋势,代表了空间现象有集聚性的存在,负相关则相反。

对于正态分布的全局 Moran's I 指数,其期望值和方差分别为:

$$E(I) = -\frac{1}{N - 1} \qquad (8.6)$$

$$VAR(I) = \frac{N^2 w_1 + N w_2 + 3 w_0^2}{w_0^2 (N^2 - 1)} - E^2(I) \qquad (8.7)$$

$$w_0 = \sum_{i=1}^{N} \sum_{j=1}^{N} w_{ij} \qquad (8.8)$$

$$w_1 = \frac{1}{2} \sum_{i=1}^{N} \sum_{j=1}^{N} (w_{ij} + w_{ji})^2 \qquad (8.9)$$

$$w_2 = \sum_{i=1}^{N} (w_{i.} + w_{.i})^2 \qquad (8.10)$$

将全局 Moran's I 指数标准化:

$$Z = \frac{I - E(I)}{\sqrt{VAR(I)}} \qquad (8.11)$$

当 Z 值为正且显著时,表明存在正的空间自相关,也就是说相似的变量值(高值或低值)趋于空间聚集;当 Z 值为负且显著时,表明存在负的空间自相关,相似的变量值趋于分散分布;当 Z 值为零时,变量值呈随机分布。

8.3.2　犯罪热点识别方法

(1)核密度估计法

核密度估计法是一种基于概率分布的空间统计方法,其基本原理是在每一个犯罪活动的空间位置上设置一个核密度函数,然后用所有犯罪活动的密度函数来表示犯罪活动在空间范围内的分布。

对于某个区域内的犯罪活动,其密度分布可表示为所有犯罪活动邻域内的核密度函数的贡献之和。因此,对于空间上分布的犯罪活动 $x_1, x_2, \cdots, x_n$ 中的任意一点 x_i ,邻域内的其他点 x_k 对它的贡献率由 x_k 到 x_i 的距离所决定。设核函数为 $K(\cdot)$,则 x_i 点处的概率密度可以表示为:

$$f_h(x_i) = \frac{1}{nh} \sum_{k=1}^{n} K\left(\frac{x_i - x_k}{h}\right) \qquad (8.12)$$

式中的核函数为 $K(\cdot)$ 的常用高斯正态分布函数表示:

$$K(x) = \frac{1}{\sqrt{2\pi}} e^{-\frac{1}{2}x^2} \qquad (8.13)$$

式中的 h 为核函数的带宽,其对核密度估计的结果有重要影响,当 h 较大时,核密度一般较小,犯罪活动的分布较为分散,识别出的热点较为分散,热点间过渡也比较平滑,而当 h 较小时,核密度一般较大,犯罪活动的分布较为集中,识别出的热点也较集中。对于 h 的取值,如果取值太小,那么密度估计偏向于把概率密度分配得太局限于观测数据附近,致使估计密度函数产生错误的峰值,如果取值太大,那么密度估计就把概率密度贡献散得太开,这样会漏掉一些重要特征,目前尚无很理想的方法定义,要达到比较理想的热点分析效果,通常需要多次试验来确定。

如果进一步考虑时间,可以采用包含时间核密度函数的双核密度函数[①]:

① 郑滋椀.基于道路网络的犯罪时空分布特征与可视化研究[D].浙江大学硕士学位论文,2016,3。

$$f_{h_1, h_2}(x_i, t) = \frac{1}{nh_1^2 h_2} \sum_{i=1}^{n} K_1(\frac{d_i}{h_1}) K_2(\frac{t - t_i}{h_2}) \tag{8.14}$$

$$K_1(x) = \begin{cases} 2\pi^{-1}(1 - x^2), & x^2 < 1 \\ 0, & x^2 \geq 1 \end{cases} \tag{8.15}$$

$$K_2(y) = \begin{cases} 0.75(1 - y^2), & y^2 < 1 \\ 0, & y^2 \geq 1 \end{cases} \tag{8.16}$$

(2)局部 Moran's I 指数法

局部 Moran's I 指数法是一种描述空间区域周边显著相似值区域之间空间聚集程度的指标[1]。与全局 Moran's I 指数分析是否出现犯罪活动聚集不同,局部 Moran's I 指数主要用于识别哪里出现了犯罪活动的集聚。

假设某类犯罪活动发生的区域总数为 N,区域 i 中某犯罪活动的属性和该犯罪的区域平均属性分别为 x_i 和 $\bar{x}$,区域 i 处的局部 Moran's I 指数定义如下:

$$I_i = \frac{N(x_i - \bar{x}) \sum_j w_{ij}(x_j - \bar{x})}{\sum_i (x_i - \bar{x})^2} \tag{8.17}$$

式中,w_{ij} 表示区域间邻接关系标准,若区域 i 和区域 j 相邻,$w_{ij} = 1$,否则,$w_{ij} = 0$。

类似于全局 Moran's I 指数,对局部 Moran's I 指数作标准化处理:

$$Z_i = \frac{I_i - E(I_i)}{\sqrt{VAR(I_i)}} \tag{8.18}$$

当 Z_i 值为正且显著时,表明区域 i 处存在正的空间自相关,犯罪活动趋于空间聚集形成犯罪热点;否则,说明区域 i 处无犯罪聚集现象,不是犯罪热点。

(3)Gi* 法

Gi* 法是一种空间相关性局部指标统计法,该方法认为只有那些局部平

均显著高于全局平均的区域才能称之为热点。

假设某类犯罪活动发生的区域总数为 N，区域 i 中某犯罪活动的属性和该犯罪的区域平均属性分别为 x_i 和 $\bar{x}$，区域 i 处的 Gi^* 计算公式如下：

$$Gi^* = \frac{\displaystyle\sum_{j=1}^{N} w_{ij}x_j - \frac{1}{N}\sum_{j=1}^{N} x_j \sum_{j=1}^{N} w_{ij}}{\sqrt{\dfrac{\displaystyle\sum_{j=1}^{N} x_j^2}{N} - \left(\dfrac{1}{N}\sum_{j=1}^{N} x_j\right)^2}\sqrt{\dfrac{N\displaystyle\sum_{j=1}^{N} w_{ij}^2 - \left(\displaystyle\sum_{j=1}^{N} w_{ij}\right)^2}{N-1}}} \tag{8.19}$$

式中，w_{ij} 表示区域间邻接关系标准，若区域 i 和区域 j 相邻，$w_{ij}=1$，否则，$w_{ij}=0$。

对于统计学上显著性的正 Gi^* 值，Gi^* 越高的区域，表示犯罪活动聚集效应越显著，呈现高值聚类；对于统计学上显著性的负 Gi^* 值，Gi^* 越低的区域，表示犯罪活动显著低于周边区域，呈现低值聚类。因此，Gi^* 法不仅能够识别出显著性的犯罪热点，还能够识别犯罪的冷点，即安全区域。

下面举例说明 Gi^* 法的基本原理，如图 8.17 所示的 10×10 的网格代表一个犯罪平面空间，每个网格的位置可用其中心坐标来表示，每个网格中的属性数据为犯罪数量，网格间的平均距离为 100m，考虑第 6 行第 5 列的网格，定其序号为 i，其他网格序号用 j 表示。为识别该平面空间的犯罪热点，首先，为确保网格 i 的一阶距离（向外延伸一个网格）能够覆盖其相邻的 8 个网格，确定一阶搜索半径为 $d = 100\sqrt{2}\,m = 141m$，如果考虑搜索的阶数 $m = 4$，则对应搜索半径分别为 141m、282m、423m、564m；然后，根据公式 8.19 计算每一阶搜索半径覆盖空间的 Gi^* 值 Gi_m^*；进而，根据 Gi^* 值的大小和显著性标准，判断网格 i 周围一定区域的犯罪活动聚集程度。Gi^* 值的显著性可以通过定义一个临界值来检验，如表 8.1 所示为 95% 显性水平上的 Gi^* 的临界值，对于图 8.17 所示的 10×10 的网格空间，Gi^* 值大于 3.2889 的搜索半径区域可以识别为显著性的犯罪热点。

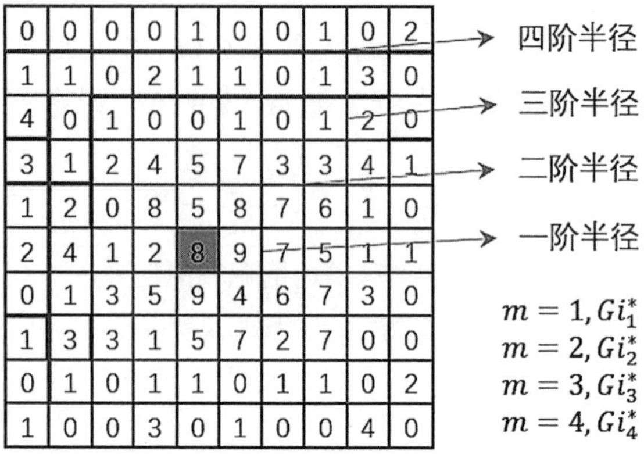

0	0	0	0	1	0	0	1	0	2	→ 四阶半径
1	1	0	2	1	1	0	1	3	0	
4	0	1	0	0	1	0	1	2	0	→ 三阶半径
3	1	2	4	5	7	3	3	4	1	→ 二阶半径
1	2	0	8	5	8	7	6	1	0	
2	4	1	2	8	9	7	5	1	1	→ 一阶半径
0	1	3	5	9	4	6	7	3	0	
1	3	3	1	5	7	2	7	0	0	
0	1	0	1	1	0	1	1	0	2	
1	0	0	3	0	1	0	0	4	0	

$m = 1, Gi_1^*$
$m = 2, Gi_2^*$
$m = 3, Gi_3^*$
$m = 4, Gi_4^*$

图 8.17　Gi* 法示意图

表 8.1　Gi* 显著性检验的临界值①

数据样本(空间网格数)	Gi* 95%显著性临界值
5	2.3189
10	2.5683
50	3.0833
100	3.2889
500	3.7134
1000	3.8855

8.4　本章小结

　　犯罪热点分析是犯罪分析的重要内容,将犯罪的空间分布绘制成犯罪热点地图是犯罪热点分析的具体应用,这种应用可以帮助警方合理快速地定位、部署和分配警力,有助于分析犯罪活动的分布态势、形成原因和影响因素。本章介绍了犯罪热点的基本分析方法,本质上是统计意义上的空间聚类分析方

---

① 　陈鹏等译.地理信息系统与犯罪制图[M].北京:中国人民公安大学出版社,2013.11。

法,分析的一般流程①为:采用面形态分析来获取犯罪活动异常的区域以确定犯罪风险的范围,可通过全局 Moran's I 指数分析确定空间范围内的犯罪活动分布状态,如果结果显示为聚类状态,则采用局部 Moran's I 指数法或 Gi* 算法来进行面形态的犯罪热点的识别;针对识别出的犯罪热点区域,采用点形态分析法进行进一步的热点分析,可通过最近邻指标确定该区域内的犯罪活动分布是否为聚类,若为聚类,则表明该区域内的犯罪活动分布具有明显的热点特征,随后采用核密度估计进行热点位置的识别,最终确定出该区域内犯罪热点的具体位置。考虑到犯罪数据的敏感性,警方未必能够全部公开犯罪热点信息,但对其自身而言,犯罪热点分析及地图正逐步成为其治安管理的重要工具。

---

① 陈鹏,李锦涛,马伟.犯罪热点的分析方法研究[J].中国人民公安大学学报(自然科学版),2012,3:53—57。

第九章 道路交通事故风险分析模型与方法

9.1 道路交通事故现象及典型案例

道路交通事故是指车辆在道路上因过错或者意外造成的人身伤亡或者财产损失的事件。道路交通事故已成为全球性问题,在中国已经成为影响人数最多、影响空间最广、造成死伤最多、将持续时间最长的社会公共安全问题之一,具有明显的区域特征。据统计,地球上平均每 63 秒就有 1 人死于道路交通事故,每 3 秒就有 1 人因为道路交通事故而受伤。因此,道路交通事故已被称为"全球第一公害"。近几年,全球每年因道路交通事故造成约 120 万人死亡,其中约 90% 死亡发生在中低收入国家,低收入和中等收入国家的道路交通事故 10 万人口死亡率分别为 21.5 和 19.5,高收入国家仅为 10.3(2008年)。道路交通安全问题不仅造成了大量的人员伤亡和财物损失,也破灭了千万家庭的生活憧憬,已经成为人们评估社会安全度的晴雨表,更成为影响区域经济可持续发展的重要因素。

我国是个道路交通事故多发的国家,根据国家统计局发布的《2015 年国民经济和社会发展统计公报》,我国 2015 年全年各类生产安全事故共死亡66182 人,而交通事故导致的死亡人数约占 54%,大大小小的交通事故屡见不鲜。近年来,对社会造成较大影响、危害后果较严重的典型道路交通事故案例不胜枚举。

案例 1:河南三门峡连霍高速公路交通事故。2012 年 8 月 31 日 8 时 48

分,灵宝市宝通汽车客运有限责任公司一辆车牌号为豫 M15260 的金龙牌大型普通客车(核载 29 人,实载 27 人),行驶至河南三门峡境内连霍高速公路(G30)自西向东 784 公里加 420 米处,因遇大雨,车辆发生侧滑,翻至道路右侧沟中,造成大客车上 8 人当场死亡,2 人经抢救无效死亡,15 人受伤。

案例 2:河南信阳京港澳高速公路交通事故。2011 年 7 月 22 日 3 时 43 分,山东威海市交通运输集团有限公司一辆车牌号为鲁 K08596 号大型卧铺客车,乘载 47 人(核载 35 人),行驶至河南省信阳市境内京港澳高速公路 938 公里加 115 米处,因车厢内违法装载的易燃危险化学品突然发生爆燃,致使客车起火燃烧,造成 41 人死亡、6 人受伤。

案例 3:湖北仙桃随岳高速公路交通事故。2011 年 7 月 4 日 3 时 40 分,湖北武汉市海龙旅游客运有限公司一辆车牌号为鄂 AE3892 号大型普通客车,乘载 54 人(含 2 名幼儿,核载 55 人),由广东广州驶往湖北天门,行至湖北省仙桃市境内随岳高速公路 229 公里加 400 米处,骑压慢速车道和紧急停车带分道线违法停车下客,被后方驶来的鄂 F1N210 号重型半挂牵引车追尾撞击,导致两车冲出高速公路护栏翻入边沟并起火燃烧,造成 26 人死亡、29 人受伤。

案例 4:山西右玉省道交通事故。2016 年 6 月 3 日 6 时 50 分,北京冀东广龙物流有限责任公司朔州分公司一辆车牌号为晋 F03210 的重型大货车,行驶到山西省右玉县至朔城区省道 36 公里加 43 米处违法越过公路中心黄虚线超车,与相向行驶的朔州汽车运输有限责任公司一辆车牌号为晋 F08004 的依维柯客车正面相撞,造成 22 人死亡、3 人受伤。

案例 5:榆中县甘草店交通事故。2016 年 9 月 28 日 22 时,驾驶人施某驾驶甘 A1E991"五菱"牌轻型普通货车,载乘吕某沿连霍线由东向西行驶至榆中县甘草店镇三墩营村路段时,恰遇钱某驾驶的甘 J4536X 号重型自卸货车(满载货物)由北向西右转弯,两车发生碰撞,事故导致吕某当场死亡,两车受损。

案例 6:内蒙古包头包茂高速公路交通事故。2012 年 8 月 26 日 2 时 31 分许,内蒙古包头市驾驶人陈强驾驶蒙 AK1475 号宇通牌卧铺大客车,沿包茂高速公路由北向南行驶至484公里加95米处，与河南省焦作市孟州市驾驶人闪文全驾驶的重型罐式半挂汽车列车（主车豫HD6962号解放牌重型半挂牵引车/挂车豫H213A挂号中集牌罐式半挂车）发生追尾碰撞，致罐式半挂车内甲醇泄漏并起火，造成大客车内36人当场死亡，3人受伤。

案例7：湖北孝感重大交通事故。2015年6月7日下午5时28分，107国道湖北省孝感市孝南区路段，一辆由汉口开往孝昌的大巴车在烟灯山公墓附近由南向北行驶中，与一辆从北向南行驶的运沙货车迎面相撞，造成9人当场死亡，11人受伤的严重后果。

案例8：山东聊城重大交通事故。2010年11月11日19时许，山东省聊城市莘县东鲁街道驾驶人朱连春酒后驾驶鲁P9V538号三轮汽车，违法搭载参加婚宴返回的村民21人，由莘县莘亭驶往东鲁，行至333省道271公里加100米处，因醉酒驾驶，越过道路中心线与对向行驶的鲁J62755号重型自卸货车（运载53.05吨石子，核载7.99吨）正面相撞，造成16人死亡、6人受伤。

9.2 道路交通事故相关基本概念

掌握道路交通事故相关基本概念及其涵义是理解和运用相关交通事故模型的基础，相关基本概念解释如下：

（1）道路

道路指公路、城市道路和虽在单位管辖范围但允许社会机动车通行的地方，包括广场、公共停车场等用于公众通行的场所。

（2）车辆

车辆包括机动车和非机动车。机动车指以动力装置驱动或者牵引，上道路行驶的供人员乘用或者用于运送物品以及进行工程专项作业的轮式车辆。非机动车指以人力或者畜力驱动，上道路行驶的交通工具，以及虽有动力装置驱动但设计最高时速、空车质量、外形尺寸符合有关国家标准的残疾人机动轮椅车、电动自行车等交通工具。

（3）交通事故形态

交通事故形态指交通事故的外部表现形式。交通事故形态分为碰撞、刮擦、碾压、翻车、坠车、失火和其他等七种。

（4）轻微事故

轻微事故指一次造成轻伤 1 至 2 人，或者财产损失机动车事故不足 1000 元，非机动车事故不足 200 元的事故。

（5）一般事故

一般事故指一次造成重伤 1 至 2 人，或者轻伤 3 人以上，或者财产损失不足 3 万元的事故。

（6）重大事故

重大事故指一次造成死亡 1 至 2 人，或者重伤 3 人以上 10 人以下，或者财产损失 3 万元以上不足 6 万元的事故。

（7）特大事故

特大事故指一次造成死亡 3 人以上，或者重伤 11 人以上，或者死亡 1 人，同时重伤 8 人以上，或者死亡 2 人，同时重伤 5 人以上，或者财产损失 6 万元以上的事故。

（8）万车死亡率

万车死亡率指全市平均每万辆机动车（不包括自行车折算）的年交通事故死亡人数。单位：人/万车。万车死亡率是在一定空间和时间范围内，按机动车拥有量所平均的交通事故死亡人数的一种相对指标。其计算公式为：$RN = D/N \times 10000$。式中。RN 表示万车死亡率；D 表示交通事故的死亡人数；N 表示机动车的拥有量。

（9）10 万人口死亡率

10 万人口死亡率 P 一般作为个人交通安全度量指标，表明交通安全对人身的影响程度，也可以解释为每 10 万人死于道路交通事故的概率。交通安全水平 T 通常采用万车死亡率表示，与机动化程度 M 之间具有以下关系：$P = T \times M$，表明个人交通安全性是交通安全水平与机动化程度共同作用的结果。

（10）道路交通事故率

道路交通事故率是表示一定时期内,一个国家、某一地区或某一具体道路地点的事故次数、伤亡人数与其人口数、登记车辆数、运行里程的相对关系。道路交通事故率是一个重要的表征交通事故强度的相对指标,可表示综合治理交通的水平,用于交通安全评价的基础指标,包括:亿车公里事故率、百万辆车事故率、人口事故率、车辆事故率、综合事故率等。人口事故率:每10万人的交通事故死亡人数;车辆事故率:每万辆车的交通事故死亡人数;亿车公里事故率(运行事故率):每亿车辆公里的交通事故死亡人数。

9.3　道路交通事故风险分析模型

9.3.1　道路交通事故致因分析模型

致因理论是讨论人的行为、物的状态、环境的影响等与事故相关的各类因素,以及因素间的因果关系链、相互影响方式和影响程度的理论。目前国内交通事故致因研究的常用方法有神经网络分析法、分层关联解析法、灰色关联分析法、粗糙集理论、危险感知影响因素鱼骨图分析等。通常情况下,交通事故是由多种原因综合造成,且具有不确定性。判别各因素对于引发交通事故的影响程度存在困难,因此需要引入不确定分析方法。粗糙集理论具有处理不精确、不确定与不完全数据的优势。

为了减少交通事故发生,提高道路交通安全水平,根据粗糙集理论中计算属性重要度的基本原理,构造基于粗糙集理论的事故多发点成因分析模型。根据某路段事故多发点的统计数据建立粗糙集理论的决策表,再利用粗糙集模型的简约算法求出各个因素的重要性,从而判断各因素对交通事故的影响程度大小,为决策提供依据。

构造知识表达系统 $S = (U, A, V, f)$,式中,U 为对象的非空有限集合,称为论域;A 为属性的非空有限集合;$V = \cup V_a$,V_a 为属性 a 的值域;$f: U \times A \to V$ 是一个信息函数,它为每个对象的每个属性赋予一个信息值,即 $\forall a \in A, x \in$

$U, f(x, a) \in V_a$。如果 $A = C \cup D, C \cap D = \varnothing$，则称 C 为条件属性集，D 为决策属性集。

根据条件属性集和决策属性集可构造一个二维表格，每行表示一个对象，每列表示对象的一种属性。把具有条件属性和决策属性的知识表达系统称为决策表。根据决策表和粗糙集理论简约算法，可利用知识推理的过程，计算出各个条件属性相对于决策属性集的支持度和重要性。重要性表示当前信息条件下条件属性对决策属性的重要程度，它根据有无该属性的支持度变化进行考察。若去掉该属性，条件属性对决策属性的支持度变化较大，则说明该属性强度大，即重要性高；反之，说明该属性强度小，即重要性低。

在交通事故多发点成因模型中，条件属性集 C 为所有事故成因的集合 $\{x_1, x_2, x_3, \cdots, x_n\}$，例如：$x_1$ 为驾驶员操作不当、x_2 为道路照明不良、x_3 为行人横穿道路等。对于离散型的统计数据，条件属性 x_i 可直接以该数据为值，若统计数据的类型较多，可通过一定规则分类再进行赋值，例如：在"是"和"否"之间取值；对于连续型的统计数据，可根据一定规则先离散化处理，再进行赋值。

决策属性集 D 为所发生事故的类型 $\{y\}$，y 可按事故的严重程度取值，例如：重大事故、特大事故、一般事故和轻微事故等。根据统计资料，建立的决策表如表 9.1 所示。

表 9.1　事故多发点成因分析决策表模型

事故编号	条件属性					决策属性
	x_1	x_2	x_3	$\cdots$	x_n	y
e_1	X_{11}	X_{12}	X_{13}	$\cdots$	X_{1n}	X_{1y}
e_2	X_{21}	X_{22}	X_{23}	$\cdots$	X_{2n}	X_{2y}
e_3	X_{31}	X_{32}	X_{33}	$\cdots$	X_{3n}	X_{3y}
$\cdots$	$\cdots$	$\cdots$	$\cdots$	$\cdots$	$\cdots$	$\cdots$
e_m	X_{m1}	X_{m2}	X_{m3}	$\cdots$	X_{mn}	X_{my}

以决策表为工具，结合粗糙集理论的简约算法可以计算出各个条件属性

相对决策属性的支持度,进而求出各个条件属性的重要性。

9.3.2 道路交通事故发生概率预测模型

准确的交通事故概率预测可提高行车安全。通过分析交通事故的影响因素,建立道路交通事故影响因素体系,构造贝叶斯网络,提出基于贝叶斯网络的交通事故概率预测方法。利用数据库先验概率信息及贝叶斯预测模型,可得到高速公路交通事故概率值。道路交通事故的贝叶斯网络结构图如图 9.1所示。

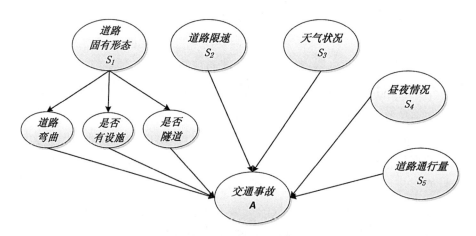

图9.1　道路交通事故贝叶斯网络结构图

设 $S = (s_1, s_2, \cdots, s_n)$ 为影响交通事故 A 的因素集,其中 $s_1, s_2, \cdots, s_n$ 为相互独立的变量。根据贝叶斯理论得到:

$$P(A \mid s_1, s_2, s_3, \cdots, s_n) = \frac{P(s_1, s_2, s_3, \cdots, s_n \mid A) P(A)}{P(s_1, s_2, s_3, \cdots, s_n)} \tag{9.1}$$

根据条件独立性有:

$$P(s_1, s_2, s_3, \cdots, s_n \mid A) = \prod_{i=1}^{n} P(s_i \mid A) \tag{9.2}$$

$$P(s_1, s_2, s_3, \cdots, s_n) = \prod_{i=1}^{n} P(s_i) \tag{9.3}$$

整理便可得交通事故的条件概率:

$$P(A \mid s_1,s_2,s_3,\cdots,s_n) = \frac{\prod\limits_{i=1}^{n} P(s_i \mid A)P(A)}{\prod\limits_{i=1}^{n} P(s_i)} \qquad (9.4)$$

求解贝叶斯网络,需要众多先验知识,这些先验知识可以通过历史的统计数据得到。

9.3.3　道路交通事故持续时间预测模型

交通事件持续时间一般包括四个重要的组成部分,并且各部分相互独立,即:事件的发现时间、事件响应时间、事件清除时间和交通恢复时间,如图9.2所示,对应四个阶段的含义分别为:事件发现阶段,指从交通事件发生到交通管理者通过各种信息渠道得知发生事件的时间阶段;事件响应阶段,指交通事件被确认之后,各方面的营救人员和救援车辆到达现场的时间阶段;事件清除阶段,指各方面的救援行动如抢救受伤人员、车道封锁、移除事件车辆以及碰撞碎片等结束以后,道路开始恢复通行能力的时间阶段;事件恢复阶段,指交通事件被彻底清除后,车辆排队消散直至道路恢复原有的正常通行能力的时间阶段。

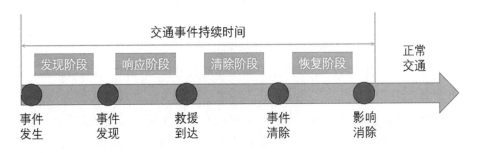

图9.2　交通事件持续时间阶段图

刘伟铭[①]等人通过对广东省某高速公路的监控中心数据库原始数据进行分析整理,获得830组可用事件数据,对事件类型、卡车数、翻车、位置、路产损

---

① 刘伟铭,管丽萍,尹湘源.基于多元回归分析的事件持续时间预测[J].公路交通科技,2005,(11):130-133.

坏、交通阻塞、死亡人数、重伤人数、危险材料、车辆起火、路面污染、货物散落、巡逻车、交警、消防车和轻伤人数等变量进行逐步回归分析,卡车数(x_1)、翻车(x_2)、位置(x_3)、路产损坏(x_4)、交通阻塞(x_5)、死亡人数(x_6)、重伤人数(x_7)和危险材料(x_8)被选入回归方程,而其他变量则从原回归方程中剔除,最终得到的多元线性回归模型如下:

$$y = 9.3x_1 + 19.4x_2 + 5.1x_3 + 8.4x_4 + 5.5x_5 + 26.4x_6 +$$
$$4.5x_7 + 58.7x_8 + 28.9 \tag{9.5}$$

从上式中可以看出,在模型方程的 8 个自变量中,危险材料对持续时间的影响最大,危险材料的涉入将使事件持续时间增加大约 59min。另外,死亡人数和翻车两个变量对持续时间的影响也很大,分别会使事件持续时间增加大约 26min 和 19min。

该回归方程中的常数项较大,这就使得该方程在进行事件持续时间预测时,即使所有变量的取值都为 0,预测值最小也有 28.9min。也就是说,对于持续时间较短的小事件,该方程的预测会普遍偏大。

需要注意的是,上述关系模型对数据样本集具有一定依赖性,不同数据样本集的自变量,拟合得到的参数会有所不同,但是计算两者关系的思想方法是一样的。

9.3.4　道路交通事故指标预测模型

对道路交通事故指标的预测主要包括对死亡人数、死亡率的预测等。现有预测方法主要有专家法和模型法。专家法是以专家系统的经验为依据,对预测指标及其预测结果进行判断。并根据专家意见进行修正,直至基本满意为止。模型法是根据历史资料建立数学模型进行预测,其结果同样须通过征求专家意见进行判断和修正,直至基本满意。交通事故预测中的模型法,主要采用线性或非线性回归分析方法,如多元线性回归预测法、灰色预测模型法、Smeed 模型预测法等。

（1）多元线性回归预测法

在许多实际问题中,影响因变量的因素往往不只是一个而是多个,称此类回归问题为多元回归。当因变量与多个自变量存在线性关系时,则为多元线性回归。多元线性回归的一般步骤如下：

首先，建立多元线性回归方程。设因变量为 y，与因变量有关的 m 个自变量为 $x_1, x_2, \cdots, x_m$，若存在线性关系，则可建立回归预测方程：

$$y = a + b_1 x_1 + b_2 x_2 + \cdots + b_m x_m \tag{9.6}$$

式中，$a, b_1, b_2, \cdots, b_m$ 为回归系数。

然后，计算回归系数。回归分析法的优点在于过程相对简单，对数据具有较好的拟合能力，缺点在于只能体现有限个自变量参数对结果的影响，不能全面反映交通事故总量的复杂影响机理。在多元线性回归分析中，二元回归是最常用的。

（2）基于灰色系统理论的预测模型

应用灰色系统理论是在数据处理上提出"生成"的方法（累加或累减生成），通过生成使数据列的随机性弱化，从而转化为比较有规律的数据列，将随机过程变为便于建模的灰过程。其主要优点在于可以通过统计方法弱化数据列的随机性，在较少的历史数据资料的支撑下也能得出相对较准确的预测结果。该方法主要适用于基础数据资料较少的情况。

（3）Smeed 模型预测法

Smeed 模型是由伦敦大学 R.J.Smeed 在 1949 年根据欧洲 20 个国家的交通事故调查数据，经分析得到的经典回归模型，模型表达式如下：

$$D/V = 0.003 \, (P/V)^{2/3} \tag{9.7}$$

式中，D 为死亡人数，人；V 为机动车保有量，辆；P 为区域内人口总数，人。

其他一些国家也纷纷采用各自国家的数据，对 Smeed 模型进行修正，得到自己的预测模型。Smeed 在尝试寻找道路交通事故预测的通用模型方面取得了可喜的进展，他提出的 3 个主要参数：死亡人数、机动车保有量、区域总人口，对探索道路交通安全状况的主要影响因素有较大的参考价值。

9.3.5　路段交通事故起数时空分析模型

由于交通事故具有随时间而变化的特征，为了分析交通事故起数与时间、道路空间结构及交通运行环境等潜在影响因素之间的关系，初步考虑选择交通事故起数作为因变量,影响交通事故发生的 9 个因素作为自变量,即曲线比例、曲度、曲率变化率、坡度、坡度累积效应、弯坡组合、特殊路段、交通量和大型车混入率。其中,交通量和大型车混入率体现时间特性,其余 7 个影响因素体现空间特性。分别从交通事故起数的时段变化、周日变化和月变化进行分析,分别建立交通事故起数时段分布模型、周日分布模型和月分布模型。

受人们生活规律的影响,交通量在 1 天的 24 小时中各不相同,存在高峰小时与非高峰小时之分,同时交通事故的分布随时段不同有着明显的差异,因此,建立的交通事故起数时段分布模型为:

$$\lambda_{ih} = x_1 \exp\left[\sum_{k=1}^{n} (a_0 + a_k x_{ihk}) \right] \tag{9.8}$$

$$x_1 = \frac{L_i H_{ih} T}{10^6} \tag{9.9}$$

式中, λ_{ih} 为第 i 个路段第 h 个时段的交通事故起数; x_1 为时段道路使用度; x_{ihk} 为第 i 个路段第 h 个时段的第 k 个自变量; a_0, a_k 为模型参数; n 为自变量个数; L_i 为第 i 个路段的长度; H_{ih} 为第 i 个路段第 h 个时段的交通量; T 为统计时间。

受人们生活规律的影响,道路上的交通量在一个星期内是不相同的,相应地交通事故周日分布的情况受出行次数的影响而有所不同,因此,建立的交通事故起数周日分布模型为:

$$\beta_{iw} = x_2 \exp\left[\sum_{k=1}^{n} (a_0 + a_k x_{iwk}) \right] \tag{9.10}$$

$$x_2 = \frac{L_i W_{iw} T}{10^6} \tag{9.11}$$

式中, β_{iw} 为第 i 个路段第 w 个周日的交通事故起数; x_2 为周日道路使用度; x_{iwk} 为第 i 个路段第 w 个周日的第 k 个自变量; W_{iw} 为第 i 个路段第 w 个周日的交通量。

交通事故月分布的情况受气候条件、不同月份交通情况等因素的影响,因此,建立的交通事故起数月分布模型为:

$$\gamma_{im} = x_3 \exp\left[\sum_{k=1}^{n}(a_0 + a_k x_{imk})\right] \tag{9.12}$$

$$x_3 = \frac{L_i M_{im} T}{10^6} \tag{9.13}$$

式中，γ_{im} 为第 i 个路段第 m 个月的交通事故起数；x_3 为月道路使用度；x_{imk} 为第 i 个路段第 m 个月的第 k 个自变量；M_{im} 为第 i 个路段第 m 个月的交通量。

9.3.6　道路交通事故多发点鉴别模型

质量控制模型可以用来鉴别道路条件及交通条件大致相同的"地带"上的事故多发点，并可以确定若干事故多发点的改善次序，其主要分析指标为事故率。根据显著性水平确定事故多发点的综合事故率上下限临界值 R_c^+、R_c^-，如果所考虑地域的事故率小于下限临界值，则为安全性较好的道路；若大于下限临界值，小于上限值临界值，则为事故比较严重的道路，应进一步加以预警分析；若大于上限，则被认为是事故严重地带（事故多发点）。上下限临界值的具体计算公式如下：

$$R_c^+ = A + \alpha\sqrt{\frac{A}{m}} + \frac{1}{2m} \tag{9.14}$$

$$R_c^- = A - \alpha\sqrt{\frac{A}{m}} - \frac{1}{2m} \tag{9.15}$$

式中，A 为相似交通地带的平均事故率；α 为统计常数，取 1.96（95%置信度）；m 为特定地带在调查期内的平均交通流量。对于不同分析层面的对象，公式中各参数的具体含义则有所区别：

（1）对于路网和道路，A 表示亿车公里事故率，m 表示运行亿车公里数。

（2）对于路段（点），A 表示亿车事故率，m 表示通行亿车辆次。

该模型的输入为具体分析对象、分析时间段（1—3 年）、事故数量、平均交通流量等。输出按事故率与综合事故率上下限临界值比较确定，并给出事故多发点分析结果，将结果予以排序并可划分等级，给出其相应的指标值。

模型计算所需基本数据包括事故次数、平均交通流量、道路/路段里程等。

根据指定的分析对象(点、路段、道路、区域),匹配相应的事故率构建模型进行计算。若无平均交通流量数据,则此方法退化为单纯"事故率"法。

9.3.7 道路交通事故严重程度预测模型

导致交通事故的原因有多种,如天气、道路、能见度、车辆、司机、行人、温度、光照和拥挤程度等,交通事故与起因之间是一个复杂的非线性关系,对于其中关系很难找到某种数学模型,而神经网络建模预测此类问题具有更好的有效性。

BP 神经网络由于其自身所具有的特性——非线性映射特性、多输入多输出特性和自组织自学习特性等,使得 BP 神经网络能够更适合处理非线性多输入多输出的复杂问题。

BP 神经网络模型是由输入层、隐含层(可以有多层,但至少一层)和输出层构成的,每层由许多并列的神经元组成,同层内神经元之间不相互连接,相邻层的神经元之间是全互连的方式连接,标准的 BP 神经网络结构如图 9.3 所示。神经元模型中激活函数是将输入值乘以权值求和后的值转化为该节点的输出。在构建完神经网络的拓扑结构后,还需要对网络进行学习和训练,才能使网络具有智能特性。

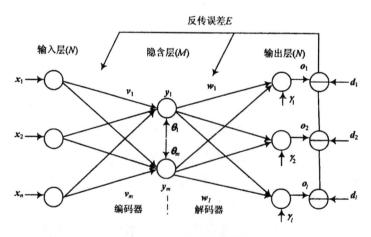

图 9.3 标准 BP 神经网络

根据交通事故数据集中的属性,考虑交通事故导致因素,选取道路类别、道路表面、光照和天气等 7 个属性作为神经网络的输入,事故严重程度作为神经网络的输出,隐含层神经元数目设定为 5 个,构建单隐含层的交通事故 BP 神经网络,如图 9.4 所示,激活函数采用双曲线正切函数,其形式为 $f(x) = \tan h(x)$ 。

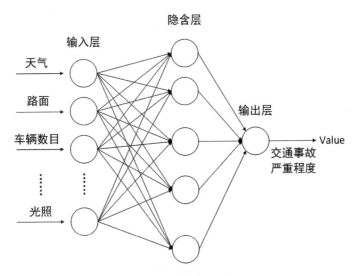

图 9.4　交通事故的 BP 神经网络

9.4　道路交通事故预防科技方法

9.4.1　道路交通事故防范技术

交通事故黑点防控系统①建设包括黑点防控管理平台子系统、黑点非现场执法子系统、黑点超速违法监测子系统、黑点重点车辆查控子系统、黑点监视子系统的建设,同时为了更好地发挥各个子系统的功能,达到控制事故,消灭事故黑点的目的,系统还融合了目前公安部门的相关系统,包括事故处理系

① 包应星.交通事故黑点防控系统设计与实现[D].电子科技大学,2010.

统、当场处罚系统(交警综合业务平台)、公安局出入城卡口系统、移动警务平台、110 短信平台、指挥系统(三台合一、DS 平台)以及请求服务平台等相关系统,如图 9.5 所示。

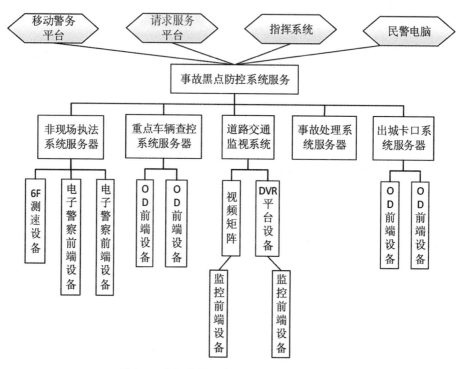

图 9.5 交通事故黑点防控系统的总体结构

在整个交通事故黑点防控系统建设中,非现场执法监测子系统、超速违法监测子系统、重点车辆查控子系统、监视子系统、事故处理系统、当场处罚系统(交警综合业务平台)、公安局出入城卡口系统将为系统提供基础数据支持,请求服务平台将为系统提供车辆、人员、在逃人员、在逃车辆等信息的快速全面查询,移动警务平台、110 短信平台、指挥系统(三台合一、DS 平台)将为系统提供信息流转服务和资源,使得交通事故黑点防控系统的数据能够很好地流转,从而使得系统具有极高的实时性、多样性和实战性。同时非常重要的是,交通事故黑点防控系统将通过相应的接口及方法实现与非黑点系统设备即原有系统设备的协调工作,同时通过各系统的协调将实现非黑点子系统与事故黑点系统的统一数据管理以及黑点优先级管理机制。

9.4.2　道路交通事故紧急救援技术

交通事故紧急救援系统包括交通事故检测与确认系统、交通事故决策分析系统、交通事故紧急救援调度系统、交通疏导系统、交通事故现场处理系统和事故数据记录管理系统。

交通事故检测与确认系统是交通事故紧急救援系统的基础。它通过报警或利用先进的技术手段检测事故的发生，并为系统确定事故的性质、类别和严重性，从而为事故紧急救援方案的生成和修正提供依据。

交通事故决策分析系统的主要功能是针对具体的交通事故及时生成救援方案，并找出最理想的紧急救援方案，包括救援资源配置、救援路径选择等，同时通知相关救援部门实施事故救援。

交通疏导系统包括交通管制与信息发布系统。信息发布系统是指利用先进的信息共享平台，通过电视、互联网、交通广播、主要城市道路上的交通信息显示屏、手机短信等途径，实时发布交通控制及事故处理情况，使所有交通参与者及时掌握路况信息，对出行者、车辆等给予一定的控制和引导，实现交通流量的合理分流目的，减少突发交通事故对正常交通的影响，保障城市道路畅通。对重大交通事故，信息发布系统负责将事故处理过程和后果，及时进行梳理并通过适当的平台向公众发布。

交通事故现场处理管理系统是交通事故紧急救援系统的主体。它包括对事故中受伤人员的急救、事故现场的勘察、对事故路段的交通实行有效的管制和疏导（重点是事故信息的发布和交通流诱导）和对事故现场的快速清理。

事故数据管理系统即档案系统，主要为交通事故紧急救援系统记录下每次事故的基本信息和救援过程，生成救援报告，并加以管理和保存，为系统的进一步优化提供历史依据。

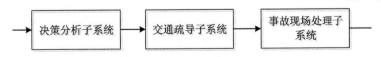

图 9.6　城市道路紧急救援系统流程

9.4.3　道路交通安全事故信息采集技术

对于道路交通事故造成的严重人员伤亡及其对社会产生的影响，道路交通安全事故信息采集系统的建立对于预防交通事故，协助交通部门进行合理决策具有重要作用。

美国联邦政府非常重视交通安全问题，从 20 世纪 70 年代起就制定了系统的道路交通事故数据采集标准，同期建立了一系列的事故信息采集规范与标准。美国高速公路安全管理局（NHTSA）为了统一美国各州的事故信息采集标准，推出了事故信息采集标准样板（MMUCC），各州开始在统一的标准下独立进行事故数据采集记录。该标准包括 107 项事故信息，其中 75 项是交警在事故现场收集的基本事故信息。美国国家标准学会制订了两本事故信息采集记录参考标准手册，即《道路交通事故分类手册》和《交通记录系统数据编码手册》。其中《道路交通事故分类手册》给出了事故信息分类划分的标准与事故信息的定义。而《交通记录系统数据编码手册》为道路交通安全、公路基础设施建设及其他相关领域使用的数据单元定义了通用的编码规则，包括为600 余项数据单元的定义、来源领域说明和具体编码内容，以及各个领域不同机构和部口之间信息传递的统一与通畅提供了保证①。随着参考标准的制定，美国高速公路安全管理局于 1975 年建立并一直维护着整体考量道路交通安全的道路交通事故数据库系统，即死亡事故分析报告系统（FARS）。该数据库每年记录了大约 3600 个全国范围内的道路交通死亡事故，是美国交通安全年度评价报告的主要数据来源。美国高速公路安全管理局另于 1979 年建立了旨在减少交通事故及人员伤亡的事故数据库系统，即国家机动车事故抽样系统（NASS），该系统具体包括两个子系统，分别为事故总评系统（GES）和车辆碰撞数据系统（CDS）。两个子系统随机从各州事故报告中抽取有代表性的样本，并按各自的编码规则录入数据库系统。

9.4.4　道路交通安全事故黑点鉴别技术

随着我国经济的持续发展，道路通车总里程快速增长，汽车保有量也大

---

① 王雪松,方守恩,乔石等.中美两国道路交通事故信息采集技术比较研究[J].中国安全科学学报,2012(10):79-87.

大增加,道路和汽车保有量的急剧增长改变了我国道路交通安全环境格局,交通事故发生次数和死亡人数随着公路的发展不断增加,目前处于道路交通事故高发期。因此,鉴别道路交通事故黑点,制作并发布道路交通事故黑点地图,是管控与治理危险路段、提高道路交通安全管理水平的重要手段之一。

　　基于 Super Map Is.net 的道路交通事故黑点分布地图发布流程:用户访问交通事故黑点地图发布网站客户端,浏览器向 Web 服务器发出请求,如果请求需要地图服务,Web 服务器将地图服务转移到 GIS 服务器,由 GIS 服务器处理该请求并产生相应的结果,最后以地图切片或数据流的方式回传给客户端程序。

　　基于 GIS 的道路交通事故黑点智能鉴别与发布系统总体架构分为应用服务层、服务提供层和数据服务层三个结构层次,如图 9.7 所示,其中应用服务层,主要面向公众提供交通事故黑点地图及事故影响信息服务;服务提供层,主要采用 Super Map Object 组件对交通事故黑点进行智能鉴别,Super Map Is.net 平台发布交通事故相关地图信息;数据服务层,采用 Oracle 等数据库管理和提供 GIS-T 数据信息和道路交通事故相关信息。

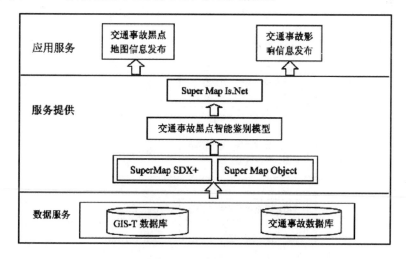

图 9.7　平台总体架构

9.4.5 道路交通事故模拟技术

在交通运输业快速发展的过程中,做好交通事故责任认定处理工作,是保障交通运输业平稳发展的关键。基于虚拟现实技术,分析设计交通事故模拟系统的需求,并能够重建交通事故现场三维模型,模拟分析交通事故发生情况,从而为处理交通事故、进行事故快速准确定责及交通信号灯优化设置提供数据资料。结果证实,应用虚拟现实技术设计交通事故模拟系统,不仅系统具有人机交互方便、效果显示逼真的优点,同时也可实现对局部的放大立体观测,能够为分析交通事故尤其是视觉盲区提供更加精确的数据,为交通设施的设置发挥应用效益。结论表明,设计基于虚拟现实技术的交通事故模拟系统,可以作为优化红绿灯设置、预防交通事故发生、降低重大事故灾害的有效监测手段,具有重要开发意义。虚拟现实技术下交通事故模拟系统结构如图9.8所示,包括用户层、场景构建层和虚拟世界层三层。

用户层主要为用户实际操作应用方面的内容,有良好的人机交互性,可以通过操作系统、Web 浏览器、APP 交互,实现用户对虚拟物体的操作性。场景构建层主要收集相关文字、地图、数据、图片、声音、视频、照片等,基于几何模型以及图像的建模技术,预定义各种不同的虚拟场景模型,构建系统内部资源配置环境。虚拟世界层可以调用场景模型,依据现场勘测和目击者提供的有效数据对模型进行修正,虚拟出交通事故现场场景。

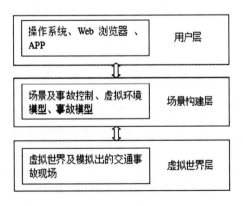

图9.8　系统结构

9.5　本章小结

由于道路交通需求的不断增加,由此产生的道路交通安全问题也日益明显。道路交通事故不仅严重威胁着人们的生命健康,还造成了巨大的经济损失,每年交通事故造成的经济损失估值累计约200亿美元,达到世界各国国民生产总值的1%—3%。如何有效地控制道路交通事故的发生率、降低道路交通事故的危害是世界各国学者共同的研究目标。对道路交通事故的分析研究一般以真实的交通事故数据为对象,研究内容不仅包括基础的交通事故数据分布统计分析,还有事故致因分析、事故预测方法研究与交通安全评价等方面。

近年来,研究人员越来越关注从实际数据中提取内在关系和有用信息,探索导致交通事故发生的机理及怎么降低交通事故的风险与严重程度,采取了多种分析方法与研究模型,其中多数要借助数据挖掘工具与分析方法,在分析方法的选择上,也更加注重对复杂的道路交通事故数据、越来越大的数据规模及信息分析需求多样性的全面适应。同时,随着科技进步,各种新型交通事故预防理念和技术将不断出现并逐渐被采用,为加强我国道路交通安全提供科技支撑。

参考文献

[1]刘奕,倪顺江,翁文国,范维澄.公共安全体系发展与安全保障型社会[J].中国工程科学,2017,(01):118-123.

[2]陈文浩,何宏,刘美,徐小玲.基于高斯及气体湍流模型的氯气泄漏扩散分析[J].广东石油化工学院学报,2016,(06):47-51.

[3]徐伟进,李雪婧.中国大陆地震空间分布模型检验[J].地球物理学报,2016,(09):3260-3268.

[4]邱粲,周秀军,朱秀红,曹洁,刘焕彬.基于FloodArea模型的暴雨洪涝灾害评估技术研究[J].山东气象,2016,(03):49-54.

[5]王宾国,邵昶,李海萍.仓室传染病模型基本再生数的发展简介[J].兰州大学学报(自然科学版),2016,(03):380-384+389.

[6]潘华,李金臣.新一代地震区划图的地震活动性模型[J].城市与减灾,2016,(03):28-33.

[7]王茜,王婷婷.SIRS传染病模型的稳定性分析[J].首都师范大学学报(自然科学版),2016,(02):5-11.

[8]闫华.道路交通事故与驾驶员群体心理品质关联模型构建[J].中国安全科学学报,2016,(02):13-17.

[9]郑丹,杨志,井焕文,贾进章.基于改进Togawa模型的人员疏散时间预测模型研究[J].安全与环境学报,2015,(06):171-174.

[10]谢五三,田红,卢燕宇.基于FloodArea模型的大通河流域暴雨洪涝灾害风险评估[J].暴雨灾害,2015,(04):384-387.

［11］范维澄,翁文国,吴刚,孟庆峰,杨列勋.国家安全管理中的基础科学问题［J］.中国科学基金,2015,（06）:436-443.

［12］李昌珑,徐伟进,吴健,高孟潭.基于特征地震模型含时间的概率地震危险性分析方法及其应用研究［J］.地震学报,2015,（06）:1024-1036+2.

［13］范维澄.构建智慧韧性城市的思考与建议［J］.中国建设信息化,2015,（21）:20-21.

［14］屈洋,杜胜男,王聪,王卫强,张铁军.天然气泄漏扩散模型研究［J］.当代化工,2015,（10）:2483-2485.

［15］王云慧,邢志祥,陆中秋.火灾爆炸事故后果模型研究［J］.中国安全科学学报,2015,（08）:68-74.

［16］孙宝江.重气泄漏扩散影响因素分析及模型研究［J］.科技视界,2015,（21）:42-43.

［17］单勇,劳纯丽.犯罪热点与冷点的空间差异分析［J］.浙江社会科学,2015,（07）:65-73+157.

［18］白仙富,戴雨芡,余庆坤,邵文丽.地震滑坡危险性评估模型及初步应用［J］.地震研究,2015,（02）:301-312.

［19］喻海军.城市洪涝数值模拟技术研究［D］.华南理工大学,2015.

［20］郑海,杨涵.犯罪热点研究进展综述［J］.犯罪研究,2014,（06）:102-110.

［21］贾兴利,许金良.基于云模型的地震区公路震害风险评估［J］.同济大学学报（自然科学版）,2014,（09）:1352-1358+1458.

［22］谭延鹏,王志坤.基于元胞自动机理论的公共场所人员疏散模型与仿真［J］.山西电子技术,2014,（02）:16-19.

［23］单勇.城市中心区犯罪热点制图与防卫空间设计［J］.吉林大学社会科学学报,2014,（02）:87-99+174.

［24］康文超.基于高斯烟羽模型的铁路易燃气体泄漏扩散分析［J］.兰州交通大学学报,2013,（06）:137-140.

［25］胡宏.城市交通事故对道路通行能力影响模型［J］.淮阴师范学院学

报(自然科学版),2013,(04):296-298+303.

[26]王宏,崔杰,王冬冬.城市群道路网交通事故预测模型及参数特性[J].统计与决策,2013,(19):78-79.

[27]许冲,戴福初,徐素宁,徐锡伟,何宏林,吴熙彦,石峰.基于逻辑回归模型的汶川地震滑坡危险性评价与检验[J].水文地质工程地质,2013,(03):98-104.

[28]姬利娜,宋清华.道路交通事故预测模型的研究[J].河南科技,2013,(08):130-131.

[29]赵岩,高社生,姜微微.突发灾难下大型路网中的人员疏散模型[J].长安大学学报(自然科学版),2013,(02):89-94.

[30]王涛,吴树仁,石菊松,辛鹏.基于简化 Newmark 位移模型的区域地震滑坡危险性快速评估——以汶川 M_S8.0 级地震为例[J].工程地质学报,2013,(01):16-24.

[31]陈鹏,马伟.层次聚类法在空间犯罪热点分析中的应用[J].中国人民公安大学学报(自然科学版),2013,(01):64-67.

[32]曹建军.道路交通事故当量死亡人数的计算模型研究[J].重庆交通大学学报(自然科学版),2013,(01):91-94+117.

[33]蔡红兵,赵云安,董剑.道路交通事故 GM(1,N)预测模型[J].公路交通科技(应用技术版),2012,(09):304-306+327.

[34]王洪德,莫朝霞.基于高斯模型的液氨储罐泄漏扩散仿真分析[J].中国安全科学学报,2012,(09):31-36.

[35]陈鹏,李锦涛,马伟.犯罪热点的分析方法研究[J].中国人民公安大学学报(自然科学版),2012,(03):53-57.

[36]赵宜宾,黄猛,张鹤翔.基于元胞自动机的多出口人员疏散模型的研究[J].系统工程学报,2012,(04):439-445.

[37]张鹏,李宁,刘雪琴,吴吉东.基于投入产出模型的洪涝灾害间接经济损失定量分析[J].北京师范大学学报(自然科学版),2012,(04):425-431.

[38]张鹏,李宁,吴吉东,刘雪琴,解伟.基于投入产出模型的区域洪涝灾

害间接经济损失评估[J].长江流域资源与环境,2012,(06):773-779.

[39]郑滋椀,金诚,John E.Eck,Spencer Chainey,James G.Cameron,Michael Leitner,Ronald E.Wilson.犯罪制图:理解犯罪热点(下)[J].预防青少年犯罪研究,2012,(06):63-80+57.

[40]陆娟,汤国安,张宏,蒋平,吴伟.一种犯罪热点探测方法[J].测绘通报,2012,(04):30-32+40.

[41]陆娟,汤国安,张宏,蒋平,吴伟.犯罪热点时空分布研究方法综述[J].地理科学进展,2012,(04):419-425.

[42]郑滋椀,金诚,John E.Eck,Spencer Chainey,James G.Cameron,Michael Leitner,Ronald E.Wilson.犯罪制图:理解犯罪热点(上)[J].预防青少年犯罪研究,2012,(04):65-73.

[43]汪兰香,陈友飞,李民强,林广发.犯罪热点研究的空间分析方法[J].福建警察学院学报,2012,(01):16-20.

[44]陈敏,于静涛,陆建.道路交通事故多元回归预测模型研究[J].公路交通科技(应用技术版),2012,(01):175-179.

[45]陈鹏,疏学明,袁宏永,苏国锋,陈涛,孙占辉.时空犯罪热点预测模型研究[J].系统仿真学报,2011,(09):1782-1786.

[46]周庆,倪天晓,彭锦志,徐志胜.隧道火灾烟气回流与临界风速模型试验[J].消防科学与技术,2011,(07):580-583.

[47]黎江林,苏经宇,李宪章.区域地震灾害人员伤亡评估模型研究[J].河南科学,2011,(07):869-872.

[48]张敬,谢守波,高文杰.一类具有时滞的 SIRS 传染病模型的研究[J].东北师大学报(自然科学版),2011,(02):10-15.

[49]苑静,苗欣.蒸气云爆炸模型在原油储罐火灾事故中的应用研究[J].安全,2011,(05):9-11+14.

[50]刘敏,汪明.森林火灾灾情快速预判模型[J].中国安全科学学报,2011,(05):59-65.

[51]张洁,高惠瑛,刘琦.基于汶川地震的地震人员伤亡预测模型研究

[J].中国安全科学学报,2011,(03):59-64.

[52]赵君,张晓民,陈雅倩,李静.区域洪涝灾害风险估算模型及其应用[J].河海大学学报(自然科学版),2011,(01):9-13.

[53]孙莉,赵颖,曹飞,叶铭.危险化学品泄漏扩散模型的研究现状分析与比较[J].中国安全科学学报,2011,(01):37-42.

[54]蔡哲,唐春燕,殷剑敏,黄娟.基于 GIS 的新安江模型在潦河流域洪涝灾害评估中的应用研究[J].安徽农业科学,2011,(02):1116-1118+1138.

[55]秦军,曹云刚,耿娟.汶川地震灾区道路损毁度遥感评估模型[J].西南交通大学学报,2010,(05):768-774.

[56]许佳华,杨大伟.城市区域火灾风险综合评估方法研究[J].建筑科学,2010,(09):62-66.

[57]崔鑫,苗庆杰,王金萍.华北地区地震烈度衰减模型的建立[J].华北地震科学,2010,(02):18-21.

[58]崔鑫.华南地区地震烈度衰减模型的建立[J].华南地震,2010,(02):61-66.

[59]张网,吕东,王婕.蒸气云爆炸后果预测模型的比较研究[J].工业安全与环保,2010,(04):48-49+52.

[60]陈曦.人员疏散速度模型综述[J].安防科技,2010,(03):46-48.

[61]莫建飞,钟仕全,李莉,黄永璘,曾行吉,罗永明.基于 DEM 的洪涝灾害监测模型与应用[J].安徽农业科学,2010,(08):4169-4171.

[62]颜伟文,韩光胜.平板模型对液化石油气连续泄漏扩散模拟分析与探讨[J].中国安全科学学报,2009,(11):56-61+178-179.

[63]刘志勇.池火灾模型及伤害特征研究[J].消防科学与技术,2009,(11):803-805.

[64]黄希发,王科俊,张磊,张莹.基于个体能力差异的人员疏散微观模型研究[J].中国安全生产科学技术,2009,(05):72-77.

[65]范维澄,刘奕.城市公共安全体系架构分析[J].城市管理与科技,2009,(05):38-41.

［66］刘真余,芮小平,董承玮,张彦敏.元胞自动机地铁人员疏散模型仿真[J].计算机工程与应用,2009,(27):203-205+248.

［67］刘吉夫,陈颙,史培军,陈晋.中国大陆地震风险分析模型研究(Ⅱ):生命易损性模型[J].北京师范大学学报(自然科学版),2009,(04):404-407.

［68］李建全,于斌,杨亚莉,杨友社.一类带有种群迁移的 SIS 传染病模型的全局分析[J].数学的实践与认识,2009,(15):114-121.

［69］黄文宏,章保东,包其富,朱建新.重质气体泄漏扩散模型研究综述[J].浙江化工,2009,(07):18-22.

［70］颜培钦.基于 RBF 神经网络的道路交通事故损失因子模型研究[J].机电工程技术,2009,(06):84-86+135+164.

［71］何大治,谢步瀛.基于子空间网络的人员疏散模型[J].工程图学学报,2009,(02):96-100.

［72］范维澄,刘奕,翁文国.公共安全科技的"三角形"框架与"4+1"方法学[J].科技导报,2009,(06):3.

［73］范维澄,刘奕.城市公共安全与应急管理的思考[J].城市管理与科技,2008,(05):32-34.

［74］刘吉夫,陈颙,史培军,陈晋.中国大陆地震风险分析模型研究[J].北京师范大学学报(自然科学版),2008,(05):520-523.

［75］陈长坤,姚斌.室内火灾区域模拟烟气羽流模型的适用性[J].燃烧科学与技术,2008,(04):295-299.

［76］宋卫国,张俊,胥旋,刘轩,于彦飞.一种考虑人数分布特性的人员疏散格子气模型[J].自然科学进展,2008,(05):552-558.

［77］范维澄,翁文国,张志.国家公共安全和应急管理科技支撑体系建设的思考和建议[J].中国应急管理,2008,(04):22-25.

［78］张靖岩.垂直竖井中烟囱效应诱导火羽流结构的简化模型研究[J].中国安全生产科学技术,2008,(02):26-30.

［79］宋淑艳.火灾风险评估方法[J].消防技术与产品信息,2008,(03):63.

[80]崔喜红,李强,陈晋,陈春晓.基于多智能体技术的公共场所人员疏散模型研究[J].系统仿真学报,2008,(04):1006-1010+1023.

[81]黄琴,蒋军成.液化天然气泄漏扩散模型比较[J].中国安全生产科学技术,2007,(05):3-6.

[82]袁伟,付锐,郭应时,韩文利.道路交通事故死亡人数预测模型[J].交通运输工程学报,2007,(04):112-116.

[83]杨玉华.传染病模型的研究及应用[J].数学的实践与认识,2007,(14):177-182.

[84]田勇臣,刘少刚,赵刚,胡健,李文彬.森林火灾蔓延多模型预测系统研究[J].北京林业大学学报,2007,(04):49-53.

[85]付强,张和平,王辉,谢启源.公共建筑火灾风险评价方法研究[J].火灾科学,2007,(03):137-142+185.

[86]安卫平,金学申,杨家亮,董鹏,赵军,张合.地震预报中震级—时间模型的应用(英文)[J].AppliedGeophysics,2007,(02):138-145+153.

[87]闻学泽,徐锡伟,龙锋,夏彩芳.中国大陆东部中-弱活动断层潜在地震最大震级评估的震级-频度关系模型[J].地震地质,2007,(02):236-253.

[88]范维澄.国家突发公共事件应急管理中科学问题的思考和建议[J].中国科学基金,2007,(02):71-76.

[89]范艳辉,许洪国.道路交通事故财产损失评价及计量模型[J].统计与决策,2007,(01):24-25.

[90]葛秀坤,孙志红.工业企业事故性泄漏扩散模型[J].安全与环境学报,2006,(S1):164-167.

[91]潘忠,王长波,谢步瀛.基于几何连续模型的人员疏散仿真[J].系统仿真学报,2006,(S1):233-236.

[92]杨建雅,张凤琴.一类具有垂直传染的 SIR 传染病模型[J].生物数学学报,2006,(03):341-344.

[93]范维澄,袁宏永.我国应急平台建设现状分析及对策[J].信息化建设,2006,(09):14-17.

[94]季彦婕,王炜,邓卫.道路交通事故多因素时间序列宏观预测模型[J].武汉理工大学学报(交通科学与工程版),2006,(03):433-436.

[95]范维澄.突发公共事件应急信息系统总体方案构思[J].信息化建设,2005,(09):11-14.

[96]宋卫国,于彦飞,范维澄,张和平.一种考虑摩擦与排斥的人员疏散元胞自动机模型[J].中国科学E辑:工程科学材料科学,2005,(07):725-736.

[97]郑昕,袁宏永.受限空间火灾模型研究进展[J].中国工程科学,2004,(03):68-74.

[98]臧秀平.地震危险性分析模型初探[J].华东船舶工业学院学报(自然科学版),2003,(06):31-34.

[99]程远平,陈亮,张孟君.火灾过程中羽流模型及其评价[J].火灾科学,2002,(03):132-136+122.

[100]蒋军成,潘旭海.描述重气泄漏扩散过程的新型模型[J].南京工业大学学报(自然科学版),2002,(01):41-46.

[101]张培红,陈宝智.人员应急疏散随机服务系统的网络流模型研究[J].人类工效学,2001,(02):13-17+70.

[102]温书,陈平,达庆利.我国洪涝灾害受灾及成灾面积的预测分析[J].生物数学学报,2000,(04):452-456.

[103]王腊春,谢顺平,周寅康,都金康,潘华良.太湖流域洪涝灾害淹没范围模拟[J].地理学报,2000,(01):46-54.

[104]温丽敏,陈宝智.重大事故人员应急疏散模型研究[J].中国安全科学学报,1999,(06):73-77.

[105].重要有毒物质泄漏扩散模型研究[J].化工劳动保护,1996,(03):1-19.

[106]喻光明,王朝南,钟儒刚,邹尚辉,张金霞,赵俊华.基于DEM的洪涝灾害信息提取与损失估算[J].国土资源遥感,1996,(01):42-50.

[107]黄崇福,史培军.城市地震灾害风险评价的数学模型[J].自然灾害学报,1995,(02):30-37.

[108]高俊峰,孙顺才.洪涝风险图的编制与应用——以太湖流域湖西区为例[J].湖泊科学,1995,(02):151-156.

[109]尹之潜.地震灾害损失预测的动态分析模型[J].自然灾害学报,1994,(02):72-80.

[110]刘汉兴,汪素云,时振梁.考虑震源破裂方向的地震动衰减模型[J].地震学报,1989,(01):24-37.

[111]汪梦甫.地震危险性分析的衰减模型[J].地震学刊,1988,(03):20-28+77-78.

[112]王阜.地震发生的空间概率模型[J].地震工程与工程振动,1986,(03):19-26.

[113]高小旺,鲍霭斌.地震作用的概率模型及其统计参数[J].地震工程与工程振动,1985,(01):13-22.

[114]袁宏永,黄全义,苏国锋,范维澄.应急平台体系关键技术研究的理论与实践[M].北京:清华大学出版社,2013.

[115]吴文英,吴炳玉,李进强.城市地震灾害风险分析模型研究[M].北京:北京理工大学出版社,2012.

[116]章国材.暴雨洪涝预报与风险评估[M].北京:气象出版社,2012.

[117]范维澄,孙金华,陆守香等.火灾风险评估方法学[M].北京:科学出版社,2010.

[118]崔克清.安全工程燃烧爆炸理论与技术[M].北京:中国质检出版社,2005.

[119]马知恩,周义仓,王稳地,靳祯.传染病动力学的数学建模与研究[M].北京:科学出版社,2017.

[120]陈鹏.地理信息系统与犯罪制图[M].北京:中国人民公安大学出版社,2014.

后　　记

　　防范应对公共安全问题往往涉及多个领域,需要兼具多个领域知识技能的综合型安全管理人才,而此类人才的短缺是我国当前社会安全治理面临的重要问题,亟需一批具备公共安全与应急管理知识储备的人才队伍。为培养当代大学生的公共安全意识和专业素养,进而为我国社会安全治理储备高素质的人才,国内众多高校都开设了与公共安全或突发事件主题相关的课程,这对健全我国公共安全体系具有重要意义。然而,相较于传统的生产安全领域,当前可用于公共安全类人才教育和培养的综合性、专业化的材料还较为分散,公共安全综合性教材还相对匮乏,基于这一出发点,本书定位于为高等院校公共安全相关学科的本科生、研究生提供一本可用于学习和分析突发事件风险的综合性、专业性教材。

　　本书涉及自然灾害、事故灾难、公共卫生事件和社会安全事件四个层面,较全面地汇总了突发事件各个主题领域的模型与方法,全书共9个章节,各章节的主要内容为:第一章,介绍了我国公共安全的态势,结合国家公共安全科技发展规划总结了我国公共安全科技发展的成果与重点方向,并说明了本书的侧重点与适用范围;第二章,介绍了与地震相关的、实用性较强的风险分析模型和防震减灾的相关科技方法;第三章,介绍了暴雨洪涝灾害相关的分析模型和防洪减灾科技方法;第四章,介绍了火灾爆炸的基本概念、分析模型及防火防爆的相关科技方法;第五章,介绍了危险化学品泄漏扩散的影响因素、分析模型及实用分析软件;第六章,介绍了传染病传播的影响因素、动力学分析模型和主要防控技术及方法;第七章,重点介绍了人员疏散的基本理论、典型分析模型、风险分析案例和疏散诱导技术及方法;第八章,介绍了国际上将犯罪热点用于社会治安管理的案例和犯罪热点聚类识别的基本方法;第九章,介绍了道路交通事故的相关模型和预防科技方法。

　　本书是吕伟、刘丹两位青年教师近 3 年来在从事公共安全与应急管理领域的专业教学过程中,根据教学内容的需要,通过查阅大量相关书籍、文献、报告资料和总结自己科研成果而编撰完成。吕伟负责第一章、第二章、第四章、第五章、第七章的撰写,刘丹负责第三章、第六章、第八章、第九章的撰写。武汉理工大学学报编辑部赵彩虹编辑参与了全书的文字审校工作。此外,在本书的撰写过程中,作者得到了武汉理工大学管理学院宋英华教授等多位老师的大力支持和帮助,在此深表感谢!

作　者
2017 年 5 月

责任编辑:杨瑞勇　张双子

封面设计:姚　菲

版式设计:王　婷

责任校对:吕　飞

图书在版编目(CIP)数据

公共安全与应急管理:模型与方法/吕伟,刘丹 著. —北京:人民出版社,2017.12
　(2022.11 重印)

ISBN 978－7－01－018415－9

Ⅰ.①公… Ⅱ.①吕… ②刘… Ⅲ.①公共安全-安全管理-高等学校-教材

Ⅳ.①D035.29

中国版本图书馆 CIP 数据核字(2017)第 257968 号

公共安全与应急管理:模型与方法

GONGGONG ANQUAN YU YINGJI GUANLI MOXING YU FANGFA

吕　伟　刘　丹　著

人民出版社 出版发行

(100706　北京市东城区隆福寺街 99 号)

北京中科印刷有限公司印刷　新华书店经销

2017 年 12 月第 1 版　2022 年 11 月北京第 2 次印刷

开本:710 毫米×1000 毫米 1/16　印张:17.25

字数:260 千字

ISBN 978－7－01－018415－9　定价:96.00 元

邮购地址 100706　北京市东城区隆福寺街 99 号

人民东方图书销售中心　电话 (010)65250042　65289539